KB149383

독일 정치,
우리의 대안

독일 정치, 우리의 대안
승자독식 사회에서 합의제 민주주의로

초판 1쇄 펴낸날 | 2018년 7월 20일
초판 2쇄 펴낸날 | 2018년 12월 1일

지은이 | 조성복
펴낸이 | 류수노
펴낸곳 | (사)한국방송통신대학교출판문화원
　　　　03088 서울시 종로구 이화장길 54
　　　　대표전화 1644-1232
　　　　팩스 02-741-4570
　　　　홈페이지 http://press.knou.ac.kr
　　　　출판등록 1982년 6월 7일 제1-491호

출판위원장 | 장종수
편집 | 박혜원 · 이강용
본문 디자인 | 티디디자인
표지 디자인 | 크레카

ⓒ 조성복, 2018
ISBN 978-89-20-03068-0 03340

값 17,000원

▪ 잘못 만들어진 책은 바꾸어 드립니다.
▪ 이 책의 내용에 대한 무단 복제 및 전재를 금하며, 저자와 (사)한국방송통신대학교출판문화원의 허락 없이는 어떠한
　방식으로든 2차적 저작물을 출판하거나 유포할 수 없습니다.

이 도서의 국립중앙도서관 출판예정도서목록(CIP)은 서지정보유통지원시스템 홈페이지(http://seoji.nl.go.kr)와
국가자료공동목록시스템(http://www.nl.go.kr/kolisnet)에서 이용하실 수 있습니다.(CIP제어번호: CIP2018020812)

독일 정치, 우리의 대안

승자독식 사회에서 합의제 민주주의로

조성복 지음

지식의날개

차례

- -
제1장 독일의 정치인
- -

제4장 독일의 정치시스템

· · ·

' 독일과 한국, 이론과 현실을 오가는 야누스적 매력

최장집
고려대학교 정치외교학과 명예교수

1

정치학자가 쓴 책을 한 글자도 빠짐없이 단숨에 읽어 내린 것은 참으로 오랜만의 일이다. 조성복 박사의 글은 그만큼 나를 단단히 붙잡아 몰입토록 했다.

이 책은 한국 정치에 관심을 갖는 일반 독자는 물론 현실의 정치권과 학계에서도 널리 읽힐 만한 책이다. 창의적인 구성과 인상 깊은 내용은 대중서로서도 손색이 없지만, 주제 하나하나에 대한 지은이의 탁월한 안목과 분석은 학문적으로도 높게 평가될 것으로 보인다. 다른 사람의 학문적 성과를 좋게 평가하는 데 유독 인색한 것이 우리 학계의 풍토이긴 하지만 그럼에도 이 책은 열정적인 정치학자가 이루어 낸 훌륭한 작품으로 인정받을 것으로 확신한다.

2

제목만 보고 처음에는 독일의 정치 일반을 소개하는 책일 거라 생각했다. 그런데 실제로 읽어 보니 예상을 훨씬 뛰어넘는 수준이었다. 독일을 단순히 소개하고 해설하는 것이 아니라, 정치에 대한 저자의 철학과 시각이 본문 곳곳에 뚜렷하게 드러나기 때문이다.

좋은 정치란 사회정의를 실현하는 것이고, 그 사회정의란 자본주의 경제질서가 창출하는 분배의 불평등과 노동문제, 그것이 가져오는 인간성 및 공동체성의 상실 내지는 부재 등의 문제를 바로 잡는 것을 의미한다. 저자는 사회정의를 바로 세우는 것이 정치의 역할이라고 강조하고, 정치가 제대로 작동하지 않고 있기 때문에 우리 사회가 불공정하다고 본다.

민주주의가 소중한 것은 공정한 사회를 만들어 낼 수 있는 정치체제이자 정부형태이기 때문이다. 이 책은 "만약 민주주의가 그러한 실체적 내용을 구현하는 역할을 하지 못한다면, 우리는 그런 민주주의를 어떻게 이해해야 할 것인가?"라는 엄중한 질문을 던지고 있다. 독일의 정치를 바람직한 모델로 생각하게 되는 것은 우리가 알고 있는 범위에서 독일은 민주주의가 해야 할 역할을 현실세계에서 가장 이상적으로 실현하고 있기 때문이다. 물론 조 박사의 말대로 독일만이 그러한 사회를 건설한 것은 아니다. 스칸디나비아 국가들이나 오스트리아, 네덜란드, 벨기에 등도 이상적인 정치를 실현하고 있다. 하지만 저자는 이들에 비해 독일이 규모가 큰 나라라는 점을 강조한다. 매우 중요한 지적이다. 이런 점에서 독일이야말로 민주주의와 자본주의가 공존하는 체제를 발전시킨 가장 성공적 모델이라는 주장에 전적으로 동의한다. 다만 나는 한국 사회에서 이러한 독일 모델을 실현할 수 있을지, 또한 독일 제도를 도입한다고 할 때 한국에서도 독일과 같은 효과가 나타날 것인지에 대해 일정 부분 의문을 품고 있다. 그럼에도 불구하고 저자의 관점이 그간의 나의 생각과 많은 부분 일치함을 발견하였고, 이렇게 추천사를 쓰게 되어 매우 기쁘게 생각한다.

3

조성복 박사의 책은 '야누스'적 얼굴을 갖는다. 독일 정치의 눈을 통해 한국 정치를 조명하고, 반대로 한국 정치의 문제를 말하고 그 대안을 발견하기 위해 독일 정치를 다시 들여다본다. 독일에 대해 말하는 것과 한국에 대해 말하는 것이 굉장한 평형이랄까, 균형을 이루고 있다. 하나의 주제에 대해 두 나라가 서로 마주보며 상대에 대해 말하는 셈이다. 이러한 창의적 구성과 내용적 균형을 만들어 내는 일은 결코 쉽지 않은 일이며, 따라서 이 책은 아무나 흉내 낼 수 없는 작품이라고 생각한다. 아마도 어떤 사람은 독일에 대해 조 박사보다 더 잘 쓸 수 있을 테고, 또 누군가는 한국에 대해 저자보다 더 잘 쓸 수 있을 것이다. 그러나 이 둘 다를 높은 수준으로, 즉 두 나라의 사회와 정치를 저울질해서 쓸 수 있는 사람은 많지 않을 것이다. 독일에서 학문적 수련을 받으며 10년 이상 살았던 경험 덕이기도 하지만, 한국 정치에 대해서도 학술적·이론적 측면만이 아닌 실천적 측면, 즉 한국 정치가 해야 할 과제가 무엇인가를 중심으로 우리 사회의 현실적 문제를 찾아내고 그 대안을 제시한다는 점에서 이를 능가할 책은 쉽게 나오지 못할 것이라고 생각한다.

그 밖에도 이 책의 장점은 탄탄하면서도 깊이 있는 이론적 틀을 배면에 깔고 있는 본격적인 정치학의 저술이지만, 그럼에도 불구하고 한국 정치에 관심을 갖는 일반인들도 부담 없이 읽을 수 있도록 쉽게 썼다는 사실이다. 연구자인 조 박사가 이런 글쓰기를 터득한 것은 큰 장점이라고 생각한다. 특히 다음의 두 가지 측면에서 그 진가가 발휘된다.

첫째, 독일 정치를 타의 추종을 불허할 정도로 깊이 있게 들여다보면서도 쉽고 생생하게 그려 놓았다. 정치학자로서 독일에서 수년간 살아 보지 않고서는 알 수 없는 독일인들의 디테일한 삶의 내용을 그리되, 일반인들도 부담 없이 읽을 수 있도록 재미있고 부드러운 흐름을 취했다. 이를 통해 다른 나라를 공부하는 것은 그 나라에 대해 알려고 하는 것이 아니라 자기 나라를 더 잘 알기 위한 것임을 실감할 수 있었다.

둘째, 민주주의의 제도적 측면을 이해하고 평가하는 데 있어 민주주의라는 정부형태가 만들어 낸 정치의 결과가 무엇인지를 알기 쉽게 보여 준다. 정치가 어떻게 사회경제적 문제를 해결하는지, 즉 사회적 불평등과 노동문제, 그리고 이들과 직결된 사회정의, 공정성, 법의 지배를 가능하게 하는 사회적·문화적 요소들과 정치가 어떻게 결부되는지 그 상관관계를 명징하게 드러내고 있다. 이 역시 경험적 준거 또는 탄탄한 이론에 기반을 두면서도 그것을 표면적으로 드러내지 않고 보통 사람들이 쉽게 읽을 수 있도록 말하듯이, 정치 해설을 하듯이 서술하였다.

조성복 박사가 이런 책을 쓸 수 있었던 것은 독일 대학에서 정치학을 공부한 유학생이었다는 사실만으로는 설명이 어렵다. 비교적 늦게 유학하면서 독일어를 불편 없이 하고, 유학 후에도 베를린 주독대사관에서 근무하는 등 오랜 시간 독일에서 살았기 때문에 가능한 것이라고 생각한다. 그리고 한국 정치에 대해 이렇게 소상하게 경험적 사실을 바탕으로 분석하고 논평하고 대안을 말할 수 있는 것은, 국회에서 보좌진으로 또 정당에서 연구위원으로 일하면서 정당과 정부가 움직이는 것을 실무적 차원에서 직접 경험한 이력이 있기 때문에 가능한 것이라고 본다. 누가 그러한 경험들을 모두 얻을 수 있겠는가? 물론 저자 본인의 문제를 보는 관점, 가치관, 견인불발의 노력 등 모든 것이 합쳐져 만들어 낸 결과이겠지만, 그와 같은 배경이 조 박사의 책을 뛰어난 저작으로 완성시킨 힘이 아닐까 생각한다.

결론적으로 이 책은 오랫동안 한국 정치학계에서 쉽게 발견할 수 없었던 지적 산물의 하나라고 생각한다. 더구나 '촛불시위' 이후 한국 정치가 맞이한 중요한 전환점에서 이 책이 출간되는 것은 커다란 의미를 갖는 것이고, 큰 지적 자산이 될 수 있을 것으로 기대한다. 무엇보다도 나 자신 서슴없이 걸작이라고 말할 수 있는 이 책에 대해 추천사를 쓰게 된 것을 기쁘게 생각하고 이 책이 널리 읽혔으면 하는 바람이다.

머리말

심화되는 불평등, 정치가 대안이다

2000년대 들어 정치권을 중심으로 학계, 언론계, 시민단체 등 사회 전반에서 '독일 모델'에 대한 관심이 급속히 확산되고 있다. 오랫동안 우리 사회를 지배해 온 미국식 모델이 그 한계에 부딪혔기 때문이다. 실제로 기존의 모델은 비정규직, 소득 양극화, 사회복지, 청년실업, 세대갈등과 같은 주요 현안들에 대해 더 이상 해결책을 내놓지 못하고 있다.

그러나 대다수 국민들은 아직 독일에 대해 잘 알지 못한다. 물론 관련 서적이 많이 있지만, 그것들은 지나치게 학술적이라 너무 어렵거나 또는 수박 겉핥기식의 내용으로 독자들에게 큰 도움을 주지 못하고 있다. 그런 점을 감안하여 이 책에는 독일 정치에 대해 쉽고 재미있으면서도 동시에 의미 있는 내용이나 시사점을 담았다. 그것이 가능했던 까닭은 오랜 독일 생활과 이후 한국의 정치권과 대학에서의 경험이 실제적이고 구체적이었기 때문이다.

저자는 1990년대 후반 독일 뮌스터(Münster), 킬(Kiel) 등의 대학에서 독일어를 배운 다음, 사회과학을 공부하여 2007년 쾰른

(Köln) 대학교에서 정치학 박사학위를 받았다. 이후 베를린에 있는 주독대사관에서 전문연구관으로 근무하다가 2010년에 귀국하였다. 현실정치와 관련이 있는 국회, 정당연구원에서, 또 대학의 연구소, 강단 등에서 일하고 강의하면서 한국 정치의 문제점을 접하게 되었다. 특히 2011년 10월의 서울시장 보궐선거, 2012년 4월 총선 및 12월의 대선, 2016년 4월의 총선과 연말의 촛불시위, 2017년 5월 대선 등을 거치면서 현실의 정치가 어떻게 파행적으로 굴러가고 있는지를 가까이에서 보고 느꼈다.

한국의 사회경제적 불평등 현상은 그동안 급속한 경제성장의 이면에 감추어진 여러 가지 문제가 누적된 결과이다. 열심히 일하는데도 인간다운 삶이 어렵다는 사실이 우리의 가장 큰 문제이며, 이는 무엇인가 구조적 모순이 존재한다는 방증이다. 그 모순의 원인이 제도나 시스템의 잘못에 있든지 또는 그것을 운영하는 사람들의 잘못에 있든지 간에 이 문제를 해결해야만 비로소 선진사회로 진입하게 될 것이다. 이런 문제를 다루고 대안을 마련할 수 있는 곳이 바로 정치의 영역이며, 이에 모범이 되는 국가가 바로 독일이다.

독일은 '합의제 민주주의'를 실시하는 대표적인 국가 중 하나이다. 합의제 시스템은 복지, 분배 등과 관련한 자본주의의 문제점을 교정하는 소위 '조정시장경제'와 친화성을 갖는 것으로, 이는 비례대표제 선거제도를 기반으로 하는 다당제, 연립정부 등의 특성을 가진 의회중심제(의원내각제)에 적합한 제도이다.

반면에 한국의 정치시스템은 '다수제 민주주의'로 소위 '자유시장경제'와 친화성을 갖는 것으로, 이는 소선거구 단순다수제 선거제도에 기반을 두어 양당제, 단독정부 등의 특성을 가진 승자독식의 대통령중심제에 적합한 제도이다. 다수제 시스템은 과거 국가주도의 경제발전을 추진하는 데에는 큰 기여를 하였으나, 고도성장을 멈춘 이후 분배문제를 다루는 데에는 한계를 보이고 있다.

따라서 현재 우리 사회의 가장 심각한 갈등요소로 볼 수 있는 양극화 및 불평등 문제를 해결하려면 기존의 승자독식 다수제 정치시스템을 독일과 같은 합의제 시스템으로 바꿔야 한다. 실제 경험적 분석에 따르면 한국의 정치제도는 강한 다수제적 속성을 보이는 반면, 한국의 시민사회는 합의제적 가치체계를 갖는 시민들이 다수를 형성하고 있기 때문에 현실정치에 대한 불만이 큰 것으로 나타났다. 이러한 연구결과는 바로 독일의 의회중심제 정치시스템이 우리의 대안이 될 수 있다는 의미이다. 우리가 합의제 민주주의 시스템을 도입하기 위해서는 우선적으로 기존 선거제도를 변경하고 정당제도를 활성화하는 것이 필수적이다.

이 책은 우리 정치의 문제점을 해결하기 위해 독일의 사례에서 그 대안을 찾아보고자 한 것이다. 그래서 독일의 정치인, 정당제도, 선거제도, 정치시스템에 대해 자세히 알아보고, 이를 바탕으로 한국의 정치개혁 방향을 모색하였다.

특히 독일식 선거제도와 관련하여 정치권과 학계에서 오해하고 있는 비례대표 문제를 제대로 규명한 것은 향후 제도개혁에 많은 시사점을 줄 것이다. 또한 제왕적 대통령을 만들어 내는 대통령중심제에 대해 흔히 알고 있는 피상적인 문제 제기를 뛰어넘어 보다 본질적인 문제점을 지적한 것과, 의회중심제(의원내각제)가 우리의 생각보다 안정적인 정치시스템임을 밝힌 부분은 향후 개헌논의에 많은 도움을 줄 것이다.

요약하면, 날로 심화되고 있는 사회경제적 불평등 문제에 대해 그 대안을 제시하고 합의를 이끌어 낼 수 있는 주체는 바로 '정치'이다. 우리 정치가 그런 역할을 제대로 하기 위해서는 취약한 정당활동이 정상화되어야 하며, 이를 위한 첫걸음은 기존의 '소선거구 단순다수제'를 정당득표율에 따라 의석이 결정되는 '연동형 비례대표제'로 선거제도를 바꾸는 것이 될 것이다.

이 책의 원고는 상당 부분 2014년부터 〈프레시안〉에 연재했던 내용이다. 이후 독일과 한국의 크고 작은 정치적 변화에 따라 내용을 추가하고 보강해 가며 출간을 모색하던 중 '제3회 방송대 출판문화원 도서원고 공모'에 당선되어 출판이 가능하게 되었다. 관계자 여러분의 도움에 감사드린다. 또한 잘 알지 못하는 사이임에도 흔쾌히 원고를 읽고 추천사를 써 주신 최장집 교수님께도 진심으로 감사드린다.

제 1 장

독일의 정치인

독일 정치인에게 '자질 시비'란 없다

정치인의 자질

독일에서 유학하던 2003년 11월의 어느 날, 대학원 세미나 과정의 일환으로 보훔(Bochum) 시에서 열리는 사회민주당(SPD, 이하 '사민당')의 정기 전당대회를 참관할 기회가 있었다. 사민당 전당대회는 독일 전역의 도시들을 돌아가며 2년에 한 번씩 정기적으로 열린다. 물론 그 중간에 특별한 안건이 있거나 총선 대비 등의 경우에는 특별 전당대회를 베를린에서 개최하기도 한다.

보훔은 중서부 노르트라인-베스트팔렌 주에 위치한 인구 38만여 명의 도시로 독일 20대 도시에 속한다. 라인 강의 기적으로 유명한 루르 공업지대의 한 지역으로 1960~1970년대 광부나 간호사로 온 한국인들이 많이 정착한 도시들 가운데 하나이다. 이 도시의 보훔 대학교에는 한국학과가 있어서 독일을 아는 한국 사람들에게는 비교적 잘 알려진 곳이지만, 보훔이 독일에서 그렇게 중

2003년 보훔 시에서 열린 사민당의 정기 전당대회. 지도부 및 대의원들이 차례로 무대에 올라가 현안을 놓고 짧은 연설을 이어 나간다. ⓒ조성복

요한 도시에 속하는 것은 아니다. 이처럼 독일 정당의 전당대회는 우리와 달리 전국을 순회하며 크고 작은 도시에서 개최된다.

· · ·

전당대회, 신인 발굴의 장

이날 행사는 한 체육관에서 치러졌다. 입구에는 사민당 관련 마스코트와 홍보물이 진열되어 있고, 주변에는 당의 역사나 주요 인물 등에 대한 정보가 전시되어 있었다. 사민당 출신 전·현직 유명 정치인의 사진이 들어 있는 엽서를 모아 놓아 아무나 공짜로 가져가고, 사민당 마크가 새겨진 셔츠나 기념품도 판매하고 있었다. 당시 연방수상(Bundeskanzler, 이하 '연방총리' 또는 '총리' 등으로

혼용)이던 슈뢰더(Gerhard Schröder)의 전신사진 모형이 전시되어 있어서 간간이 방문자들이 그 옆에 서서 기념사진을 찍었다.

행사장 안으로 들어서면 앞쪽에는 단상을 만들어 지도부가 테이블과 함께 자리를 잡았고, 무대 아래에는 마찬가지로 길게 늘어선 탁자와 함께 전국에서 함께한 525명의 대의원이 지역별로 모여 앉았다. 그 뒤에는 전당대회를 관람하러 온 다수의 참관인들이 자리를 잡았다. 행사가 시작되면서 지도부 및 대의원들이 차례로 무대에 올라가 현안을 놓고 약 3분가량의 그리 길지 않은 연설을 쉼 없이 이어 나갔다.

단 아래의 참석자는 그 모습을 지긋이 응시하거나, 옆 사람과 가벼운 대화를 나누거나, 가져온 신문이나 잡지를 뒤적거리며 간단한 먹을거리를 먹고 마시는 등 자유로운 분위기였다. 그러다가

전당대회를 보러 온 수많은 참관인들. 자유로운 분위기 속에서 유명 정치인과 신인 정치인의 연설을 들을 수 있는 자리이다. ⓒ조성복

연설이 마음에 들면 박수를 치거나 테이블을 두드리면서 동조하기도 했다. 독일에서는 강의나 강연, 연설 등에서 동의나 찬사의 표시로 박수 대신 책상을 두드리기도 한다.

중간중간에 결정이 필요한 사항에 대해서는 즉석에서 표결이 이루어지고, 다시 연설이 계속되었다. 가끔 방송에서 자주 봐 얼굴이 눈에 익은 정치인이 연사로 나오기도 했지만, 대부분 잘 알려지지 않은 대의원의 연설이 주를 이루었다. 행사는 이틀간 진행되었는데 지켜보면서 부러운 마음을 금할 수 없었다. 이렇게 전국의 대의원이 의견을 교환하는 자리를 통해 당 차원의 공감대가 형성되고, 참신한 정치 신인을 발굴해 내는 기회가 될 것 같았기 때문이다.

* * *

언제 어디서나 명쾌하다

휴식시간에 학교 동료들과 함께 전시물을 돌아보다가 당시 원내대표(이후 당대표, 부총리 등 역임)인 뮌터페링(Franz Müntefering)과 마주쳤다. 세미나 담당 교수의 소개로 인사를 하고 잠시 담소를 나누게 되었는데, 텔레비전에서만 보던 유명 인사를 눈앞에 보니 약간 멋쩍었다. "정치인에게 중요한 것이 무엇이냐?"라는 다소 상투적인 질문을 했는데, 뜻밖에도 매우 진지하게 독일의 저명한 사회학자 막스 베버를 인용하며 "객관적 열정(sachliche Leidenschaft), 책임감(Verantwortungsgefühl), 거리를 두는 균형감각(ein distanziertes Augenmaß)"을 정치인의 덕목으로 강조하였다. 정치인에게 이보다 더 중요한 것이 뭐가 있을까? 여의도에 가서 우리 정치인들에게

전당대회장에서 뮌터페링과 마주한 저자. 이 유명 정치인은 대학원생의 상투적인 질문에도 진지하고 명쾌하게 답변해 주었다. ⓒ조성복

물어보면 무엇이라고 대답할지 궁금하다.

오후 시간에는 담당 교수와 친분이 있던 슈타인마이어(Frank-Walter Steinmeier) 당시 연방총리실 장관(우리의 대통령 비서실장에 해당. 2005~2009년 외교장관 역임. 2009년 사민당 연방총리후보, 2013~2017년 대연정에서 다시 외교장관, 2017년 연방대통령에 당선)과 별도의 공간에서 질의응답 시간을 가졌다. 그 당시 한창 중요한 이슈였던 이라크 전쟁에 불참한 독일의 입장을 포함한 여러 가지 질문들이 쏟아졌다. 사전 교감 없이 모든 것이 즉석에서 이루어졌지만, 그의 대답에는 머뭇거림이 없었다.

논의를 마치고 행사장으로 다시 돌아왔을 때는 마침 슈뢰더 총리가 방문하여 연설을 하고 있었다. 당시 그는 노동시장 유연화,

사회복지 축소 등을 골자로 하는 '어젠다 2010'이라는 개혁 프로그램을 도입하여 당내 좌파 진영으로부터 큰 반발을 사고 있었다. 이후 참관을 마치고 우리가 행사장을 떠날 무렵에는 슈뢰더 총리가 체육관의 관중석에서 전당대회장을 배경으로 한 방송사와 인터뷰를 하고 있었다. 당연히 아무것도 보지 않은 채.

· · ·

훈련되고 검증된 인재들

이처럼 독일의 정치인들은 명쾌하다. 독일에서 뉴스, 행사, 토론회, 전당대회 등을 보면서 느끼는 점은 그들이 하나같이 자신의 분야에 대해 정통하고, 나름대로 소신이나 주장이 분명하다는 것이다. 예를 들어 기자가 마이크만 갖다 대면, 일사천리로 현안을 술술 설명하고 자신의 생각이나 대안을 제시한다. 그 대안의 옳고 그름을 떠나서 각 사안에 대해 그처럼 명확한 입장을 바로바로 제시할 수 있다는 것이 놀라울 따름이다.

정치인의 이런 모습은 하루아침에 만들어진 것이 아니다. 그것은 오랜 시간 정치적 활동을 통해 교육되었기 때문에 가능한 일이다. 우리처럼 정치와 무관한 일을 하다가 갑자기 정치권으로 들어오는 것이 아니라, 젊었을 때부터 정당에 가입하여 활동하면서 토론을 통해 의견을 수렴하거나, 대안을 제시하며 상대를 설득하는 일을 지속적으로 훈련받았기 때문이다.

독일에서 연방하원(Bundestag) 의원(우리의 국회의원)이 되기 위해서는 보통 10년 이상, 당대표, 장관이나 총리가 되려면 20년 이상의 정치경력을 필요로 한다. 이러한 선출직 정치인들은 이미 장

기간에 걸쳐 여러 형태로 검증된 인사들이다. 그래서 우리의 인사
청문회에서 보듯이 '자질이나 능력이 있네, 없네!' 또는 '도덕성이
결여되었네, 어쩌네!' 하는 따위의 불필요한 시비가 없다. 한마디
로 정치의 비효율적인 부분이 없는 것이다.

2

정치는 '정치전문가'가 한다

정치인의 자격

. . .

동독 출신 여성이 총리가 되기까지

2018년 초에 네 번째 임기를 시작한 앙겔라 메르켈(Angela Merkel) 연방총리는 1954년생이다. 그녀는 이미 1968년 무렵 구동독의 집권당이었던 독일사회주의통일당(SED)의 청소년조직 '자유독일청년(Freie Deutsche Jugend)'의 열렬한 회원이었다. 이후 동독지역의 라이프치히 대학에서 공부하였고, 1986년에는 물리학 박사학위를 받았다.

1989년 12월, 동독의 민주개혁당(Demokratischer Aufbruch)에 가입하여 대변인으로 활동했다. 이는 베를린 장벽이 무너지면서 동독 지역에서 새로이 생겨난 여러 정당 가운데 하나였다. 이후 자유선거로 선출된 구동독의 마지막 정부에서 잠시 부대변인으로 활동하기도 했다. 1990년 8월, 민주개혁당이 기독교민주연합

(CDU, 이하 '기민당' 또는 '기민연')에 통합되면서 메르켈은 기민당 당원이 되었다.

독일 총선에서 모든 유권자는 1인 2표를 행사한다. 즉, 지역구 후보에게 첫 번째 1표, 동시에 선호하는 정당에 두 번째 1표를 행사한다. 1990년 10월 3일 독일통일 후 처음으로 독일 전역에서 치러진 그해 12월의 총선에서 메르켈은 구동독 지역이었던 메클렌부르크-포어포메른(Mecklenburg-Vorpommern) 주의 선거구(연방총선 15번 선거구)에 출마하여 연방하원 의원에 당선되었다. 이후 아래 표에서 보듯이 8선을 기록하게 된다.

2005년부터는 기민당 총리후보로 출마하여 실제 연방총리가 되었음에도 불구하고, 2013년을 제외하고는 지역구에서 과반 지지도 받지 못한 점이 눈에 띈다. 동시에 정당투표에서의 기민당 득표율

표 1-1 독일 연방총선에서 메르켈의 선거결과 (1990~2017년)

연도	당선자	정당	직접투표에 의한 메르켈 득표율(%)	정당득표에 의한 기민당 득표율(%)
1990	메르켈	기민당	48.5	41.2
1994	메르켈	기민당	48.6	38.5
1998	메르켈	기민당	37.3	29.3
2002	메르켈	기민당	41.6	30.3
2005	메르켈	기민당	41.3	34.6
2009	메르켈	기민당	49.3	37.3
2013	메르켈	기민당	56.2	45.0
2017	메르켈	기민당	44.0	32.9

* 독일 연방선거위원회 자료 참조 저자 작성.

은 그보다도 훨씬 더 낮은 것을 보면 우리와 같은 '밀어주기'식의
몰표 현상은 없다. 왜냐하면 총리의 지역구에서조차도 다른 정당
들에 대한 지지율이 55~65퍼센트로 절반을 넘었기 때문이다.

　메르켈은 독일통일 후 동서화합을 위해 동독 출신의 정치인을
필요로 했던 당시 헬무트 콜(Helmut Kohl) 총리에 의해 발탁되어
1991~1994년에 연방가족부 장관, 1994~1998년에는 연방환경부
장관을 역임하였다. 그래서 오랫동안 '콜의 소녀'로 불리기도 했
다. 1998년 사민당에 정권을 넘겨주면서 메르켈은 기민당 사무총
장이 되었고, 1999년에 불거진 헬무트 콜의 정치자금 스캔들의 여
파로 2000년에는 당대표로 선출되었다. 이후 2년마다 대표직을
갱신하면서 순차적으로 시행된 '주의회 선거(주총선, 우리의 광역지
방선거)'에서 기민당을 승리로 이끌었다.

2017년 11월, 독일 ZDF 방송의 한 시사 프로그램에서 자민당, 녹색당과의 연정협상 결
렬 등과 관련하여 대담하고 있는 메르켈 총리. 질문자들 앞에는 메모지가 놓여 있지만,
총리 앞에는 아무것도 없는 것이 눈에 띈다.

연방공화국인 독일은 총 16개 주로 구성되며, 여기에는 도시 형태의 주 세 곳(베를린, 함부르크, 브레멘)이 포함되어 있다. 이들은 대부분 5년을 주기로 각 주의 형편에 따라 서로 다른 날에 선거를 치르며, 선거방식에서도 조금씩 차이가 있다. 각 주는 주의회의 임기를 스스로 결정하는 등 우리보다 훨씬 더 강력한 지방자치를 실현하고 있다.

여러 주에서의 승리를 바탕으로 메르켈은 2005년의 연방총선에서 승리하여 독일 역사상 최초의 여성총리가 되었다. 이후 2009년과 2013년 선거에서도 연이어 승리하여 세 번째 총리직을 수행하였고, 2017년 9월 총선에서도 승리하여 네 번째 수상에 올랐다. 더불어 기민당 대표직도 계속해서 유지하고 있다. 여성이자 동독 출신이라는 장벽이 있었지만, 그녀의 경력을 되돌아보면 최고 정치인이 되기에 전혀 손색이 없음을 알 수 있다.

. . .

'정치전문가': 슈뢰더, 콜

게르하르트 슈뢰더 전 총리는 1944년생으로 19세인 1963년에 사민당 당원이 되었다. 1971년에는 사민당 하노버 지역 청년위원회(Jusos) 위원장이 되었고, 1978~1980년에는 연방 청년위원회 위원장으로 활동하였다. 1980년 연방하원에 진출하여 6년간 일하다가 1986년 의원직을 내려놓고, 니더작센(Niedersachsen) 주총선에서 '주총리(Ministerpräsident, '주지사'와 같은 개념)'에 도전했으나 실패하였다. 주총리는 연방과 마찬가지로 주의회의 과반을 확보하는 측에서 차지한다.

그러나 슈뢰더는 포기하지 않고 계속해서 주의회의 야권 지도자로 남았다. 1990년 주총선에서 승리하여 녹색당과 공동으로 주정부를 구성하면서 주총리가 되었다. 1994년 주선거에서는 사민당 단독으로 과반을 얻어 두 번째 정부를 구성하며 연임하였고, 1998년 주총선에서 다시 과반이 넘는 지지를 받아 3기 정부를 구성하였다. 그는 주총리를 하면서 1997년 11월부터 1998년 10월까지는 연방상원(Bundesrat)의 의장을 겸임하였다.

슈뢰더는 니더작센 주총선에서 연전연승한 인기에 힘입어 1998년 3월 1일 주선거의 세 번째 승리 직후, 같은 해 9월에 있을 연방총선의 사민당 총리후보로 추대되었다. 그는 여기에서도 승리하여 오랫동안 지속되어 왔던 기민/기사연합-자민당의 연립정

2003년, 보훔 시 사민당 정기 전당대회에서의 슈뢰더 연방총리. 19세인 1963년에 사민당 당원이 되었고, 1990년에 주총리, 1998년에 연방총리에 올랐다. ⓒ조성복

권을 무너뜨리고 연방총리에 올랐다. 그리고 독일 역사상 처음으로 녹색당이 연방정부에 참여하는 '적녹연정(사민당과 녹색당의 연립정부)'을 탄생시켰다.

이후 2002년 총선에서는 여론조사에서의 열세에도 불구하고, 슈뢰더는 극적으로 재선에 성공하여 2005년까지 총리직을 연임하였다. 선거 직전 동독 지역에 발생한 홍수사태에 대한 신속한 대응 및 처리와 미국이 계획한 이라크 전쟁에 반대하는 입장을 표명했던 것이 승리의 원인으로 분석되었다. 슈뢰더 또한 최고 정치인이 되기에 충분한 경력을 지녔다고 할 수 있다.

16년간 장기집권했던 1930년생 헬무트 콜 전 총리도 16세 고등학생이던 1946년에 이미 기민당의 당원이었다. 그는 고향인 루트비히스하펜(Ludwigshafen)이라는 도시의 청년위원회를 새로이 만드는 데 동참하였고, 1954년에는 라인란트-팔츠(Rheinland-Pfalz) 주 청년위원회 부위원장, 1959년에는 시위원장, 1966~1974년에는 주위원장의 당직을 수행하였다. 1969~1976년까지 주지사를 역임하였고, 이후 연방의원을 거쳐 1982~1998년까지 네 차례나 연방총리를 연임하였다.

이들뿐만 아니라 사민당의 뮌터페링 전 대표(1940년생, 1966년 당원 가입), 슈타인마이어 연방대통령(1956년생, 1975년 당원 가입, 젊은 사민주의자로 활동), 가브리엘(Sigmar Gabriel) 전 부총리 겸 외무장관(1959년생, 1976년 청소년위원회 가입, 당대표 역임) 등에서 보듯이 독일의 주요 정치인들은 대부분 이른 나이에 정당활동을 시작하였고, 일찌감치 정치인에 필요한 훈련을 받아 왔다.

독일에서는 연예인이 정치인이 되는 일은 거의 없다. 또 판사,

검사를 하다가 국회의원이 되는 경우도 드물다. 10여 년 이상 독일에 살았지만 방송에서 아나운서나 앵커를 하다가 의원이 되는 것을 본 적이 없다. 단순히 일반 대중에게 알려졌다거나 권력에 가까이 있었다고 해서 정치인으로 나서지 않는다. 이는 정치인의 전문성이 중시되기 때문이다. 주로 일찍부터 정당에서 또는 정치권에서 일을 해 오던 사람이 정치인이 된다. 그래서 정치를 하고 싶은 사람은 먼저 자신이 원하는 정당에 가입하여 활동을 해야 한다.

· · ·
정당활동은 청소년 시기부터

반면에 우리 사회는 정치인의 전문성을 인정하는 데 대단히 인색하다. 정치는 아무나 해도 상관없다고 생각하는 경향이 있다. 그저 돈이나 학식이 있거나 또는 어떤 분야에서든 성공하여 유명세가 따르면 누구나 정치를 할 수 있다고 여기기 때문이다. 이렇게 정치인의 전문성을 무시한 결과는 의회활동에서 그대로 드러난다. 자신이 속한 진영을 대변하는 데는 익숙하지만, 문제를 해결하거나 개선하기 위해 상대 진영과 협상을 하는 데는 취약하다. 국회에 대한 국민의 신뢰가 낮은 이유도 서로 논의하여 결과를 만들어 내지 못하고 있기 때문이다.

이렇게 정치인의 전문성을 무시하는 사회분위기는 청년들이 일찍부터 정치권에 뛰어들어 경력을 쌓는 것을 꺼리게 한다. 또 정치 지망생이나 신인이 적극적인 정당활동을 통해서 자신의 꿈을 이루는 것이 쉽지 않다. 이들이 정당에서 활동해 보아야 별로 기회가 주어지지 않는다는 말이다.

많은 경우 선거 때가 되면 정당들은 후보를 해당 지역의 정당원에서 충원하는 것이 아니라 외부에서 유명 인사를 데려오는 일을 능사로 한다. 이는 지역의 후보를 중앙에서 결정하는 문제점에서 비롯된 것이기도 하다. 그 밖에 지구당을 허용하지 않는 현행 정당법에 따라 지역위원회 활동이 애매한 상황에 놓여 있는 것도 문제점이다. 정당법을 개정하여 풀뿌리 민주주의가 활성화되도록 장려하여야 한다.

이런 까닭에 정치에 관심을 갖는 젊은이들이 많지 않을 뿐만 아니라 정당에도 가입하지 않는다. 그렇다 보니 정당 입장에서도 인재육성의 필요성을 크게 느끼지 않는다. 정치인을 훈련하는 당내 프로그램도 부족하고, 그러한 기관도 없다. 정치에 무관심한 청년들과 이들에 대한 정당들의 무관심이 맞물려 젊은 정치인이 육성되지 못하는 악순환이 반복되고 있다.

독일의 총리들은 모두 이른 나이에 정치권에 들어왔다. 빌리 브란트(Willy Brandt)는 16세, 헬무트 슈미트(Helmut Schmidt)는 27세(2차대전 직후 사민당에 가입), 헬무트 콜은 16세, 게르하르트 슈뢰더는 19세에, 앙겔라 메르켈은 이미 14세에 정당에 가입한 것이 그 증거이다. 이처럼 독일에서는 정치인의 전문성이 중시되고, 젊은 나이부터 정당활동을 통해 길러지고 있다고 볼 수 있다. 그래서 정치인이 되기 위해서는 다른 분야에서의 성공이나 유명세보다도 정당활동과 당원들의 지지가 중요하다.

반면에 우리는 독일과 달리 정치 신인들의 정당활동 경력보다 주로 유명세에 의존하는 경향이 있는데 크게 잘못된 것이다. 그와 같은 유명세가 정치인의 필요조건이 될 수는 있을지언정 결코 충분조건은 아니기 때문이다. 그럼에도 불구하고 이런 현상이 지속되고 있는 이유는 우리 사회가 정치인의 역할을 제대로 설정하지 못하고 있기 때문이라고 생각된다.

3

그곳에 정치인이 있어야 한다

정치인의 역할

· · ·

왜 정치인에게 묻지 않는가

독일과 달리 우리 사회에서는 갈등을 안고 있는 문제들에 대해 여당이든 야당이든 정치인의 목소리가 잘 들리지 않는다. 국회에는 분야별로 상임위원회가 있고, 여야 의원들이 소속해 있다. 하지만 과문해서인지 그들이 주요 현안에 대해 문제점을 지적하고 대안을 제시했다는 말을 들어본 적이 별로 없다. 기자들도 정치인을 찾아가서 의견을 묻지 않는 것 같다. 어쩌면 찾아가 물었지만 대답이 없었던 것인지도 모른다.

간혹 써 준 원고조차도 제대로 읽지 못하는 정치인을 본다. 과연 쟁점을 제대로 이해하고나 있는지 우려스러울 때가 있다. 그런 상황에서 대안을 제시하고, 상대를 설득하여 갈등을 해소할 수 있을지 의구심이 드는 것은 과도한 우려일까?

방송을 보면 이슈 보도에 이어서 정치인보다는 주로 정치평론가나 교수들이 등장하여 논의를 주도한다. 토론회에서도 해당 분야의 정치인보다 소위 전문가 그룹이 단골로 출연한다. 지난 2012년과 2017년 대선에서도 (특히 종편 등에서 보았듯이) 여러 가지 현안이나 대선 공약에 대해 여야 정치인들이 나와서 설명하거나 국민을 설득하려는 모습을 별로 본 적이 없다. 정치인이 나서야 당연한 자리에 왜 정치평론가나 교수들이 나서는 것일까? 우리나라 정치인은 얼굴 마담에 불과한 것인가?

예를 들어 2010년 12월부터 이듬해 11월까지 이어진 한진중공업 사태를 보면, 당시 여권의 정치인은 아예 모습을 보이지 않았고 야권만 목소리를 크게 높였다. 그 문제를 단순하게 선과 악으로만 나누어 보았기 때문이다. 하지만 현실에서는 파업을 하는 노동자들 입장만 있는 게 아니다. 2012년 쌍용자동차의 경우에도 많은 노동자가 계속해서 자살을 하고 있음에도 정치인들은 별다른 해법을 내놓지 못했다. 2013년 국가정보원 등 국가기관의 대선개입 사건, 진주의료원 사태, 밀양 송전탑 건설, 철도 민영화 문제 등도 마찬가지였다. 오직 자신이 옳다는 일방적 주장만 되풀이될 뿐 서로 타협하여 문제를 해결할 만한 대안은 제시되지 않았다.

중요한 사회문제들에 대해 정치인이 나서지 않는 것이야말로 직무유기이다. 지역과 국민을 대표하는 의원으로서 첨예하게 부딪치고 있는 사회적 갈등을 해결하는 것보다 더 시급한 일이 무엇인지 궁금하다. 이런 문제들에 맞서 열정과 균형감각을 가지고 서로의 이해관계를 조정할 수 있는 대안을 제시하고, 만약 실패할 경우 책임을 지는 것이 정치인의 올바른 자세가 아닐까?

...

반복되는 아마추어 정치

우리나라에서는 보통 유명하거나, 돈이 많거나, 다양한 분야에서 나름대로 성공한 이들이 주로 정치인이 된다. 그들은 우리 사회에서 대체로 똑똑한 사람들이고, 수많은 경쟁에서 살아남은 승리자들임이 분명하다. 그러나 정치 경험이 전혀 없는 이가 바로 정치인이 되는 것은 문제가 많다. 개인적으로는 자신의 성공을 이어 갈 수 있을지 모르지만 정치인으로서 사회에 기여하는 바는 크지 않기 때문이다.

역대 국회에서 매번 초선의원의 비율이 절반에 이를 정도로 높지만, 그들이 의원의 역할을 성공적으로 수행하는 경우는 드문 것 같다. 많은 경우 시행착오를 반복하다가 정치에 대해 조금 알만하면 4년 임기가 끝나는 것을 자주 목격하게 된다. 이것은 정치와는 무관하게 이름값만으로 정치권에 들어옴으로써 나타나는 부작용이다.

이런 문제가 발생하는 이유는 각 정당이 차세대 정치인을 육성하는 데 소홀하고, 정치전문가 양성에 걸맞은 시스템이나 제도적 장치를 갖추지 못했기 때문이다. 마찬가지로 정치 지망생들도 정당에서 활동하며 경력을 쌓으려고 하기보다는 다른 방면에서 성공하고 유명해져서 정치권으로 들어가고자 한다. 그래서 아마추어 정치인이 반복되는 악순환이 계속될 수밖에 없다. 이 같은 문제는 특히 거대 정당에서 훨씬 더 심각하다. 한마디로 정당의 역할이 죽어 있다고 할 수 있다. 매번 새로운 국회가 시작될 때마다 정치개혁을 내세우며 목소리를 높이는데, 도대체 무엇을 개혁하겠다는 것인지 궁금하다.

현실이 이렇다 보니 독일 같으면 의원이 되지 않거나 될 수 없는 이들이 한국에서는 정치인으로 등장한다. 과거에는 (물론 현재에도 그런 경향이 남아 있기는 하지만) 무조건 잘 알려진 사람을 단순히 선거에 이길 수 있다는 이유만으로 마구잡이로 정치인으로 데려오는 경향이 있었다. 심지어 개그맨을 데려온 적도 있지 않았던가. 그들이 당선된 경우도 있었지만 정치를 계속하는 경우는 드물었다. 단지 1회용으로 소모되었을 뿐이며, 아마도 우리 정치를 희화화하거나 불신을 조장하는 데 일조했을 것이다.

우리는 늘 새로운 정치인을 뽑으면서도 매번 '그놈이 그놈이다'라는 식의 체념에 빠지곤 한다. 정치인들이 자신의 역할을 제대로 인식하지 못하거나, 그에 걸맞은 전문성을 갖추지 못했기 때문이다. 이는 또한 협상을 통해 합의를 도출해 내는 다당제가 아니라 서로 상대를 부정함으로써 자신의 존재 이유를 찾는 양당제 때문이기도 하다.

과거 독재나 권위주의 시대에는 민주주의 쟁취라는 문제가 가장 중요했다. 그러다 보니 소속한 진영을 용감하게 대변하는 목소리 크고 몸싸움에 능한 정치인도 필요하였다. 그러나 절차적 민주화가 어느 정도 완성되고 사회 전반이 급속하게 발전하면서, 갈등의 상황이나 성격이 과거처럼 단순하지 않고 대단히 복합적으로 변모하였다. 따라서 정치인의 역할도 과거와는 달라져야 한다.

정치인은 이해관계를 조정하는 사람

정치란 서로의 이해관계를 조정하는 것이 본질이라 할 수 있는데, 이를 단순하게 선과 악으로 나누어 상대를 무조건 적대시하는것은 잘못이다. 그런데도 여야 또는 보수와 진보의 정치인을 포함한 많은 이들이 아직도 상대방에 대해 '우리 편이 아니면 적이다'라는 식의 오류를 범하고 있다.

명백한 범죄행위가 아닌 한 하나의 정치적 결정은 어느 한편에옳거나 맞더라도, 반대로 다른 편에게는 틀리거나 맞지 않는 것이될 수 있다. 따라서 어떤 사안에 대한 올바른 정치적 결정이란 보다 많은 사람들이 만족하는 방향으로 이루어지는 것을 의미한다.정치적 경쟁이란 그것에 대한 다툼이 되어야 할 것이다. 그런데서로 갈등하는 사안에 대해 양쪽의 이해관계를 반영한, 적절한 합의점을 찾으려는 정치인은 잘 보이지 않는다. 그렇다면 왜 이와같은 현상이 나타나는 것일까?

그것은 우리가 정치의 중요성과 고도의 전문성을 간과하고 있기때문이다. 정치를 잘하면 3포, 5포 세대 등으로 일컬어지는 젊은이들의 절망을 희망으로 바꿀 수도 있고, 맞벌이 등으로 아이 낳기를 꺼리는 문제를 해결할 수도 있다. 초등학교 때부터 과다한스트레스로 인해 어린 학생들을 자살로 내모는 무한경쟁 교육의문제점을 바로잡을 수도 있다. 비싼 사교육비나 대학등록금의 문제도, 정규직과 비정규직의 차별 문제도, 빈부격차나 양극화 문제도 완화할 수 있고, 사회복지도 나아질 수 있을 것이다.

이를 위해서는 정치인이 고도의 정치적 역량을 갖추어야 한다.

복잡하게 얽히고설킨 문제를 조정하고 해결책을 제시하려면 전문적 지식과 더불어 토론하고 의견을 조율하는 능력, 또 서로의 입장을 이해하고 상대방을 설득할 수 있는 포용력이 필요하다. 이는 어떤 개인이 똑똑하여 자신의 분야에서 성공하는 것과는 다르며, 다양한 정치적 학습과 경험, 그리고 훈련을 필요로 하는 일이다.

4

정치인은 머슴이 아니다
정치인의 자세

. . .

딜레마에 빠진 사회문제

집값이 오르면 서민들의 내 집 마련의 꿈이 날아가고, 반면에
집값이 내려가면 대출을 받아 집을 장만한 사람들이 하우스푸어
로 전락할 위험에 처하게 된다. 그렇다면 집값은 올라야 할까, 아
니면 내려야 할까? 고민이다. 이러지도 저러지도 못하는 딜레마
이다.

1990년대 후반 IMF 사태 이후 우리 사회에 비정규직이 급격히
늘어나기 시작하여 이미 전체 노동자의 절반을 넘어섰다. 그 수가
적게는 600만 명에서 많게는 1,000만 명에 육박하고 있다. 이를
해결하려고 비정규직으로 2년 일하면 정규직으로 전환해야 한다
는 법을 만들었으나, 오히려 2년이 되기 직전에 해고되는 등 문제
는 여전히 지속되고 있다. 한쪽에서는 비정규직을 모두 철폐해야

한다고 목소리를 높이지만, 다른 쪽에서는 비정규직을 없애면 기업이 경쟁력을 잃는다고 반대하고 있다.

노무현 정부가 논의를 시작한 한미 FTA는 이명박 정부가 협정에 서명하고 국회에서 비준함으로써 마무리되었다. 하지만 그 과정에서 사회 전체가 찬반 양쪽으로 갈라져 심각한 갈등을 겪었다. 비준이 완료된 후에도 독소조항의 개정문제 등 논란의 여지가 남아 있었고, 반대하는 측은 여전히 폐기를 주장하고 있다. 지금도 트럼프 대통령이 재협상을 요구하여 한미 간 논의가 진행되고 있다. 이 문제를 어떻게 해야 하는가?

2008년 7월 박왕자 씨 피격사망 사건을 계기로 금강산 관광이 중단되고, 2010년 3월 천안함 사태를 계기로 남북교역의 중단, 대북 지원사업의 보류 등 5·24 조치가 시행되면서 이명박 정부에서 남북관계는 꽉 막혔다. 북한이 핵을 포기하고 개방하면 북한의 1인당 국민소득이 3,000 달러가 되도록 지원하겠다는 당초 이명박 정부의 '비핵개방 3000' 정책은 무용지물이었다.

박근혜 정부 들어와서도 비슷하였다. 북한의 4차 핵실험(2016년 1월 6일)과 장거리 미사일 시험발사(같은 해 2월 7일)를 이유로 2016년 2월 11일 개성공단의 가동을 전면 중단하였다. 박근혜 대통령은 임기 초반인 2014년 3월, 독일 드레스덴에서 '통일대박'을 외치며 '한반도 신뢰 프로세스 구축'을 대북정책의 주요 목표로 내세웠으나 남북관계는 전혀 나아지지 않았다.

한편에서는 이러한 경색된 관계를 적극적으로 개선하지 않는다고 비판하고, 다른 한편에서는 북한에 굴복해서는 안 된다고 목소리를 높이고 있다. 어떻게 할 것인가? 이 역시 딜레마이다. 문재인 정부는 2018년 4월과 5월에 남북정상회담을 개최하였고, 6월에는 북미정상회담을 추진하는 등 관계개선에 보다 적극적으로 나서고 있지만, 그렇게 간단히 해결될 문제는 아니다.

. . .

대의제 민주주의

서로 요구하는 바가 달라 갈등을 일으키고 대립하는 상황에서 필요한 것이 바로 정치이다. 정치인은 이해관계가 엇갈리는 문제들에 대해 적절한 해결책을 내놓아야 한다. 비전을 제시하는 것이라고 할 수 있다. 그러나 이해관계가 얽힌 복잡한 사회문제의 특성상 구성원 모두를 만족시키는 방안을 찾는 것은 쉽지 않다. 그러므로 우선적으로 다수가 만족할 수 있는 대안을 제시해야 하고, 만족하지 못하는 나머지 당사자들에 대해서는 그 대안이 이 상황에서 최선의 방안임을 설득할 수 있어야 한다. 이것이 바로 정치인의 역할이다.

종종 정치인들이 국민의 심부름꾼이나 머슴이 되겠다고 하는 말을 듣는다. 정치인이 무슨 택배회사 직원도 아니고 어떻게 무엇을 심부름하겠다는 것인지, 집집을 돌아다니며 마당이라도 쓸겠다는 것인지 궁금하다. 정치인들이 자신의 역할을 제대로 인식하지 못하는 탓에 나오는 말들이다. 과거 독재 시절이나 민주주의가 아직 미성숙했을 때, 중앙에서 돈을 가져다 나누어 주는 일을 할 때는 그럴 수도 있었겠다. 하지만 이제는 상황이 달라졌다. 사회가 다원화되어 복잡해지고 서로의 이해관계가 상충되고 있다. 선악의 구분도 쉽지 않다.

일부 정치인은 임기 도중에 자신의 직위를 걸거나 내려놓겠다는 말을 하기도 한다. 자리를 승계할 제도적 장치가 마련되어 있다면 모르겠으나, 그렇지 않다면 매우 무책임한 행동이다. 예를 들어 무상급식 중단을 주장하며 시장직을 걸었던 오세훈 서울시장 같은 경우가 그런 사례이다. 당대표, 국회의원 등 선출직 정치인이 또 다른 정치행보를 위해서 임기 중간에 그만두는 것은 잘못이다. 이는 자신을 뽑아 준 유권자에 대한 의무와 책임을 저버리는 행동일 뿐만 아니라, 유권자가 선거를 통해 대표를 선출하여 자신의 의사를 반영하는 대의제 민주주의의 기본원리에도 어긋나기 때문이다.

선출직 지도자는 특정 집단 구성원의 의견을 수렴하여 해당 조직이나 지역을 대표한다. 예를 들어 정당의 리더라면 당원의 의견을 수렴하여 진로를 결정해야 한다. 여기서 중요한 점은 의견 수렴의 논의과정에서 당원들에게 비전을 제시하고 설득하는 리더십을 발휘하는 것이다. 그런데 이러한 과정이 거꾸로 되는 것은 문제이다. 리더가 일방적으로 특정 목표를 설정하고 이것이 관철되지 않으면 그만두겠다고 선언하는 것은 소통방식이 잘못된 것이다. 만약에 이런 정당 지도자가 있다면 정당 작동의 원리나 속성을 잘 이해하지 못했거나 리더십이 부족한 것이다.

정치인에게 가장 중요한 일은 자신을 뽑아 준 당원이나 유권자들의 의사를 제대로 파악하여 책임감을 가지고 이를 대변하는 것이다. 구체적으로 여러 집단 사이의, 또는 집단과 개인 사이의 대립에서 지지층의 이해관계를 반영하면서 갈등을 조정하고 해소하는 것이다. 이것이 정치인의 과제이다.

이런 과제를 처리하려면 복잡한 사회현상에 대한 이해가 필수적이다. 경제나 사회문제에 정통하기 위해서 정치인은 그 누구보다도 열심히 끊임없이 공부해야 하고, 다양한 전문가들과 함께 논의하는 일을 게을리해서는 안 된다. 또 의견이 다른 이들을 설득하기 위해서는 다양한 정당활동을 통하여 훈련이 되어야 한다. 즉, 정치인은 다양한 문제들에 대해서 열정을 가지고 균형감각을 살려서 이해관계를 조정할 수 있어야 한다. 이것이 정치인의 바람직한 자세이다.

그런데 우리 정치인들은 정작 다른 일로 바쁘다. 지역의 크고 작은 행사나 경조사를 챙기느라 시간이 없다. 구의원과 군의원, 시의원과 도의원도 많이 있는데, 국회의원까지 나서서 지역의 조그만 행사까지 쫓아다니는 것은 낭비이다. 현장의 소리를 듣는 것과 눈도장을 찍으러 다니는 일은 구분되어야 한다. 정당활동이 제대로 작동하게 되면 지역의 의견은 자연스럽게 중앙으로 올라오게 될 것이기 때문이다.

· · ·

패배와 실패에는 책임을 진다

정치인의 자세에 한 가지 더 추가할 것은 바로 책임감이다. 열정과 균형감각을 가지고 임했지만 문제의 해결에 실패했을 경우에는 그에 상응하는 책임을 지고 물러날 줄 알아야 한다. 예를 들어 2008년 18대 총선을 치를 때 수도권 지역에 '뉴타운' 광풍이 불었다. 이를 공약으로 내세운 다수가 국회의원에 당선되었는데, 소위 말하는 '타운돌이' 의원의 탄생이었다. 이후 부동산 경기가 침체되면서 지역의 재개발 문제는 추진하기도 어렵고 중단하기도 곤란한, 이러지도 저러지도 못하는 뜨거운 감자가 되었다. 이런 상황에서 어떠한 대안이나 해결책도 제시하지 못한 정치인들이 19대 총선에 다시 나와 표를 달라고 호소했던 것은 참으로 어처구니없는 일이었다.

독일에서 기민당 헬무트 콜 총리의 독주가 장기화될 때, 사민당에서는 라퐁텐(Oskar Lafontaine), 샤아핑(Rudolf Scharping), 슈뢰더를 차례로 총리후보로 내세워 끝내 정권교체에 성공하였다. 당시 이들은 사민당의 트로이카로 불렸다. 하지만 지난 선거의 총리후보를 다음 선거에 다시 내세우는 일은 없었다. 어떤 정치인이든지 준비가 안 됐으면 주요 선거에 나서지 말아야 하고, 나섰다가 낙선했다면 반드시 그 책임을 져야 한다.

2000년 미국 대선에서 민주당 앨 고어(Al Gore) 후보는 대통령에 거의 당선되었다가 낙선하였다. 당시 공화당 부시(George W. Bush) 후보보다 총 득표수에서는 더 많은 표를 얻고도 미 대통령 선거제도의 특성상 선거인단 수에서 부족하여, 그것도 대법원의 재검표 중지 판결에 승복하느라 떨어진 것이다. 그 아쉬움이 오죽 컸을까. 하지만 그는 2004년 대통령 선거에 다시 출마하지 않았고, 존 케리(John Kerry)가 민주당의 새로운 후보로 나섰다.

유권자를 존중한다면 (대통령이나 총리후보의 경우) 이전 선거에서 패배한 후보가 다시 나서는 것은 바람직하지 않다. 그런데 우리의 경우에는 이 점이 무시되고 있다. 대표적으로 김대중 전 대통령의 사례가 그것이다. 물론 정치적 상황이 특수하여 불가피한 측면이 없지는 않았지만, 대선에서 '4수'를 한 것은 한국 정치에 좋지 않은 선례로 남았다. 이후 대선에서 이미 졌던 사람이 다시 대선에 나서는 것을 정당화할 핑곗거리가 되었기 때문이다. 꼭 대통령이 되어야만 국가를 위할 수 있는 것인지도 묻고 싶다. 이러한 후진적 정치행태에서 벗어나기 위해서, 또 정치인의 원활한 순환을 가능하게 하려면 바로 정당을 발전시켜야 한다.

'새 정치', 새 인물이 아니라 정당이 한다

정치인과 정당

. . .

공천권은 온전히 당원의 것

우리나라에서 정치가 다른 분야에 비해 상대적으로 뒤처진 까닭은 정치인이 자신의 역할에 충실하지 못했기 때문이다. 정치인이 그렇게 된 중요한 이유는 바로 공천권을 당대표가 가지고 있기 때문이다. 이처럼 공천권을 중앙에서 독점하는 것은 국회의원을 비롯한 대다수 정치인으로 하여금 지역 주민이나 국민의 뜻을 대변하는 일보다 중앙정치에 줄서는 일을 더 중요하게 만든다. 즉, 정치인이 국민이나 당원의 의사를 따르기보다 공천권자의 눈 밖에 나지 않기 위해 더 애를 쓴다는 것이다.

이와 같은 상황에서 누가 당 지도부의 뜻을 어겨 가면서 소신 있는 발언이나 주장을 할 수 있겠는가? 이런 모습은 예컨대 '정의당' 같은 일부 정당을 제외하면 여야를 막론하고 별반 다르지 않다. 바로 이 점이 우리 정치의 가장 큰 구조적 문제점이다. 각 정당은 선거국면이 되면 객관성을 확보한다는 미명 아래 외부 인사를 데려다가 소위 '공천심사위원회(이하 '공심위')'를 만들어 공천 작업을 수행한다. 그러나 공심위는 실제 공천권자의 독점적 권한행사를 감추기 위한 수단일 뿐이다. 당 지도부에 의해 불려 나온 공심위원들이 어떻게 지도부의 의견을 무시한 결정을 할 수 있겠는가? 선진국에서 이런 식의 공심위를 만들어 공천을 결정한다는 이야기를 들어본 적이 없다.

이러한 악순환으로 나타나는 정치인들의 무능과 무소신 때문에 국민은 정치에 대한 환멸을 느끼게 되었고, 동시에 이런 문제점을 해소할 수 있는 새로운 정치를 갈망하게 되었다. 바로 그와 같은 기대에서 소위 '안철수 현상'이 생겨났고, 이를 통해 정치권이 무엇인가 달라지기를 원했던 것이다. 그런데 이 현상이 주춤하게 된 것은 안철수 의원이 정작 국민들이 기대하는 '새 정치'의 비전을 제시하는 것이 아니라, 기존의 정치권을 답습하는 모습을 보였기 때문이다. 실제로 그는 2014년 신당(새정치연합) 창당 직전 민주당(당시 민주통합당)과 통합함으로써 그러한 현상에 스스로 종지부를 찍었다. 안 의원이 대통령이나 여야 대표들 대신에 자신이 그러한 역할(공천권 행사)을 하는 것을 새 정치라고 보았다면 그것은 착각이다.

그런 일은 모두 이미 여러 차례에 걸쳐 경험한 바 있다. 그동안 총선에서 매번 절반에 가까운 신인들이 국회에 들어갔지만, 우리 정치의 모습은 별로 달라진 것이 없었다. 아무리 참신한 사람이 정치권에 들어간다 하더라도 자신을 공천해 준 공천권자의 의도를 거스르기는 힘들기 때문이다. 소수가 독점하고 있는 현재의 공천시스템을 바꾸는 것이 중요한 것이지, 기존의 시스템을 그대로 둔 채 새로운 인물이 정치를 한다고 뛰어든다고 해서 갑자기 새 정치가 되는 것은 아니다. 국민은 그동안 권력을 한 개인이나 일부 소수에게 집중시킴으로써 파행되었던 정치를 되찾고 싶은 것이다.

따라서 '새 정치'란 먼저 여야를 막론하고 거의 작동되지 않고 있는 정당정치를 살리는 것이 되어야 한다. 이를 위해서 가장 중요한 일은 각 정당이 공직 후보자의 공천권을 당원에게 온전히 돌려주는 것이다. 지금과 같은 선언적 또는 형식적 차원이 아니란 의미이다. 그러면 공직에 당선된 정치인은 국민의 뜻을 중요하게 생각하고 이를 실천하기 위해 애쓸 것이다. 당원의 뜻이 곧 국민의 뜻이기 때문이다.

또 정치 신인이나 지망생들도 중앙에서 공천권자의 눈치를 살피며 한 개인에게 충성하는 것이 아니라, 지역 현장에 내려가 당원의 지지를 받기 위해 노력할 것이다. 국민들 또한 정치를 혐오하거나 기피하는 대신에 뜻에 맞는 정당을 선택하여 당원이 되고, 관심을 가지고 활동하면서 자신의 생각을 대변해 줄 후보를 선출하게 될 것이다. 이처럼 당원에게 공천권을 온전히 부여하면, 일반 시민들의 정당 가입 또한 늘어나게 될 것이다.

정치권에 인재를 공급하는 방식이 마치 '슈퍼스타 K'를 뽑는 것처럼 매번 1회성 공연이 되어서는 곤란하고, 예측이 가능하도록 시스템화되어야 한다. 이와 같은 체계화를 위해서는 지역의 지구당을 부활시키고, 이를 통해 풀뿌리 정당활동이 활성화되어야 한다. 즉, 당원이 정당활동을 열심히 하면 자신에게도 기회가 올 것이라는 예상이 가능해야 한다는 말이다.

다만 우리 현실에서 당원에 의한 공천이 지금 당장은 무리가 있다고 판단된다면, 당분간 당원 확대, 지역정당의 활성화 등이 어느 정도 정착될 때까지 중앙당과 광역시·도당에서 지구당과 공동으로 공천을 진행한다는 유예기간을 두면 된다. 요컨대 정당의 공천 진행과정이 정치 지망생이나 당원들에게 예측 가능해야 한다는 말이다.

· · ·

비례대표를 늘려야

정당제도의 활성화를 위해서는 공천권의 개혁과 더불어 한 가지 더 해결해야 할 중요한 과제가 있다. 기존의 선거제도를 바꾸어 보다 많은 정당이 정치권에 참여할 수 있도록 하는 것이다. 우리 사회가 과거와 달리 훨씬 더 복잡해져서 다양한 정당이 필요함에도 불구하고 한국의 정당체제는 여전히 독과점이 아주 심한 편이다. 당연히 국민들의 의사를 반영하는 데 허점이 있을 수밖에 없다. 특히 비정규직을 포함한 사회적 약자를 대변하는 정당의 출현이 매우 시급한 상황이다.

구조적으로 거대 양당의 후보만을 당선시키고, 유권자 투표의 절반 이상을 사표로 만들고 있는 현행 '소선거구 단순다수제' 선거제도를 정당투표제를 강화한 '연동형 비례대표제'로 바꿔야 할 필요가 있다. 그렇게 될 경우, 소수 정당의 국회 진출이 보다 더 가속화될 것이다. 또한 2016년 기준 전체 300석에서 47석(16%)에 불과한 비례대표 의원의 비율을 점차적으로 늘려 가야 한다. 독일은 이미 오래전부터 비례대표의 비중이 전체 의석의 절반을 차지하고 있다.

. . .

지구당 폐지는 교각살우

2014년 지방선거를 앞두고 논란이 되었던 '기초의원 정당공천 폐지' 주장은 취지는 충분히 이해하지만 결과적으로 정치혁신에 역행하는 것이다. 기초의원에 대한 정당공천이 기초의원 후보들과 같은 지역구 국회의원 간의 유착관계 또는 돈거래 비리를 가져오니 그 해결책으로 정당이 아예 공천을 하지 말자는 것인데, 이는 교각살우(矯角殺牛)이다.

정당공천 폐지는 정당의 역할을 약화시켜 장기적으로 정치를 더욱더 후퇴시키게 될 것이다. 원래 당원들이 지역에서 공직후보를 선출하도록 하면 되는데, 기존의 거대 정당에 제대로 된 당원이 많지 않고, 또 활동도 거의 없어서 실질적으로는 해당 지역의 국회의원이 그 선출권을 행사해 온 것이다. 문제가 그렇다면 당원 모집과 지역의 정당활동을 활성화하여 문제를 해결하고자 노력해야지, 유착에 따른 비리문제가 있으니 정당이 아예 빠지자고 하는 것은 곤란하다.

이는 돈 안 쓰는 깨끗한 정치를 하자고 지구당을 폐지한 과거 정치개혁법(소위 '오세훈 법')과 비슷한 맥락이다. 지구당 유지에 돈이 많이 들어간다고 해서 그것을 없앤 결과가 결국은 정당의 지역 근거지를 없애 버렸고, 풀뿌리 민주주의로서의 정당활동을 봉쇄하는 결과를 초래하였다. 또한 지역의 정상적인 정당활동이 지역 위원회 또는 당협위원회 등의 이름으로 이상하게 변질됨으로써 결과적으로 민주주의의 후퇴를 초래하였다. 따라서 기초의원 정당공천 폐지나 지구당 폐지는 모두 잘못된 것이다.

국민이 염원하는 새 정치를 추진하기 위해서는 최소한 다음의 두 가지 과제를 반드시 관철할 수 있어야 한다. 바로 정당활성화를 위한 공천권의 개혁과, 다양한 정당의 출현을 보장하는 선거제도의 개편이다. 따라서 누군가 새 정치, 정치개혁 또는 신당 창당 등을 계획한다면, 이 두 가지 기치를 내걸고 실천해야 한다.

제 2 장

독일의 정당제도

1

세월호 침몰의 원인

제대로 된 정당이 필요한 이유

. . .

있으나 마나 한 규정

독일에서 살 때 신용카드 결제를 하려고 카드 전표에 사인을 하면, 계산원은 카드를 뒤집어 그 서명의 일치 여부를 확인하였다. 거의 예외 없이 그랬던 것 같다. 사실 그것은 그리 어려운 일이 아니다. 불과 몇 초면 충분하기 때문이다. 하지만 나중에 카드 결제에 문제가 생겼을 때는 그 일의 실행 여부가 큰 차이를 가져온다.

심지어 신분증을 요구하여 카드의 이름과 동일한가를 확인하는 경우도 종종 있었다. 그러면 '아니 나를 의심하는 건가?' 하고 다소 언짢은 느낌이 들기도 했지만, 동시에 '누군가 내 카드를 가져가더라도 사용이 쉽지는 않겠구나!'라는 생각이 들곤 했다. 그래서 서명란에 아예 한글로 이름을 또박또박 써 놓았었다.

반면에 한국에서는 신용카드로 결제할 때 서명을 대조하는 것을 본적이 거의 없다. 오히려 대신 사인을 하거나 아예 사인을 하지 않아도 괜찮다고 하는 경우도 있다. 우리나라 신용카드 회사의 규정도 외국과 크게 다르지 않을 텐데, 이렇게 절차를 따르지 않아도 괜찮은 것인지 모르겠다.

만일 계산원이 규정대로 사인을 대조할 경우, 우리 정서상 손님이 자신을 무시하는 거냐고 화를 낼지도 모른다. 혹시라도 신분증을 요구했다가는 어쩌면 큰소리로 사장을 찾을 것이다. 그럼에도 계산원이 계속해서 신용카드의 사용 규정을 고집한다면, 아마도 그 일자리를 잃게 될 가능성이 크다.

$\cdots$

우리는 왜 간과하는가

쾰른 대학에서 공부할 때 틈틈이 경비 아르바이트를 한 적이 있었다. 박람회가 열리는 기간에 대규모 전시회장에서 관람객이 퇴장한 저녁 시간부터 다시 열리는 아침까지 각 매장마다 1명씩 투입되어 전시물품을 감시하는 일이었다. '제쿠리타스(Securitas)'라는 보안업체에 고용되어 일을 했는데, 2003년 당시 시간당 6유로 65센트(약 8,600~9,900원)를 받았다. 다른 일에 비해 임금 수준이 낮은 편이라 주로 대학생이나 은퇴한 노인들이 동료였다. 가만히 앉아 있으면 되니 육체적으로 힘들지 않고 장시간 책을 볼 수도 있었기 때문이다.

먼저 계약서를 작성하였고, 일을 시작하기 전에 1주일간 총 40시간의 교육을 받고 두 번의 시험을 통과한 후 증명서를 받았다. 증명서를 제출하고 나서야 비로소 일을 시작할 수 있었다. 그 교육

시간도 근무시간에 산정이 되는지 회사로부터 405유로를 받았다. 세월호 선원에 대한 안전교육 예산이 연간 1인당 4,000원이라는 보도를 보면서 그때의 일이 생각나고, 새삼스럽게 '우리와는 많이 달랐구나!' 하는 생각이 들었다.

일상에서 보안이나 안전을 챙기는 것은 아무래도 다소 귀찮은 일이다. 매번 확인하고 점검해야 하고, 또 많든 적든 시간이 필요하기 때문이다. 신용카드 사용에서 서명을 확인하는 일은 아주 간단한 일이다. 하지만 대부분의 사고는 항상 사소한 일을 간과하는 데서 발생한다.

그런데 우리가 이런 부분에 주의를 기울이지 않는 것은 실제 상황에서 문제가 일어나지 않는다면, 그런 확인이나 점검이 사실상 무용지물이라고 단정하기 때문이다. 예를 들어 카드결제 후에 문제가 없다면, 결제 시 확인은 불필요한 절차일 뿐이다. 그렇기 때문에 매번 대충 넘어가는 것인지도 모른다. 그러다가 사고가 나면 단지 재수가 없었을 뿐이라고 자신의 행동을 합리화한다.

과연 어떻게 하는 것이 우리의 신체나 재산의 안전을 위해 더 바람직한 것인지 곰곰이 생각해 볼 일이다. 독일에서는 그 사소한 일에 신경을 쓰는 데 반해, 우리는 그것들을 무시한다. 왜 우리는 무시하는 것일까? 다양한 분석이 가능할 것이나, 가장 중요한 이유는 경제 및 사회 시스템의 차이라고 생각한다.

시스템이 필요하다

2014년 4월에 일어난 '세월호' 참사는 오랫동안 누적되어 온 우리 사회의 여러 가지 모순을 적나라하게 보여 주었다. 우리는 그동안 급속한 경제성장에만 몰두한 나머지 그런 문제점을 제대로 몰랐거나, 또는 알았더라도 무시하거나 방치해 왔다. 이에 대한 대가가 바로 세월호 참사라고 본다. 당장 별일이 일어나지 않는다면, 안전을 위해 반드시 점검하고 확인해야 하는 일조차도 그냥 방치하고 넘어가는 것이 일상화된 것이다.

비단 이 사건만이 아니라 같은 해 2월 경주 '마우나 리조트' 체육관 붕괴사고, 그 후 이어진 서울 지하철 2호선 충돌사고 등에서 보듯이 우리 주변에는 이와 유사한 일들이 상당히 많이 잠복해 있다. 이 일련의 참사들을 보면서 우려되는 점은 현재와 같은 시스템하에서는 앞으로도 비슷한 사고가 계속해서 발생할 수밖에 없을 것이라는 사실이다. 그것은 우리 사회가 바로 다음과 같은 모습을 하고 있기 때문이다.

선박의 중량을 책임지는 운항관리사는 규정보다 초과된 인원이나 화물을 싣지 못하게 하는 것이 그의 의무이다. 하지만 그 당연한 일을 하는 것이 말처럼 쉽지 않다. 관행이라는 것이 있기 때문이다. 그가 관행을 무시한 채 엄격한 규정을 계속 고집한다면, 그 자리에서 계속 일을 할 수 있을까? 세월호의 적정 중량을 체크하는 해양경찰 담당자가 과연 이 배는 과적이기 때문에 출항할 수 없다는 지시를 할 수 있을까? 마찬가지로 리조트의 체육관 건설 당시 해당 노동자가 예를 들어 볼트 수가 부족하여 건물이 위험할 수 있으니 보강공사를 해야 한다고 고집할 수 있을 것인가?

배를 탈 때 반드시 승객의 신원을 확인하는 규정이 있다. 하지만 세월호에서는 그 규정이 제대로 지켜지지 않았다. 그러다 보니 사고 인원 숫자가 한참 동안 오락가락했다. 담당 직원은 왜 탑승객 확인을 제대로 안 했을까? 항구에서 일하는 직원이 시간이 걸리더라도 규정대로 확인을 하려 든다면, 승객들이 불만스러워 하거나 다른 동료의 질시를 받을 수도 있다. 당연히 해야 하는 일이지만 번거롭고 귀찮기 때문이다. 그래서 대충 처리하는 것이 관행화되었을 수 있다. 결국 안전규정이 없어서 그런 것이 아니라 있어도 성실하게 지키지 않았기 때문에 문제가 발생한 것이다.

안전수칙을 지키는 것을 모두가 당연한 것으로 받아들일 때 우리 사회는 보다 안전해질 수 있다. 예를 들어 비행기 탑승 시 여권검사를 한다고 불평하는 사람은 없으며, 신원확인을 안 하고 승객을 비행기에 태우는 승무원도 없다. 이런 차이가 나는 이유가 항공업이 선진국의 보안기준을 따르도록 되어 있기 때문일까? 아니다. 그렇게 하는 것을 누구나 당연하게 생각하기 때문이다.

모든 일터에서 정해진 규정이나 규칙에 어긋나는 일이 있을 경우 누구나 문제점을 지적할 수 있어야 한다. 잘못은 즉시 시정되어야 하고, 규정을 어긴 사람에게는 반드시 그 책임을 물어야만 안전한 사회가 될 수 있다. 그런데 우리의 현실은 그렇지 않다. 문제 제기나 소위 양심선언을 할 경우, 오히려 자신이 속한 조직에서 '왕따'를 당하거나 보이지 않는 손에 의해 서서히 도태되고 만다. 따라서 어떤 조직에 속한 개인에게 조직의 관행을 무시한 채무작정 규정을 준수하라고 요구하는 것은 현실적으로 어려움이 있다. 조직 구성원 대다수가 규정을 제대로 지키지 않고 있는데, 혼자서만 지키기는 힘들기 때문이다.

기업이나 관공서, 학교 등 개인이 아닌 경우에도 비슷한 문제가 널려 있다. 예를 들어 대부분의 선박이 규정을 제대로 지키지 않고 있는데, 특별히 세월호만 규정을 제대로 지킨다면 그들만 상대적으로 뒤처지거나 손해를 볼 게 뻔하기 때문이다. 다른 부처들은 모두 산하기관들과 유착관계를 맺고 있는데, 특별히 해양수산부 또는 해양경찰만 그런 관계를 맺지 말라고 하는 것도 설득력이 떨어진다. 그렇다고 해서 세월호의 모기업인 '청해진 해운'이나 당시 해경, 해양수산부, 안전행정부 등의 잘못이 크지 않다는 이야기를 하려는 것은 결단코 아니다. 그들의 엄청난 죄과에 더하여 그렇게 규정을 무시하거나 지키지 않아도 무방하도록 방치해 온 우리 사회의 시스템이 문제라는 점을 지적하는 것이다.

규칙이나 규정을 지키는 일이 개인이나 기업, 집단의 이해관계에 의해 밀려난 것이다. 우리 대부분은 자신이 처한 자리에서 책임을 다해야 한다는 신념보다 자신의 편리나 이익을 추구하는 것이 더 먼저라는 생각에 빠져 있다. 물론 겉으로는 그렇지 않지만 묵시적으로 사회 전반에 퍼져 있는 것이다. 그래서 많은 사람이 곧이곧대로 규정이나 규칙을 반드시 준수해야 한다고 받아들이지 않는다. 운 좋게 사고가 안 나고 대충 넘어가면 그뿐이다. 사고가 나면 운이 나빴다고 생각한다. 즉, 가진 자의 더 많이 갖고자 하는 탐욕과 거기에 어쩔 수 없이 동참해야만 하는 갖지 못한 자의 생계형 무관심이 결합된 것이라고 볼 수 있다.

결국 우리 사회의 안전을 확보하려면 이런 사회분위기를 우선 바꾸는 것이 핵심인 것을 알 수 있다. 그렇다면 그러한 분위기를 바꾸기 위해서 필요한 것은 무엇일까? '국가안전처'가 신설되면 그동안 대충해 오던 안전에 대한 사회분위기가 바뀔 것인가? 그렇지 않다. 안전을 강조하는 기관이 하나 더 만들어진다고 해결될 문제는 아니기 때문이다. 만일 그랬다면 과거 행정안전부가 안전행정부로 바뀌었을 때 이미 우리 사회는 훨씬 더 안전해졌어야 한다. 실제 세월호 사건 후 만들어졌던 '국민안전처'는 박근혜 정부가 끝나면서 역사 속으로 사라졌다.

정당이 작동해야 한다

안전불감증에 익숙해진 사회분위기를 바꾸려면 먼저 개인이 이 사회에서 살아가는 데 큰 어려움이 없도록 사회시스템을 구축해야 한다. 비정규직처럼 일자리가 있는데도 불구하고 제대로 살아갈 형편이 안 되는 경제시스템을 개선해야 한다. 또한 현장의 불의나 부정을 고발하고, 양심선언을 하고, 조직에서 쫓겨나더라도 살아가는 데 어려움이 없도록 보호장치를 갖춰야 한다. 그래야만 누구나 자신의 직업에 책임과 소신을 가지고 임하게 될 것이다. 동시에 기업의 불법적인 탐욕을 제어할 기구도 제대로 작동되도록 해야 한다.

독일 사회가 우리보다 좀 더 안전한 이유는 그와 같은 시스템들이 잘 설계되어 있기 때문이다. 그렇다면 독일은 어떻게 그것이 가능했을까? 그것은 한마디로 정치가 제대로 기능했기 때문이고, 또 그것이 가능했던 이유는 국민의 의사를 조직화하여 담아내는 정당활동이 잘 작동했기 때문이다.

세월호 사건을 두고 온 국민이 분노와 시름에 빠져 각자 나름대로 의견을 제시했지만, 그것은 단편적으로만 끝났을 뿐 원하는 바를 달성하지 못했다. 단지 그런 요구사항이 반영된 정부의 대책을 기다릴 뿐이다. 우리 사회의 약자들은 기본적인 권리조차도 보장받기 어렵다. 희생자 가족들이 진실 규명과 책임자 처벌 등을 요구하며 청와대 앞에서 시위를 하고, 교사 43명이 박근혜 정권의 퇴진을 요구하며, 대학생과 고등학생까지 나서 촛불집회를 개최했다. 하지만 요구사항은 관철되지 않았다. 실제로 사고가 발생한 지 3년이 지났지만 원인조차 제대로 규명되지 않았기 때문이다.

국민들이 자발적으로 행동에 나서는 것은 그들의 의견을 수렴하고 구체화하여 시행할 제도적 장치가 없기 때문이다. 이 제도적 장치를 마련하는 것이 바로 정치권의 몫이고, 구체적으로 정당의 과제이다. 그런데 기존의 정당들은 그런 역할을 제대로 하지 못하고 있다. 심지어 그런 역할을 할 하부조직조차도 갖추고 있지 않다. 중앙에서 몇몇 정치인들이 이야기해 보지만 그것 역시 단발적인 일로 끝날 뿐이다. 중앙당의 제안이나 대책은 종종 너무 원론적인 것이라 공허하거나 현실에 적용하는 것이 아예 불가능하다. 현장의 목소리가 아니기 때문이다.

각 정당의 지역조직에서부터 의견이나 주장이 모아지고, 그것이 상부로 전달되어야 비로소 정당 전체의 주장으로 힘을 갖게 된다. 예를 들어 세월호 희생자 가족들의 요구사항이나 시민들의 의견이 각 정당의 안산 지역 조직에서 수렴되고, 정리된 내용들이 경기도당으로 전달되어 논의되고, 다시 중앙당으로 올라가서 정치권에서 쟁점화 되어야 한다. 이러한 과정을 통해서 당원뿐만 아니라 국민과 함께 문제의식이 공유되고 공감대가 형성되며, 보다 구체적인 대안이 만들어지는 것이다. 그런데 이러한 과정을 생략한 채 국회의원이나 당대표 또는 유명 정치인이 홀로 문제를 제기해 보았자 설득력이나 추진력을 얻기 어렵다.

옳고 그름이 명확하지 않은 안건, 즉 사회적 합의를 필요로 하는 사안의 경우 우리 사회 누구도 독단적으로 문제를 해결할 수 없다. 심지어 대통령이라 할지라도 마찬가지이다. 그러기에는 문제들이 이미 너무나 복잡하게 얽혀 있기 때문이다. 따라서 과거와 같은 독재적 리더십은 말할 것도 없고, 전통적 리더십이나 개인적인 카리스마 리더십도 이제는 적합하지 않다. 따라서 여러 가지 문제 발생의 최초 또는 최소 단위에서 관련 당사자들이 참여한 가운데 논의를 통해 해결책이나 대안을 모색해야 한다. 이것을 가능하게 하고 이에 적합한 모델이 바로 정당이며, 지구당 조직이다.

정당의 기능과 역할이 활성화되어 사회적 약자들에 대한 지원 시스템과 탐욕에 빠진 기업을 규제하는 제어시스템을 제대로 만들어야 한다. 이를 통해 우리 사회의 대형사고에 대한 우려가 해소되었으면 한다. 독일의 계산원이 성실하게 신용카드의 서명을 대조하듯이 우리도 누구나 자신의 자리에서 안전을 체크하는 사회, 즉 누구나 소신껏 일할 수 있도록 이를 뒷받침해 주는 사회경제적 시스템을 갖춘 사회가 되었으면 좋겠다.

2

교회보다 가까운 정당 사무소

생활 주변의 정당

. . .

3명만 모여도 단체를 만드는 독일인

아마추어 5단, 나는 바둑을 제법 두는 편이다. 처음 독일에 갔을 때 꽤 많은 사람이 바둑을 두고 있다는 사실을 알고는 몹시 반가웠다. 그런데 그보다 더 놀라웠던 것은 바둑 모임과 관련한 그들의 조직력이었다. 비록 독일에서 바둑 인구가 늘어나고 있다고는 하지만 우리와는 비교가 안 될 것이다. 그럼에도 매월 발간하는 바둑 잡지가 있고, 각 도시마다 바둑 모임이 있으며, 독일 전역에서 매월 한두 차례 이상 바둑대회가 열리고 있었다. 실제로 대부분의 주요 도시에서는 매주 일정한 시간에 정해진 장소에서 바둑을 즐기고 있었다.

유학 도중 대학을 옮기게 되어 새로운 도시에 가면 수소문하여 바둑 모임에 찾아가 보았다. 이들 모임은 예를 들면 이런 식이다.

매주 화요일 저녁 7시가 되면 정해진 카페에 모여 바둑을 두는 것이다. 꼭 카페만이 아니라 학교시설을 빌려 진행되는 모임도 있었다. 바둑대회는 주로 주말에 진행되었지만, 이런 모임이 주말에 진행되는 경우는 없었다. 모임에 갔다가 종종 10년째 여기에 규칙적으로 나온다는 이야기를 들으면서 그들의 여유와 끈기, 그리고 조직력에 놀라곤 하였다. 아마도 우리와는 달리 '저녁이 있는 삶'이 있기 때문에 그러한 취미생활도 가능한 것이리라.

독일 북부에 위치한 킬(Kiel)이라는 도시에서 두 학기를 보냈는데, 이때는 직접 바둑대회에 참가하여 우승을 하고 맥주잔 등을 상품으로 받기도 했다. 매년 6월 마지막 주에 '킬 주간(週間, Kieler Woche)'이라는 축제가 열리는데, 요트 경기 등 다양한 행사가 개최된다. 바다를 볼 수 있는 까닭에 독일 전역에서 관광객이 찾아오는데, 이에 부응하여 바둑대회를 개최한 것이었다.

이처럼 모임을 잘 만드는 독일인의 성향은 비단 바둑에만 한정된 것이 아니다. 분데스리가(Bundesliga)에서 보듯이 독일인은 자다가도 벌떡 일어날 정도로 축구에 열광한다. 다만, 다른 스포츠에는 그렇게 큰 관심을 보이지 않는다. 예를 들어 프로야구, 프로농구, 프로배구 등은 존재하지 않기 때문이다. 스포츠 뉴스는 축구 소식이 대부분이다. 상황이 이러하지만 누구든지 자신이 흥미를 느끼는 스포츠나 취미활동을 손쉽게 할 수 있는 곳이 독일이다. 그 이유는 동호인 모임이 지역별로 체계적으로 잘 조직되어 있기 때문이다.

한번은 세미나 논문을 쓰기 위해 독일인의 특성에 관한 자료를 찾아본 적이 있었다. "독일인은 3명만 모이면 단체를 만든다."라는 문건을 보고는 웃음이 나왔다. 오죽하면 이런 말이 나왔을까 싶었지만, 다른 한편으로 공감이 되기도 했다. 동시에 시민의 일부를 대상으로 하는 소모임도 잘 만들어져 누구나 쉽게 참여하고 활동이 가능한데, 국가의 운영과 직결되고 대다수 국민의 의사를 반영하는 정당의 조직은 어떻겠는가 하는 생각이 들었다.

. . .

61명만 모여도 정당이 된다

방학이나 시간이 날 때 독일의 도시들을 돌아보면서 느낀 점 가운데 하나는 각 정당의 사무실이 쉽게 눈에 띈다는 점이었다. 예를 들어 아주 조그만 농촌의 소도시를 지나칠 때에도 낯익은 정당의 간판이 보였고, 그럴 때마다 정말 정당이 잘 조직되어 있구나 하는 느낌을 받곤 하였다. 마치 우리나라에서 어디를 가든지 손쉽게 십자가와 교회를 발견하듯이 말이다.

독일 주요 정당의 홈페이지에 들어가 자신의 주소를 입력하면 가장 가까이에 위치한 지역 사무실을 알려 준다. 누구나 생활 주변에서 정당을 찾을 수 있다는 말이다. 우리는 일상의 문제나 경조사 등 많은 부분을 교회나 절 같은 종교단체에서 함께하지만, 독일에서는 정당이 그런 역할을 한다고 보면 이해가 쉬울 것이다.

정당이란 원래 사회와 국가에 대해 자신의 객관적 이상을 실현하고, 당의 인재들을 등용할 수 있도록 정치권력의 획득을 추구하는 결사체이다. 각 정당은 국정 관련 국민의 정치적 의사 형성에 기여하고, 민주국가에서는 정치적 의사결정의 중요한 기둥이 된다. 그 외에 정당의 매우 중요한 역할의 하나는 공직후보를 평가

튀링겐 주 에르푸르트 시를 여행하다가 우연히 마주친 녹색당 사무실. 독일에서는 농촌이든 소도시든 어딜 가도 정당 사무실이 쉽게 눈에 띈다. 시민들의 생활 가까이에 자리하여 이해관계를 조정하면서 국가와 국민 사이의 창구 역할을 한다. ⓒ조성복

녹색당 사무실의 창문에 붙은 안내문. "에르푸르트 녹색당 청년들이여, 매주 일요일 오후 5시 30분에 만나자."라고 쓰여 있다. ⓒ조성복

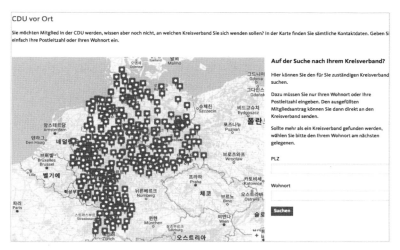

CDU vor Ort

Sie möchten Mitglied in der CDU werden, wissen aber noch nicht, an welchen Kreisverband Sie sich wenden sollen? In der Karte finden Sie sämtliche Kontaktdaten. Geben Sie einfach Ihre Postleitzahl oder Ihren Wohnort ein.

Auf der Suche nach Ihrem Kreisverband?

Hier können Sie den für Sie zuständigen Kreisverband suchen.

Dazu müssen Sie nur Ihren Wohnort oder Ihre Postleitzahl eingeben. Den ausgefüllten Mitgliedsantrag können Sie dann direkt an den Kreisverband senden.

Sollte mehr als ein Kreisverband gefunden werden, wählen Sie bitte den Ihrem Wohnort am nächsten gelegenen.

PLZ

Wohnort

Suchen

독일 기민당 홈페이지. 오른쪽 빈칸에 자신이 살고 있는 지역을 입력하면, 가까운 정당 사무실을 찾을 수 있다. (http://www.cdu.de/cduvorort)

하고 지명하는 것이다.

정당의 과제를 좀 더 구체적으로 살펴보면, 인재를 충원하고 교육하여 여러 공직의 후보를 내놓는 것이다. 또 당원 및 유권자의 의견과 이해관계를 파악하는 것이다. 이를 통해 국가와 시민이 연결되도록 상호작용을 하는 것인데, 여기에는 두 가지의 소통 방향이 있다. 하나는 시민의 이해관계를 모아서 국가기관에 전달하는 것이고, 다른 하나는 시민에게 국가기관의 결정을 알려 주고 설명하는 것이다. 또한 장기적인 정책을 개발하는 것도 주요 과제이다. 그 밖에도 정당은 원내교섭단체를 구성하여 의회기능을 수행하고, 정부의 의사결정에 영향력을 행사한다. 끝으로 정당은 의사결정의 한 주체로서 잘못된 정책이나 그 결과에 대해 반드시 책임을 진다.

독일 「기본법」(Grundgesetz, 우리의 「헌법」과 같음) 제21조 제1항은 "정당은 국민의 정치적 의사를 형성하는 데 기여하고, 그 설립은 자유이다. 정당의 내부질서는 반드시 민주적 원칙을 따라야 한다. 정당자금의 출처 및 사용내역, 그리고 재산에 대해서는 반드시 공시해야 한다."라고 규정하고 있다. 「정당법」 제2조 제1항에서는 "정당이란 시민들의 결사체로서 연방 또는 지방 차원에서 정치적 의사를 형성하는 데 영향을 끼치고, 연방하원 또는 주의회에서 국민을 대표한다. 정당의 당원은 자연인으로 한다."라고 정의하고 있다.

여기서 우리와 다른 한 가지 중요한 차이점은 전국 규모인 연방 차원뿐만 아니라 주 차원인 광역 단위에서도 정당활동이 가능하다는 것이다. 독일에서는 정당설립을 위해 단지 정치적 결사체만을 필요로 할 뿐 그 밖에 특별한 조건을 요구하지 않는다. 예를 들어 당원이 61명인 'Nein!-Idee(No!-Idea)'라는 이름의 정당은 2013년 연방총선에서 정당으로서 인정을 받았다. 이것은 당원이 61명이라도 정당을 만들 수 있다는 말이 된다.

이러한 정당의 존속과 관련하여 정당법이 규정한 유일한 제약조건(제2조 제2항)은 한 정당이 6년 동안 연방총선(Bundestagswahl) 또는 주총선(Landtagswahl)에 최소한 한 번은 참여해야 한다는 것이다. 다만 어떤 정치적 결사체가 그 당원과 당 지도부의 다수가 외국인이거나 또는 당의 업무를 보는 당사의 위치가 독일법의 효력이 미치지 않는 곳에 위치할 경우에는 정당으로 인정하지 않는다는 규정이 있으나, 이는 중요한 내용이 아니다.

정당의 당원이 되고 싶은 사람은 자신이 사는 지역의 정당사무실에 신청서를 내면 된다. 그러면 그 지역 지도부가 표결을 통해 가입 여부를 결정한다. 필요할 경우 신청자에 대한 청문회를 열 수도 있다. 각 정당의 내부규정에 따라 그러한 승인 없이 당원이

표 2-1 **독일 주요 정당의 당원[1] 및 의석수[2]**

정당명	약자	당원 수 (명)	연방하원 의석	주의회 의석	유럽의회 의석
기민당 (Christlich Demokratische Union Deutschlands)	CDU	427,000	200	527 (15)[3]	29
기사당 (Christlich-Soziale Union in Bayern)	CSU	141,000	46	101 (1)	5
사민당 (Sozialdemokratische Partei Deutschlands)	SPD	443,000	153	523 (16)	27
좌파당 (Die Linke)	DIE LINKE	62,000	69	157 (10)	7
녹색당 (Bündnis 90/Die Grünen)	GRÜNE	64,000	67	197 (14)	11
자민당 (Freie Demokratische Partei)	FDP	63,000	80	102 (10)	3
독일대안당 (Alternative für Deutschland)	AfD	26,000	94	157 (14)	1
기타				57	13
합계		1,226,000	709	1,821	96

* 독일 연방선거위원회 자료 참조 저자 작성.
[1] 2017년 기준.
[2] 2018년 3월 기준.
[3] 괄호 안의 숫자는 각 정당이 진입한 주의회의 수(독일은 16개 주로 구성됨).

될 수도 있다. 당원이 되면 당내 다양한 차원의 위원회(기초 지역, 시·군·구 지역, 주 및 연방 위원회) 또는 주전문위원회, 연방전문위원회 등에서 위원장이나 위원으로 선출되어 활동할 수 있다.

연방이나 주 또는 지역의 의원 희망자는 먼저 해당 위원회에서 후보로 선출되어야 한다. 먼저 지역구의 후보는 해당 지역에서 투표권을 가진 모든 당원이 참석하는 '선거구 컨퍼런스(Wahl-kreiskonferenz)'에서 비밀투표를 통해 선출된다. 반면에 권역별 비례대표 후보는 '주전당대회(Landesparteitag)'에서 비밀투표를 통해서 선출되며, 이를 '주대표단 총회(Landesdelegiertenversammlung)'라고도 한다.

독일에서는 누구나 자유롭게 정당을 만들 수 있다. 그렇게 만들어진 정당은 장기적 안목에서 사회 및 국가 발전에 대한 비전을 만들고, 이를 수행할 정책 프로그램을 개발한다. 또한 지속적으로 인재를 충원하여 정치인으로 육성하고, 사안에 따른 의견을 공론화하여 국가와 국민 사이에서 소통하는 역할을 한다. 여기에 더하여 당원에 의한 공직후보 선출을 제도화하여 정당 내부의 민주주의를 굳건히 하고 있다.

깜짝통합, 독일에서는 상상 불가

이러한 관점에서 한국의 정당을 살펴보면 신당 창당, 비전이나 정책의 수립, 공직후보 선출 등의 측면에서 상당히 회의적이다. 먼저 설립조건이 까다로워서 일단 정당을 만드는 것 자체가 쉽지 않다. 정당법에 따르면 최소한 당원 1,000명 이상(제18조)의 시·

도당이 5개 이상(제17조) 있어야 정당설립이 가능하기 때문이다. 또 각 정당은 우리 사회를 위한 제대로 된 비전이나 정책을 가지고 있지 않다. 장기적 안목이 결여되어 있는데, 이는 정당 자체가 매우 불안정하기 때문이다. 게다가 당원이 자기 당의 공직후보를 선출하는 것이 아니라, 대부분 여론조사에 의존하고 있다. 정당이 정치를 하는 것이 아니라 언론과 여론조사 기관이 그 일을 대신하고 있다는 느낌을 지울 수 없다.

당비를 내는 진성 당원의 숫자가 적기 때문에 당원에 의한 후보 선출은 아직 곤란하다는 이야기는 이제 그만하자. 예를 들어 어떤 지역구의 진성 당원이 10명뿐이라고 하더라도 과감하게 그들에게 후보 선출권을 주면 된다. 그러면 다음 선거를 앞두고는 당원의 숫자가 수십, 수백 배로 늘어나게 될 것이다. 그렇게 하지 않기 때문에 당원이 증가하지 않는 것이다. 당원이 중심이 되는 정당이라는 구호만 내세우지 말고, 독일처럼 실제로 당원에게 권한을 부여해야 한다.

각 정당이 각종 선거에 내보낼 후보 선출 규정을 제도화하거나 사전에 확정하지 못하고, 왜 매번 선거 직전에 후보 경선 규칙을 가지고 다투는 것인지 아무리 생각해도 이해할 수 없다. 아마도 기존 정치인의 기득권이 주요 원인일 것이다. 규정이 없거나 모호할 경우 도전자는 경선을 준비하기 어렵기 때문이다. 하지만 정치발전을 원한다면 미리 합리적인 경선규정을 정해야 한다. 그래야 정치 신인도 선의의 경쟁에 나설 수 있고, 그런 과정에서 우리 정치도 한 단계 더 전진하게 될 것이기 때문이다.

이 점은 대단히 중요하다. 회사에서 사장이 되는 길이 어느 정도 정해져 있듯이 정치인이 되는 길도 어느 정도 제도화되어 있어야 한다. 즉, 미래에 대한 예측이 가능해야 한다는 말이다. 그런데 한국 정치는 전혀 예측이 가능하지 않다. 그래서 유능한 젊은이가 정치권으로 가는 것을 꺼리게 되고, 정치권은 발전할 기회를 얻지 못하고 있다.

2010년 이래 우리 사회에 소위 '안철수 현상'과 함께 지속되고 있는 화두가 바로 '새 정치'이다. 이후 꽤 오랜 시간이 지났지만 우리는 여전히 새 정치의 정체가 무엇인지 정확하게 모르고 있다. 2017년 대통령 선거에서도 그 모습은 끝내 드러나지 않았다.

최소한 2014년 3월에 있었던 제1야당인 민주통합당과 안철수의 새정치연대가 하룻밤 사이에 합쳐졌던 것이 새 정치는 아닐 것이다. 그런 일은 독일에서라면 상상조차 할 수 없는 일이다. 만일 통합이 필요하다면 공개적으로 논의를 해야 하고, 반드시 당원들의 의사를 물어야 한다. 그런 '깜짝쇼'가 가능한 것은 아직도 우리의 정당운영이 매우 부실하기 때문이다. 새 정치란 결국 우리의 정당정치를 살리는 것이 되어야 한다.

3

건강한 중도우파, 한국에서도 가능할까

기민당

　2016년 하반기에 터져 나온 최순실 사태와 그에 분노한 시민들의 자발적 대규모 촛불시위, 그리고 그에 힘입은 박근혜 대통령의 탄핵은 보수 진영의 쇠락을 가져왔다. 이에 따라 새누리당은 '자유한국당'과 '바른정당'으로 분당되었고, 이어진 2017년 5월 대통령 선거에서도 따로 후보를 냈지만 참패하였다. 각각 24퍼센트와 6퍼센트에 그친 득표율이 보수 진영의 현재 위치를 말해 주고 있다. 2018년 초 바른정당은 대선 당시 21퍼센트를 득표한 중도성향의 안철수 대표의 국민의당과 합당하여 '바른미래당'을 만들고 중도와 보수의 혁신을 모색하고 있다. 이러한 혁신에 길잡이가 되어줄 정당 모델이 독일의 기민당이라고 할 수 있다. 아래에서는 기민당의 역사, 정책, 조직 등에 대해 자세하게 살펴본다.

···

기민당의 역사

기민당의 원래 이름은 '기독교민주연합(Christlich Demokratische Union Deutschlands, CDU)'으로 흔히 '기민연'이라고 부르기도 한다. 이 당은 보수적이고, 기독교-사회적, 자유주의적 대중정당이며, 현재 당대표는 연방총리인 앙겔라 메르켈이다. 당원 수에서 독일에서 두 번째로 큰 정당이다. 2017년 19대 연방총선에서 26.8퍼센트를 얻어 200석을 확보함으로써 의회에 들어온 7개 정당 가운데 제1당이 되었다. 2013년 18대에는 34.1퍼센트로 255석을 차지한 제1당이었다. 2014년 5월 25일 유럽의회 선거에서는 30퍼센트를 득표하여 유럽의회 내 독일의석 96석 가운데 29명을 당선시켰다.

일반적으로 연방하원에서 의원 수나 비율을 나타낼 때 기민당 단독으로는 잘 표기하지 않는다. 그 이유는 독일 남부에 위치한 바이에른(Bayern) 주에서의 기민당 의원 수가 통째로 빠져 있기 때문이다. 실상 바이에른 주에는 기민당 조직도 없고 활동도 없다. 실제로 기민당 홈페이지의 지도를 보면, 독일 전역에 기민당 지구당이 촘촘하게 표시되어 있지만 오른쪽 하단 지역(바이에른 주)은 텅 비어 있음을 알 수 있다.

그 대신에 기민당은 바이에른 주에서만 활동하는 기사당(CSU)과 자매 정당의 관계를 맺고 있다. 기사당은 19대 총선에서 6.2퍼센트의 지지를 얻어 46석을 차지하였다(18대에는 7.4%, 56석). 일반적으로 이 두 정당의 의원 수를 합산(246석=200석+46석)하여 하나의 정당으로 취급하고 있고, 실제로 이들은 연방하원에서 공

독일 베를린 소재 기민당 중앙당사. ⓒ조성복

동으로 원내교섭단체를 꾸리고 있다. 그래서 연방 차원에서는 이들을 보통 '기민/기사당(CDU/CSU)', '기민/기사연합' 또는 '유니온(Union)'이라고 지칭한다. 대체로 기사당이 좀 더 보수적인 입장을 보이고 있다.

기민당은 1945년에 창당했으며, 1949년 뒤셀도르프 강령에서 '사회적 시장경제'를 채택하였다. 이후 세 차례 강령을 개정했는데, 가장 최근의 사례는 2007년 하노버 전당대회에서 '자유와 안전─독일을 위한 기본원칙'이라는 강령의 채택이었다. 이를 위해 2006년 '보다 많은 자유를 통한 새로운 사회정의'라는 구호 아래 당시 사무총장이었던 포팔라(Ronald Pofalla)를 위원장으로 모든 지역위원회와 당내 그룹을 대표하는 69명이 참여하여 '강령개정위원회'를 구성하고 논의를 진행하였다. 이런 과정을 통해 만들어진 개정안이 2007년 7월 당 지도부에서 결정되고, 같은 해 12월 연방전당대회에서 최종 의결되었다.

기독교적 뿌리를 갖는 기민당은 원래 '독일중앙당'이라는 가톨릭 세력과 정치운동 그룹이었던 개신교 세력이 통합된 것이다. 종교 색에 따른 양측의 정치적 갈등을 극복하기 위해 당명에 중립적인 '기독교적(Christlich)'이라는 형용사를 넣었다. 기민당은 흔히 가톨릭 중앙당의 후신이라고 일컬어지지만, 창당 이후 기독교 및 비기독교인 모두에게 문호를 개방하였다. 2005년 베를린 자유대학의 한 연구조사에 의하면, 당원 가운데 가톨릭이 51퍼센트, 개신교가 33퍼센트, 그 밖에 비기독교가 16퍼센트였다.

. . .

기민당의 정책

기민당은 경제정책으로 '사회적 시장경제'를 도입했는데, 이를 자유와 복지, 그리고 미래의 안전을 위한 담보로 본다. 이 제도가 국민들에게 경제적 자유를 제공하고 있다고 보며, 세계화 시대를 맞아 이의 국제적 확산에 주력하고 있다. 한마디로 요약한다면 경제적으로 이성적이고, 사회적으로 공정한 정책을 추구하고 있다고 할 수 있다.

기민당은 또한 사회적 시장경제가 자유민주주의와 직접적으로 연결된 사회 모델이라고 생각한다. 강령에 따르면 '자유, 책임, 경쟁과 연대'의 가치가 사회정의를 고려하는 경제 및 사회 모델을 구성한다고 본다. 기민당은 완전고용, 지속적이고 적절한 경제성장,

재정의 건전화 등을 경제정책의 목표로 삼고 있다. 그 밖에도 국가가 관여하고 있는 모든 경제 범주의 민영화를 위해 지속적으로 노력하고 있다. 노동정책으로는 노동시장의 유연화와 임금의 자율협상을 지지하고 있다.

기민당은 전통적으로 가족을 중시하여 이에 대한 입장이 확고한 편이다. 남성과 여성에 의한 부부를 이상형으로 간주하고, 아빠, 엄마, 아이들로 구성된 가족을 사회의 근간으로 본다. 그럼에도 불구하고 기존 부부의 모습과는 다른 형태, 즉 결혼하지 않은 이성 간의 파트너십 관계도 존중한다. 이를 흔히 '인생의 동반자(Lebensgefährte)'라고 하는데, 유학 도중 주변에서 이런 모습을 너무나 흔하게 볼 수 있었다. 기민당은 이에 대해 관용적이며, 어떠한 형태의 차별에도 반대한다.

하지만 동성 간의 법률적 부부 또는 파트너십 관계에는 반대 입장이다. 이는 「기본법」(헌법) 제6조 제1항("부부와 가족은 국가규정의 특별한 보호 아래 놓인다")에 의거한 것이다. 비록 연방헌법재판소가 2002년 그 제6조 제1항을 이성 간의 부부관계에 비추어 동성 간의 관계에 대한 불이익의 근거로 사용할 수 없다고 판결한 이후 세금 정산과 관련하여 입장을 다소 수정하기는 했지만, 여전히 반대 입장을 고수하고 있다. 또 동성 부부의 입양과 관련해서도 같은 입장을 보이고 있다. 이들은 기본법이 부부에 대해 명시적으로 남자와 여자의 관계라고 규정하지는 않았지만, 남성과 여성에 의한 부부를 헌법상 보호할 가치가 있다고 본다.

기민당은 하우프트슐레(Hauptschule), 레알슐레(Realschule), 김나지움(Gymnasium)과 같은 세 종류의 학제를 고수하고 있다. [반면에 사민당은 이들을 하나로 통합한 종합학교(Gesamtschule)의 확대를 주장하고 있다.] 또 대학등록금 도입에는 한동안 찬성하는 입장을 보였었다. 이들은 연방장학금(BAföG), 교육융자(Bildungsdarlehen) 등 여러 가지 제도적 장치가 있기 때문에 부모의 부담을 가중시키지 않을 것으로 보았다. 실제로 외국인 학생이었던 나도 그러한 제도의 혜택을 볼 수 있었다.

범죄에 대해서는 단호한 처벌을 통해 안전을 도모해야 한다는 입장이며, 특별 재난사태나 테러 방지에 군대 투입을 지지한다. 인터넷에 대한 강력한 감시정책에 찬성하며, 2013년 7월부터 시행된 '최소보관기간(Mindestspeicherfrist)'을 명시한 정보보관 정책을 지지하고 있다. 대체로 이중국적에 반대하는 입장을 가지고 있으며, 범죄를 저지른 외국인을 추방하는 것에 동의하고 있다.

기민당은 외교적으로는 특히 미국과 긴밀한 관계를 유지하기 위해 노력하고 있다. 과거 적녹연정(사민당과 녹색당)에서 이라크 전쟁에 불참한 것을 반미주의로 비판하고, 2003년 당시 파리-베를린-모스크바-베이징으로 이어지는 불안한 축은 결코 서방의 연합을 대체할 수 없다고 보았다. 오히려 세계의 평화와 자유를 위한 담보로서 독일은 미국을 필요로 한다는 입장이다.

그 밖에 기민/기사당은 항상 이스라엘과의 공고한 관계를 주장하고 있다. 또한 터키의 유럽연합(EU) 가입에 대해서는 인권 위반 사례의 빈번한 발생, 1915년 아르메니아 학살을 부인하는 등의 이유를 들어 시기상조로 보고 있다.

기민당의 연정 파트너

기민당이 가장 선호하는 연정 파트너는 자민당(FDP)이다. 특히 경제 및 조세 정책에서 유사한 입장에 있다. 이견을 보이는 부분은 시민권 분야로 예를 들어 CCTV의 설치나 관련 정보의 장기 보관 등에서 상반된 입장을 보이고 있다.

주 차원의 정부구성에서는 사민당, 녹색당과도 연정을 구성하고 있고, 대도시 지역(쾰른, 프랑크푸르트, 킬, 자르브뤼켄 등) 차원에서는 녹색당과 연정을 꾸려 왔거나 꾸리고 있다. 2008년부터 2010년까지 함부르크에서 소위 말하는 '흑녹연정(기민당과 녹색당)'을 처음 시도하였으며, 2014년 1월부터는 헤센(Hessen) 주에서도 이를 시행하고 있다.

2009년부터 2012년 사이에 자를란트(Saarland) 주에서는 자민당 및 녹색당과 공동으로 연정을 꾸렸다. 이를 '자메이카 연정'이라고도 하는데, 세 정당의 색깔을 모아 놓으면 자메이카 국기 색깔(검정·노랑·녹색)과 같기 때문이다. 2017년 5월 슐레스비히-홀슈타인 주에서도 같은 연정이 이루어졌다. [2016년 라인란트-팔츠 주에서는 사민당이 제1당이 되어 녹색당, 자민당과 함께 연정을 꾸렸다. 이를 '신호등 연정'이라고 하는데, 세 당의 색깔이 빨강·녹색·노랑이기 때문이다.] 이와 같이 기민당은 주정부 차원에서는 연방과 달리 다양한 조합의 연정을 구성하고 있다.

기민당의 당원 및 조직

당원에 가입할 수 있는 나이는 16세 이상이다. 하지만 14세부터는 청소년 조직인 '청년 유니온(Junge Union)'에 가입하여 활동할 수 있다. 2016년 기준 당원의 평균연령은 59세이며, 당원 가운데 여성비율은 26퍼센트이다. 당비는 〈표 2-2〉에서 보듯이 소득에 따라 차등화되어 있으며, 최저당비는 월 5유로(약 6,500원)이다. 또 실업상태(학생이나 대학생 포함)라 당비를 낼 수 없을 경우, 당비 인하에 대해서는 해당 지역위원회에서 결정한다.

통일 직후 1990년대 초반 당원 수는 약 75만 명으로 사상 최고를 기록하였다. 2008년에는 53만 명으로 당원의 숫자가 처음으로 사민당을 넘어섰으나, 이후 다시 감소하여 2017년 현재 43만 명이다. 당을 상징하는 색깔은 검정색이 주를 이루며, 간혹 파란색과 주황색을 같이 사용하기도 한다.

표 2-2 소득에 따른 독일 기민당의 당비

월 소득(netto)	월 당비[1]
1,000유로까지	5유로
1,500유로까지	5~10유로
2,000유로까지	10~15유로
3,500유로까지	20~35유로
5,000유로까지	35~50유로
5,000유로 이상	50유로 이상

* 독일 기민당 홈페이지 참조 저자 작성.
[1] 2000년 제13차 기민당 연방전당대회에서 결정됨.

최소 2년에 한 번씩 개최하는 연방전당대회(Bundesparteitag)가 최고 의사결정기관이다. 여기서는 당 정책에 대한 기본노선을 확정하고 강령과 당규 등을 결정한다. 연방위원회(Bundesausschuss)는 두 번째 상위 기관으로 연방전당대회에서 유보한 사항들, 즉 대부분의 정치적 안건과 조직문제를 처리한다. 연방지도부(Bundesvorstand)는 당을 이끌고, 연방전당대회 및 연방위원회의 결정사항을 집행하며, 연방전당대회를 소집한다. 연방지도부의 결정을 수행하는 사무총국(Präsidium)은 공식 당 기관이 아닌 최상위 기구이다. 연방지도부 아래 연방사무처(Bundesgeschäftsstelle)와 연방전문위원회(Bundesfachausschüsse)가 있다.

　이와 별도로 17개의 '주위원회(Landesverband)'가 있어서 주지도부를 구성하고, 연방처럼 산하에 주사무처(Landesgeschäftsstelle)와 주전문위원회(Landesfachausschuss)를 두고 있으며, '주전당대회'를 개최한다. 주위원회 아래로는 327개의 '지역위원회(Kreisverband)'가 있어 지역 지도부를 구성하고 사무처와 위원회를 두고 있으며, '지역전당대회'를 개최한다. 그 아래에는 약 1만 1,000개의 '기초지역위원회(Ortsverband)'가 있어서 지역별로 지도부를 구성하고 당원 모임을 개최한다.

　그 밖에 연방, 주, 지역 단위로 정당재판소가 있다. 또한 공식적인 당조직은 아니지만 당규에 의거하여 만들어진 다양한 그룹이 존재한다. 이들은 당의 정책을 수립하거나 확산하는 데 영향력을 행사한다. 청년 유니온, 중산층 그룹이나 경제 그룹 등이 그것이며, 최근에는 시니어 그룹의 영향력이 거세지고 있다. 또 기민당과 가까운 기업들에 의해 만들어진 경제 모임이 있는데, 이 모임은 기민당의 경제정책에 막강한 영향력을 행사하고 있다. 이 외에도 기민당과 가까운 단체가 다수 존재하는데, 그중 대표적인 것이 '콘라트 아데나워 재단(Konrad-Adenauer-Stiftung)'이다.

우리나라 중도 또는 보수정당의 모습이 기민당 같았으면 좋겠다는 상상을 해 본다. 그러면 사회적 시장경제와 복지정책의 강화를 통해 점점 심화되고 있는 빈부격차나 양극화 문제를 어느 정도 해결할 수 있을 것이기 때문이다. 동시에 빨갱이, 퍼주기, 좌빨 등과 같은 용어를 사용함으로써 나타나는 극단적 이념대립에 매몰되지 않고 보다 안정된 사회를 추구하는 건강한 중도우파의 모습을 볼 수 있을 것 같기 때문이다.

당원의 품격,
상향식 운영의 모범답안
사민당

한국의 주요 정당들을 성향에 따라 좌파와 우파의 스펙트럼에 표시한다면, 좌측에서부터 정의당, 더불어민주당, 민주평화당, 바른미래당, 자유한국당 순서일 것이다. 마찬가지로 독일의 주요 정당도 좌측부터 좌파당, 녹색당, 사민당, 기민당, 기사당, 자민당, 독일대안당 순서로 배열할 수 있다(92쪽 그림 참조). 하지만 한국의 중도좌파 정당을 독일의 중도좌파 정당과 동일시하는 것은 곤란하다.

예를 들어 더불어민주당을 흔히 중도좌파로 보는데, 그렇다고 이를 독일의 중도좌파인 사민당과 비슷하다고 보는 것은 맞지 않다. 그림에서 보듯이 사민당은 민주당보다 훨씬 더 왼쪽에 있으며, 민주당은 중도우파인 기민당보다도 우측에 위치하고 있다. 이와 같이 차이가 나는 이유는 정당 스펙트럼의 기준 자체가 서로

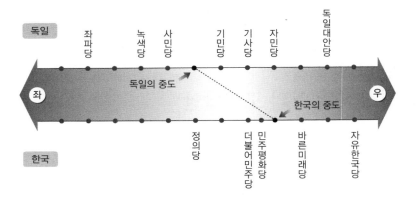

그림 2-1 독일과 한국 정당들의 스펙트럼

* 저자 작성(2018년 7월 기준).
** 전문가에 따라 각 정당이 자리한 눈금 위치에 대해서는 약간씩 달리 생각할 여지
  는 있으나, 좌우 순서에 대해서는 이견이 없을 것으로 판단됨.

다르기 때문이다. 독일의 정당 기준 축이 애초에 우리에 비해 좌
측에 형성된다고 보면 된다.

 달리 말해 독일의 기준이 일반적인 것이라고 가정한다면, 우리
의 정당들이 지나치게 우편향되어 있다고 할 수 있다. 이런 현상
의 가장 중요한 원인은 남북분단 상황 때문이다. 우리 기준으로는
가장 진보정당인 정의당조차도 독일의 기준에서 보면 중도에 불
과하고 사민당보다도 오른쪽에 위치한다고 볼 수 있다. 다른 정당
들이야 말할 것도 없다. 우리는 왜 사민당 정도의 진보성향 정당
도 갖지 못하는 것일까? 이에 답하기 위해 독일 사민당에 대해
자세히 살펴본다.

사민당의 역사

사민당은 '사회민주당(Sozialdemokratische Partei Deutschlands, SPD)'을 줄인 말로 독일 의회주의 역사상 가장 오래된 정당이다. 이 당은 1863년에 만들어진 '독일노동연합(ADAV)'과 1869년에 설립된 '사민주의 노동자당(SDAP)'이 1875년 고타라는 도시에서 채택한 '고타 강령(Gotha Programm)'에 따라 통합한 것이다. 이후 사민주의 금지법에 따라 1878~1890년 일시적으로 정당활동이 중단되었다가 1890년 가을에 그 법의 효력이 정지되면서 현재의 당명이 되었다.

사민당은 1891년 카우츠키(Karl Kautsky)와 베른슈타인(Eduard Bernstein)이 기초한 '에르푸르트(Erfurt) 강령', 즉 보통선거를 통한 권력쟁취 입장(수정주의)을 수용하였다. 이후 몇 차례 강령 개정을 거쳤으며, 나치 시대에는 탄압을 피해 망명조직의 본부를 순차적으로 프라하, 파리, 런던으로 옮겼다.

2차대전 후 당을 재건하고 1949년 첫 연방총선에 나섰으나 기민/기사당에 근소한 차이로 뒤졌다. 이후 1953년과 1957년에도 연이어 패배하자 정책변화의 필요성을 인식하게 되었고, 1959년 '고데스베르크(Godesberg) 강령'을 채택함으로써 기존의 '사회주의 노동자정당'에서 '사회민주적 대중정당'으로 변모하게 되었다.

이처럼 당을 개방적으로 운영하게 되면서 1961년과 1965년 총선에서는 보다 나은 결과를 얻었고, 1966년부터 1969년까지 기민/기사당과의 대연정을 통해 처음으로 연방정부에 참여하게 되었다. 1969년 총선에서 빌리 브란트가 '보다 많은 민주주의에의

독일 베를린의 사민당사 내에 있는 빌리 브란트 동상. 16세에 사민당에 가입하여 1969년 사민당 출신으로는 처음으로 연방총리에 올랐다. ⓒ조성복

도전(mehr Demokratie wagen)'을 모토로 승리하여 자민당과 연립 정부를 수립하였다. 그 뒤를 헬무트 슈미트 총리가 이어 갔고, 1982년 기민당의 헬무트 콜이 등장할 때까지 집권당의 지위를 유 지하였다. 이후 사민당은 1998년 총선에서 슈뢰더가 승리하여 콜 의 16년 장기집권을 무너뜨리고, 2005년까지 녹색당과 함께 적녹 연정을 실시하였다.

사민당은 2013년 제18대 총선에서 25.7퍼센트를 득표하여 연방하원에서 193석(총 631석)을 가진 제2당으로 기민/기사당과 함께 대연정에 참여하였다. 2017년 19대 총선에서는 20.5퍼센트로 하락했고, 애초 대연정에 불참한다는 입장을 밝혔지만 이를 번복하고 다시 기민/기사당과 대연정을 꾸렸다. 기민/기사당이 자민당 및 녹색당과의 연정협상에 실패하였기 때문이다. '대연정(Große Koalition)'이란 의회 내 제1당과 제2당이, 즉 기민/기사당과 사민당이 연립정부를 구성한 것을 말한다.

2017년 7월 현재 사민당은 독일 전체 16개 주의회에 모두 진출한 상태이며, 6개 주에서는 제1당의 지위를 차지하고 있다. 또한 11개의 주정부에 참여하고 있으며, 그 가운데 7개 주에서는 주총리(우리의 광역단체장)를 맡고 있다. 2014년 5월에 치른 유럽의회 선거에서는 27.3퍼센트를 득표하여 독일의석 96석 중 27명의 의원을 배출하였다.

2009년부터 2017년 3월까지 당대표를 역임한 가브리엘(Sigmar Gabriel)은 2017년까지 연방부총리 겸 연방외교장관을 역임하였다. 그는 18대 총선에서 비록 정권교체에는 실패했지만, 지난 17대 총선(23.5% 득표율, 총 622석 가운데 146석 차지)에 비해 나은 결과를 얻었다. 가브리엘에 이어 마르틴 슐츠(Martin Schulz)가 당대표 겸 2017년 19대 연방총선의 총리후보가 되었으나 대패하였다. 사민당은 정당득표율 20.5퍼센트, 153석(전체 709석)으로 역대 최악의 성적표를 받았다.

사민당의 노선과 정책

현재 사민당은 2007년 함부르크 강령을 당의 주요 노선으로 채택하고 있는데, 추구하는 기본가치는 '자유, 정의/공정(Gerechtigkeit), 연대'이다. 이에 따라 '사회정의(soziale Gerechtigkeit)'는 사민당이 정치적으로 추구하는 최우선 가치의 하나이다. '사회적 시장경제'는 보다 더 강화되어야 하고, 그에 따른 생산물은 국민 전체의 복리를 위해서 좀 더 공정하게 분배되어야 하며, 사회적 약자에 대한 체계적 지원이 가능하려면 강력한 국가 또는 능력 있는 사회국가가 필요하다는 입장이다.

당내 노선은 크게 좌파 사민주의자와 보수적 사민주의자로 나뉜다. 좌파 진영은 '민주적 좌파 21'과 '의회주의 좌파'로 구성되고, 보수주의자에는 '제하이머 서클(Seeheimer Kreis, 하나의 지역 그룹)'과 '뉘른베르크 중도 포럼'이 있다. 과거 사민-녹색당 연정에서 슈뢰더 총리가 정치적 중도를 지향하는 '어젠다 2010'이란 개혁 프로그램을 들고 나왔을 때, 당내 보수 진영은 이를 지지하였으나, 좌파 진영은 반대 입장을 표명하였다.

사민당의 외교정책은 평화보장을 지향하고 있다. 이를 위해 대화와 민간협력을 강화하고 인권보장을 중시한다. 독일군의 군사작전에 대해서는 외교 수단이 충분히 사용되고 더 이상의 해법이 없을 때에만 지지 입장을 표명한다. 독재자에게 무기를 수출하는 것은 반대한다. 사민당은 스스로를 '진보적 유럽정당'으로 여기고 유럽통합에 적극적이며, 회원국의 주권이 점차적으로 EU로 넘어가야 된다고 본다. 유럽의회(Europäische Parlament)는 법률안 제출권을 확보하여 그 권한이 강화되어야 하고, 유럽집행위원회 (Europäische Kommission)는 명실상부한 '유럽의 정부'가 되어야 한다고 생각한다.

사민당은 공공의 복리와 발전을 지향하는 경제정책을 지지한다. 2008년 세계금융위기 이래 경기회복을 위한 정책의 최우선 과제를 국제금융시장의 규제에 두고 있으며, 독일의 사회적 시장경제가 세계로 확산되어야 한다고 본다. 노동정책과 사회정책은 사민당 정책의 핵심이다. 사회국가는 질병, 장애 또는 실업 등의 문제들을 예방적 차원에서 지원해야 한다. 인간은 자신의 노동을 통해 삶의 영위가 가능해야 하고, 그래서 사민당은 2013년 총선에서 시간당 8.50유로의 최저임금제를 도입하였다. 일자리는 지속적으로 만들어져야 하고, 장기실업자는 고용시장에 재진입할 수 있어야 한다.

시민의 자유와 안전은 존중되고 보호되어야 하며, 이를 통해 사회에서의 공동생활이 보장되어야 한다. 범죄는 퇴치되어야 하고, 시민권을 제한하지 않으면서 안전장치는 확대되어야 한다. 이민자들을 환영하고, 국가는 그들의 참여와 기회균등을 보장하여야 한다. 외국에서 취득한 학력을 인정하고 이중국적을 허용한다.

사민당은 교육을 사회적 참여와 복지의 열쇠로 본다. 교육의 핵심 목표는 교육환경이 부실한 계층의 자녀들에게 교육의 공정성과 신분 상승의 기회를 보장하는 것이다. 사민당은 교육과 관련하여 연방과 주 사이의 미약한 협력에 비판적인 입장이다. 독일에서는 교육문제가 주정부의 관할 사항이기 때문이다. 교육시스템을 보다 투명하게 하기 위해 종합학교(Gesamtschule)를 확대하는 것이

2017년 12월, 베를린에서 열린 사민당의 정기 전당대회. 사민당에는 1만 2,500개에 달하는 기초지역위원회가 있다. 이들은 정기적으로 당원 모임을 개최하여 약 350개의 상급 지역위원회에 보낼 대표자를 선발하고, 이 대표자들과 주위원회 대표자들이 연방전당대회에 참석한다. ⓒ조성복

필요하다고 본다.

사민당은 남성과 여성의 고전적 가족형태의 역할이 개인적 필요에 따라 유연하게 변화하는 것을 인정하고 환영한다. 원전에 반대하고, 화력발전을 원전 중단에 따른 에너지비용의 추가적 상승을 막을 수단으로 본다. 난민들에게는 합법적 이민 방식을 마련하고 난민 발생의 원인을 제거하는 것을 지원하고자 한다. 그들에게 숙식을 제공하기 위해 노력하는 주 및 자치단체들에는 연방 차원의 지원이 이루어져야 한다는 입장이다.

사민당의 조직

사민당은 약 1만 2,500개에 달하는 '기초지역위원회(Ortsverein)' 로 구성되어 있다. 이들은 정기적으로 당원 모임을 개최하고, 상급 지역위원회에 보낼 대표자를 선발한다. 기초지역위원회 조직의 상부에는 약 350개의 '지역위원회(사민당에서는 이를 주로 Unterbezirk 또는 Kreisverband라고 표현)'가 있으며, 이들도 정기적으로 모임을 갖고 주위원회에 보낼 대표자들을 선출한다.

지역위원회 위에는 20개의 '주위원회(Landesverband 또는 Bezirk 으로 표기)'가 있는데, 마찬가지로 정기적인 모임을 갖는다. 이들은 110명으로 구성된 '당 자문위원회(Parteirat)'의 구성원을 선출한다. 이와는 별도로 각 지역위원회는 1명씩, 주위원회는 1명 이상씩 총 600명의 대표자를 선발하여 '연방전당대회'에 참석시킨다. 연방전당대회에서는 당 지도부, 감독위원회와 연방심판위원회의 구성원을 선출한다.

이와 같은 수직적 단위의 위원회 이외에도 수평적 차원의 여러 실무위원회 또는 실무공동체(Arbeitsgemeinschaften, AG)가 있다. 이들은 전당대회 청구권이 있으며, 일정한 자율성을 가지고 있다. 당원 가운데 35세 이하는 '청년공동체(Jusos)', 60세 이상은 'AG 60 플러스', 여성은 '여성사민공동체(ASF)'에 자동으로 가입된다. 그 밖에도 다양한 공동체가 있는데, 이들 공동체는 자동으로 가입되기도 하지만 가입할 의무가 있는 것은 아니다.

예외적으로 청년공동체의 경우에는 당원 가입을 안 하더라도 완전한 당원 권리를 갖는 회원이 될 수 있다. 그렇게 활동을 하다가

2년이 경과하면 당원 가입을 요청받게 된다. 이후 추가적으로 2년의 시간을 더 주고 그래도 당원에 가입하지 않을 경우에는 청년공동체 회원의 자격이 끝나게 된다. 젊은이들의 정당 가입을 유도하기 위해 4년의 시간을 쓰는 셈이다. 괜찮은 방안이라 생각되는데, 우리 정당도 이런 제도를 도입했으면 한다.

당원 수는 2017년 약 44만 명으로 사민당 역사상 최저 수준이다. 60세 이상 당원이 전체의 44퍼센트이고, 30세 이하는 6퍼센트에 불과하다. 당원의 평균연령은 60세, 여성비율은 32퍼센트이다. 당원의 종교를 살펴보면, 기독교 48퍼센트, 가톨릭 23퍼센트, 종교가 없는 사람이 26퍼센트이다. 직업별로는 연금생활자 34퍼센트, 공무원 및 공공 분야 종사자 23퍼센트, 사무직 15퍼센트, 노동자 8퍼센트, 실업자 5퍼센트, 주부(5%)·자영업자(4%)·자유직업(2%)·학생(2%) 등이 13퍼센트를 차지하고 있다. 당원 가운데 노동조합 가입자의 비율은 42퍼센트이다. 당원 가입의 최저 연령은 14세이며, 당을 상징하는 색깔은 빨간색이다.

사민당은 2차대전 직후 망명이나 저항조직 출신의 사회주의자 및 사민주의자 다수를 당원으로 넘겨받았다. 1949년 최초 연방총선 당시 당원 수는 75만 명에 달했고, 1951년에는 약 82만 명을 기록했다가 1958년에는 다시 59만 명으로 감소하였다. 1960년대 이후 다시 회복세를 보여 1977년 처음으로 100만 명을 넘어섰다. 이후 정체를 보이다가 통일 직후 추가적으로 증가세를 기록하였으나 이후 20년간 약 40만 명이 줄어들었다.

인구 대비 사민당 기초조직의 비율을 계산해 보면 다음과 같다. 독일 인구는 약 8,200만 명이고 사민당은 1만 2,500개의 기초지역위원회가 있다. 이를 지구당으로 가정할 경우 인구 약 6,500명당 지구당이 1개씩 있는 셈이다. 전체 당원 수를 지구당 수로 나누면, 1개 지구당에는 평균적으로 약 35명의 당원이 소속되어 있다. 이들 지구당은 다시 30~40개씩 묶여 350개의 지역위원회를 구성한다. 이는 독일 전역의 지역선거구 수(299개)와 비슷한 규모이다.

. . .

우리 정당의 모습

이 비율을 한국 상황에 적용해 보면, 우리 정당은 매우 취약한 모습임을 알 수 있다. 전체 인구를 5,000만 명으로 보았을 때, 전국적으로 약 7,700개의 지구당이 있어야 한다. 그런데 우리는 단지 국회의원 지역구에 해당하는 253개의 '당협위원회' 또는 '지역위원회'가 있을 뿐이며, 그마저도 합법적인 형태가 아닌 상황이다. 독일에는 6,500명당 1개씩 있는 정당조직이 한국에는 20만 명당 하나씩 있는 셈이다.

우리가 인구 대비 독일과 유사한 정도의 지구당을 갖고자 한다면, 기존 253개 지역구 조직이 훨씬 더 세분화되어야 한다. 다시말해 각각의 지역구는 약 30개의 지구당으로 쪼개져야 한다. 만일이렇게 모든 국회의원 지역구 내에 30개의 지구당이 만들어진다면 국민의 정치적 의사를 수렴하고 대안을 모색하는 역할을 충분히 수행할 수 있을 것이다. 30개 지구당에 속한 당원들이 위원장(지구당 위원장)을 뽑고, 이들 또는 이들을 포함한 지구당 당원들의 대표들이 모여서 지역위원회 위원장(지역구 국회의원 후보) 또는 광역의회나 기초의회 후보를 뽑으면, 이것이 바로 우리가 하고자 하는 상향식 공천이다. 당원의 권한이 제대로 보장되는 것이다. 이렇게 되면 당원들의 자발적 당비 납부와 참여가 가능해지고, 지구당은 '돈 먹는 하마'라는 오명에서도 벗어나게 될 것이다.

그런데 현실은 중앙당에서 각각의 지역위원회 위원장을 임명하고, 이 지역위원장이 지역위원회 대의원(위의 가정을 따르면 지구당 위원장)을 지명하고 있다. 또한 지역위원장이 광역이나 기초의원 후보 선출에도 막강한 영향력을 행사한다. 그렇기 때문에 후보 희망자들은 지역 당원들의 의견을 듣고 신임을 얻는 데 애를 쓰는 것이 아니라, 지역의 국회의원(또는 지역위원장)의 눈치를 보거나 유착관계를 형성하게 되며, 최악의 경우 뇌물이 오가는 등 공천 비리를 저지르게 된다.

우리 정당에서는 당원이 할 일이 거의 없다. 각 당의 지도부는 시스템을 이렇게 만들어 놓고 당원이 늘지 않는다고 푸념을 한다. 당원이 되면 들러리 서는 것 이외에 할 일이 거의 없는데, 누가 굳이 당비를 내면서 당원이 되고자 하겠는가. 기존의 거대 정당은 수십 만 또는 수백 만 명의 당원 수를 자랑하지만, 이를 그대로 믿는 사람은 거의 없다. 당원에게 정치참여의 기회를 주고, 또 정당 조직의 말단에서부터 자신의 대표를 선출할 권한을 주어야 정당에 대한 참여가 늘어날 것이다.

독일에서는 당원들이 지구당 위원장을 뽑고, 당원들 또는 그들의 대표자들이 지역위원장을 뽑는 식으로 철저하게 상향식으로 정당이 운영되고 있다. 이러한 시스템하에서 교육받고 훈련된 리더십을 갖춘 정치인이 지방을 거쳐 중앙 무대로 진출하게 된다.

따라서 어떤 정당이 선거에서 패배하더라도 새 인물이 새로운 비전을 가지고 다시 나서게 된다. 선거에서 지면 당 이름이나 색깔 등을 바꾸고 나머지는 대부분 그대로인 우리와는 근본적으로 다르다. 국민이 기대하는 '새 정치'는 바로 새 인물이 새로운 비전을 펼치는, 또 그것이 가능한 시스템을 구축하는 것이라고 생각한다.

5

직접 심판하는 독일의 유권자

자민당

2001년 쾰른 대학에서 정치학 공부를 막 시작할 때였다. 독일의 현실 정치에도 조금씩 관심을 가질 무렵, 당대표를 선출하는 자민당의 전당대회 모습을 생방송으로 보게 되었다. 지지자들이 '기도(Guido)'를 연호하는 환호 속에 그가 대표로 선출되는 장면이었다.

수업이 있어서 바로 학교로 갔고, 강의실에서 만난 학우들에게 따끈따끈한 '기도'의 당선 소식을 전했다. 그런데 그들은 '베스터벨레(Westerwelle)'가 대표가 되었다면서 다른 이름을 말하는 것이었다. 아니 "내가 방금 텔레비전에서 보고 왔는데, 무슨 소리냐?"라고 물었더니, 그들은 웃으면서 그 사람 이름이 '기도 베스터벨레(Guido Westerwelle)'인데, 성(姓)인 베스터벨레는 연호하기 불편하니까 이름인 기도를 외친 것이라고 설명해 주었다. 나의 독일 유학은 이렇게 시작되었다.

자민당의 역사

자민당의 본래 이름은 '자유민주당(Freie Demokratische Partei, FDP)'으로 독일의 대표적인 자유주의 정당이며, 연방하원에 들어온 온 정당 가운데 원래 가장 오른쪽에 위치한 정당이었다. 그런데 2017년 총선에서 독일대안당(Alternative für Deutschland, AfD)이 연방하원에 진입함으로써 그 자리를 양보하게 되었다. 독일대안당은 2013년 신설된 정당으로 2018년 현재 14개 주의회에 진입해 있으며, 메르켈 정부의 난민수용 정책을 반대하고 있는 극우정당으로 분류된다.

1948년에 설립된 자민당은 비록 소수 정당이지만 2차대전 이후 연방정부에 가장 오랜 기간 참여하였다. 1990년대 녹색당이 연방하원에 진출하기 전까지 두 거대 정당인 기민당과 사민당 모두의 연정 파트너였기 때문이다. 따라서 최근까지 세 차례에 걸친 기민당과 사민당의 대연정 및 사민-녹색당의 적녹연정 기간을 제외하고는 자민당은 40년 이상 연립정부의 일원으로 활동하였다.

그런 자민당이 2013년 9월의 18대 연방총선에서 정당득표율이 4.8퍼센트에 그쳐 연방하원 의석이 제로가 된 것은 커다란 충격이었다. 전후 18회에 걸친 총선에서 최저득표율 기준인 5퍼센트에 미달하여 연방하원 진출이 좌절된 것은 이번이 처음이었다. 바로 이전 2009년 총선에서 14.6퍼센트를 득표하여 전체 622석의 93석을 차지했던 것과는 도저히 비교할 수 없는 참담한 결과였다.

연방하원에서 일하던 수백 명의 자민당 소속 일꾼들이 하루아침에 실업자가 되어 철수하는 장면은 전혀 예상치 못했던 황당한 광경이었다. 2014년 독일 기민당을 방문했을 때, 벵거(Bertil Wenger) 대외협력실장은 자민당의 몰락에 대해 "연방하원에서 자유주의의 목소리를 들을 수 없게 된 것은 몹시 안타까운 일"이라며 진지하게 아쉬움을 표시하였다. 더욱이 상대 정당에 대한 이러한 배려는 서로 치열하게 경쟁하는 정당들 사이에서 자못 인상적이었다.

자민당의 총선 성적표를 구체적으로 살펴보면, 전체 16개 주 가운데 최소득표율 기준인 5퍼센트를 넘긴 곳이 불과 6개 주뿐이었다. 주총선에서는 5퍼센트 이상을 득표했으나 이번 연방총선에서 5퍼센트 이하로 떨어진 주들이 많았다. 함부르크, 니더작센, 브란덴부르크, 작센, 튀링겐 주가 그랬는데, 특히 동독 지역 주에서의 감소가 두드러졌다. 겨우 현상을 유지한 주는 바덴-뷔르템베르크, 헤센, 노르트라인-베스트팔렌, 슐레스비히-홀슈타인 정도였다.

한편 18대 총선 이후 최초의 전국 단위 선거인 2014년 5월의 유럽의회 선거에서도 자민당은 3.4퍼센트 득표에 그쳐 의원 수가 지난 회기 12명에서 3명으로 줄어들었다. [2014년 유럽의회 선거부터 5% 최저득표율 제도가 폐지되었기 때문에 3명의 진출이 가능하게 되었다.] 1979년부터 시행된 이 선거는 그동안 5년을 주기로 일곱 차례 치러졌는데, 자민당은 1984, 1994, 1999년의 세 차례 선거에서는 5퍼센트 미만을 득표함으로써 진출이 좌절된 바 있다. 하지만 자민당은 16개 주 가운데 10개 주의회에 진출해 있고, 노르트라인-베스트팔렌, 헤센 등 3개 주에서는 기민당과 함께 주정부를 구성하고 있다.

34세의 신임 당대표

18대 총선에서 참패하여 연방하원 진출이 좌절된 후 자민당은 2013년 12월 6일부터 8일까지 특별 전당대회를 열어 패배의 원인을 분석하고 지도부를 전면 교체하였다. 우리로 보면 경기도당 위원장에 해당하는 노르트라인-베스트팔렌 주 대표를 맡고 있던 34세의 크리스티안 린트너(Christian Lindner)가 당대표에 선출되었다. 그는 취임사에서 "우리의 시장에 대한 신뢰는 맹목적인 신앙이 아니고, 시장은 그것이 작동할 수 있도록 규정이 필요하다."라며 기존 자유주의 입장에 대한 고민을 내비쳤다. 그 밖에도 정당투표만을 중시해 오던 과거의 선거전략과 유럽정책의 포기 등을 비판하였다. 이렇게 당을 혁신한 자민당은 2017년 19대 연방총선에서 10.7퍼센트를 득표하여 제4당이 되었고, 80석을 확보하여 연방하원에 복귀하였다.

린트너는 1979년생으로 16세에 자민당 당원이 되었다. 1996~1998년에는 당내 청소년 그룹인 '학생 자유주의자' 대표를, 1998년부터는 노르트라인-베스트팔렌 주 지도부의 일원이 되었다. 2000년에 21세로 최연소 주의원이 되었고, 지역위원회 위원장, 주지도부 사무총장을 역임하였다. 2007년부터 2011년까지는 연방지도부에서 활동했는데, 2009년 연방총선에서 연방하원의원이 되었고, 당 사무총장을 역임하였다. 2012년 5월 노르트라인-베스트팔렌 주총선을 앞두고 주위원회 위원장이 되었고, 2013년 3월부터는 당 부대표를 겸임하게 되었다. 비록 30대 중반에 당대표가 되었지만, 린트너의 다양한 당내 경력이나 오랜 활동 기간은 대표직을 수행하는 데 전혀 모자람이 없어 보인다.

자민당은 독일 전역 16개 주에 당 조직을 가지고 있으며, 당원 수는 2017년 기준 약 5만 8,000명이다. 당원이 많았던 시기로는 1981년 8만 7,000명일 때, 또 통일 직후인 1990년 약 18만 명을 기록했을 때였다. 당원 가입의 최저연령은 16세이고, 평균연령은 59세이며, 여성비율은 23퍼센트이다. 당의 상징색은 주로 노란색이며, 파란색을 같이 사용하고 있다. 과거 2명의 연방대통령 테오도어 호이스(Theodor Heuss)와 발터 셸(Walter Scheel)을 배출했으며, 독일통일을 전후하여 당시 헬무트 콜 수상과 함께 오랫동안 외교장관으로 활약한 한스-디트리히 겐셔(Hans-Dietrich Genscher)가 자민당 출신이다.

• • •

자민당의 노선과 정책

자민당의 주요 노선은 2012년 칼스루에(Karlsruhe)에서 개최된 제63차 전당대회 강령에 기초하고 있다. 이는 1997년 비스바덴(Wiesbaden)의 제48차 전당대회 결정을 개정한 것이다. 경제정책으로는 자유주의적인 사회적 시장경제를 추구하고 있다. 자민당은 상응하는 부대조건이 마련된, 하지만 지나친 간섭에 의해 시장이 왜곡되는 것에는 반대하는 '국가적 질서정책(staatliche Ordnungspolitik)'을 요구한다. 또한 투자환경의 개선을 통한 일자리 창출을 주요 목표로 삼고 있다. 이를 위해 관료주의 축소, 민영화, 탈규제, 보조금 삭감, 노사 간 임금자율협상 제도의 개혁, 조세정책의 단순화 등을 주장하고 있다.

자유주의자라 일컬어지는 이들은 국가의 과도한 권력과 보수적 및 평등적 사회상에 비판적 입장을 견지한다. '국가는 필요한 만큼만 권력을, 국가는 가능한 한 적은 권력을!'이라는 모토 아래 개인의 삶에 대한 국가의 개입을 가능한 한 최소화하고자 노력하고 있다. 그런 점에서 국가에 의한 모든 형태의 감시를 거부한다. 가족정책에서도 동성으로 구성된 부부도 일반적인 부부와 동일한 입양이나 조세 혜택을 누려야 하고, 연방 차원에서 유치원이 확대되어야 한다고 주장한다.

자민당은 전통적으로 기본법(헌법)을 제약하는 법률을 거부한다. 그래서 전화나 인터넷 관련 정보의 보관에도 반대한다. 예컨대 1995년 한 개인주택에 대한 도청사건은 커다란 논란을 불러왔다. 자민당은 판사의 허락하에 이루어진 그 사건을 문제 삼는 한편 당원들의 의견을 묻는 직접투표를 실시하였다. 하지만 약 64퍼센트가 도청 가능성에 찬성 입장을 보였다. 그 결과에 대해 책임을 지고 당시 자민당 출신 로이트후서-슈나렌베르거(Sabine Leutheusser-Schnarrenberger) 연방법무장관이 사임하였다. 1998년 연방하원이 관련 법을 제정했을 때 자민당의 좌파 진영은 헌법소원을 제기하여 부분적인 성공을 거두었다. 2006년 지도부는 온라인상의 수색에 대해서도 개인정보를 침해하는 것으로 보고 반대 입장을 분명히 하였다.

이들은 이민 2세들에 대한 독일어 교육의 강화를 요구하며, 기존의 학교시스템에 찬성한다. 또한 연구에 지장을 주는 법이나 규정의 폐지를 주장하는데, 예를 들어 줄기세포 연구에 대한 지원을 강조한다. 원전 에너지의 사용 중단에 대해서는 오랫동안 비판적 입장을 보였으나 후쿠시마 사태 이후 이를 받아들였고, 석탄, 석유, 가스, 재생에너지 등 다양한 원료를 활용하는 에너지정책을 요구하고 있다. 독일군의 해외파병에 대해서는 비판적 입장을 보이며, 이는 최후의 수단으로서 반드시 유엔의 사명에 따라야 한다고 본다. 그 밖에 병역의무 폐지, 이중국적의 장기적 허용 등을 주장하고 있다.

당내 그룹으로는 자유주의 우파와 자유주의 좌파로 크게 나눌 수 있다. 우파에는 보수적 자유주의 이해관계를 대변하는 '샤움부르크 그룹(Schaumburger Kreis)'과 스스로 전통적 자유주의의 대변자를 자처하는 '자유주의 출발(Liberaler Aufbruch)'이라는 그룹이 있다. 좌파에는 프라이부르크 학파의 전통을 계승하는 '프라이부르크 그룹(Freiburger Kreis)'과 좌파-자유주의 시각을 대변하는 사회학자의 이름을 딴 '다렌도르프 그룹(Dahrendorf-Kreis)'이 있다.

'앨데(Liberale Depesche의 머리글자를 딴 LD)'라는 자민당 신문을 부정기적으로 발간하고 있는데, 2012년의 경우에는 5회 발행하였다. 그 밖에 다수의 유관기관이 존재하는데, 젊은 자유주의자(Junge Liberale, JuLis), 대학생 자유주의자 연합(Bundesverband Liberaler Hochschulgruppen, LHG), 학생 자유주의자(Liberale Schüler), 여성 자유주의자 연맹(Bundesvereinigung Liberale Frauen), 중소기업 자유주의자 연맹(Bundesvereinigung Liberaler Mittelstand), 자유주의 연구자 모임(Verband Liberaler Akademiker, VLA), 자유주의 근로자(Liberale Arbeitnehmer, LAN), 자유주의 동성애자(Liberale Schwulen und Lesben, LiSL), 시니어 자유주의자(Liberale Senioren, LS) 등이 그것이다.

자민당의 부침과 선거제도

2000년대 초반 자민당은 베스터벨레 대표로 세대교체가 이루어지면서 2002년 연방총선에서 7.4퍼센트, 2005년에 9.8퍼센트에 이어서 2009년에 14.6퍼센트를 득표하여 정점을 찍었다. 2009년 10월 기민/기사당과의 연정에 참여하면서 외교, 법무, 보건, 경제, 개발 등 5개의 연방장관직을 차지하였다. 하지만 조세 인하, 원전 에너지, 의료보험 개혁, 사회보장 등의 주제에서 연정 파트너와 대립되는 입장을 취하면서 갈등을 보이게 되자, 이후 치러진 주총선에서 지속적으로 지지율이 감소하면서 2013년 연방총선에서는 최악의 결과를 얻었다. 이러한 자민당의 부침을 보면 국민이 선거를 통해 정당을 심판할 수 있음을 알 수 있다.

반면 우리의 경우에는 심판을 하려고 해도 제도적으로 할 수 없도록 막혀 있다. 선택할 정당이 달랑 2개에 불과하기 때문이다. 소선거구 단순다수제로 대표되는 현행 선거제도에서 거대 양당을 제외한 다른 정당에 투표하는 것은 사표방지 심리상 사실상 매우 어렵기 때문이다. '새 정치'의 내용이 제일 먼저 선거제도의 개혁이 되어야 하는 이유가 바로 이것이다. 뒤집어 말하면, 독일에서는 연동형 비례대표제(정당득표율에 따른 의석배분)를 실시하고 있기 때문에 자민당과 같은 소수 정당의 의회 진입이 가능한 것이다. 역대 선거에서 자민당 후보의 지역구 당선은 거의 찾아보기 어려운 것이 그 증거이다.

또한 연방하원의원이 전무한 최악의 상황에서 그들이 선택한 34세의 당대표를 보면서도 비슷한 생각을 한다. 그 나이에 그러한 역량을 지닌 정치인이 나오는 시스템을 갖춘 독일의 정당과 독일 사회에 대한 부러움 때문이다. 그에 비하면 우리의 상황은 실로 척박하기 이를 데 없다. 2014~2015년 재보궐선거에서의 패배를 둘러싸고 새정치민주연합이 친노와 비노로 나뉘어 심각한 갈등을 겪었지만, 독일처럼 정당에서 훈련된 준비된 인물이 새로이 등장할 가능성은 거의 없었다.

참신하고 능력을 갖춘 정치 신인이 있더라도 수많은 기존의 기득권 때문에 정치권에 진입하는 것조차도 쉽지 않다. 구체적으로 당내 민주주의의 실종, 후보경선 규정의 부재, 공식적 선거운동 기간의 제한 등이 바로 그것이다. 왜 미리 경선규칙을 정하지 않고 직전에 논의하는지, 또 아무 때나 일상적으로 선거운동을 하면 왜 안 되는 것인지 궁금하다. 이와 더불어 정치의 전문성을 인정하지 않는 사회 분위기도 문제이다. 아무나 정치인으로 나서는 관행은 명백히 잘못된 것이다. 검사는 검찰에서, 교수는 대학에서, 언론인은 언론계에서 은퇴하는 것이 사회 전체를 위해서 바람직하다. 이런 것들을 바로잡는 것이 바로 '새 정치' 또는 '비정상의 정상화'가 아닐까?

6

단 1명의 당선자로도 가능하다

녹색당

. . .

녹색당의 역사

일반적으로 줄여서 녹색당이라고 부르지만, 독일 녹색당의 공식 명칭은 '연합 90/녹색당(Bündnis 90/Die Grünen)'이다. 당명에서 보듯이 두 개의 단체가 1993년에 합쳐진 것이다. '연합 90'은 독일통일의 변혁기인 1989년 가을부터 동독 지역에서 결성된 '평화와 인권, 민주주의 지금, 신포럼' 등의 단체들이 1991년 포츠담에서 연합하여 만든 결사체였다. 뒷부분의 '녹색당'은 반원전과 환경운동, 신사회운동, 1970년대 신좌파 등의 그룹이 서독 지역에서 1980년에 결성한 정당이었다.

서독 지역의 녹색당은 통일의 혼란기인 1990년 연방총선에서 4.8퍼센트 정당득표율을 기록하여(최저기준 5%) 의회 진입에 실패하였다. 하지만 통합 이후 1994년에 정당득표율 7.3퍼센트로 복귀하였고, 1998년과 2002년에는 6.7퍼센트와 8.6퍼센트를 받아 사민당과 함께 처음으로 연방정부에 참여하였다. 소위 말하는 적녹연정(1998~2005년)이었다. 이후 야당이 되었지만 2005년에 8.1퍼센트, 2009년에는 10.7퍼센트(연방의원 622명 중 68명을 차지)로 최초로 두 자릿수 지지율을 기록하였다. 2013년 선거에서 8.4퍼센트로 다소 감소했지만, 2014년 5월 유럽의회 선거에서는 10.7퍼센트를 받아 나름대로 건재를 과시하였다. 2017년 총선에서는 8.7퍼센트, 67석을 얻었다.

또한 2011년 동독 지역 메클렌부르크-포어포메른 주총선에서 8.7퍼센트를 득표하여 거의 20년 만에 주의회에 다시 진입하였고, 동시에 최초로 독일 전역의 16개 주의회에 모두 진입하는 성과를 거두기도 했다. 하지만 무엇보다 의미 있는 녹색당의 성과는 2011년 5월 독일 남부 바덴-뷔르템베르크 주총선에서 나타났다. 24.2퍼센트를 득표하여 사민당(23.1%)과 녹적연정을 구성하고, 처음으로 녹색당 출신의 크레취만(Winfried Kretschmann) 주총리를 배출한 것이다. 이 성공은 한편으로 선거 직전에 있었던 후쿠시마 원전 사고(2011년 3월)에 따른 반사이익이기도 했지만, 다른 한편으로는 대중정당으로서의 가능성을 보여 준 것이었다. 그는 2016년 주선거에서도 30.3퍼센트로 제1당이 되어 재선에 성공하였다.

이 외에도 녹색당은 사민당과 함께 브레멘, 니더작센, 노르트라인-베스트팔렌, 라인란트-팔츠 주에서, 또 기민당하고는 헤센 주에서 각각 주정부를 구성하고 있다. 또한 기초 단위에서는 프라이부르크(Freiburg)를 비롯한 약 40군데 도시에서 시장직을 유지하고

독일 베를린 소재 녹색당 중앙당사. ⓒ조성복

있는데, 이들은 주로 독일의 남부 지역에 속한 곳이다.

1980년에 시작된 녹색당은 그동안 여러 부침을 겪어 왔다. 창당과 동시에 당내 보수 진영이 이탈하여 환경민주당(ÖDP)으로 옮겨 갔으며, 1990년대 초반에는 환경사회주의자가 다수 탈당하였다. 1998년 연방정부 참여 당시에는 당원이 약 5만 2,000명에 달했다. 그러나 사민-녹색당 연정에서 여러 의제를 사민당에 양보하면서, 특히 1999년 코소보, 2001년 아프가니스탄 전쟁 참여에 동의하면서 2002년에는 4만 4,000명으로 당원이 감소하였다. 이후 야당이 되면서 당원 수는 다시 증가하여 2013년 처음으로 6만 명을 돌파했고, 2017년에는 6만 1,500명을 기록하였다.

· · ·

녹색당의 노선

원래 녹색당은 젊은 정당으로 불리었으나, 점차 그런 이미지가 바뀌어 가는 중이다. 하지만 아직까지는 당원의 평균연령이 50세로 다른 정당에 비해 가장 낮은 편이다. 당원 가입에 아예 연령제한이 없고, 여성비율은 약 38퍼센트로 좌파당과 비슷하다. 당원 가운데 고학력자(58%)와 공무원(37%)의 비율이 높은 편이다. 동독 지역의 당원 수는 서독 지역에 비해 적은 편이며, 선거에서의 득표율 또한 상대적으로 낮은 편이다. 녹색당은 2명의 남녀 당대표 체제를 유지하고 있으며, 당의 노선은 녹색정책과 좌파자유주의라고 할 수 있다.

과거에는 녹색당 지지층이 대체로 좌파적 성향을 띤다고 보았다. 그것은 1970년대 사회운동 결과의 하나로 이 당이 탄생하였기 때문이다. 녹색당은 창당 초기 대안정당으로서 생태적 · 사회적 · 풀뿌리 민주주의, 비폭력의 성격을 강조하였다. 녹색당의 사회경제적 요구는 마르크스주의에 가까웠는데, 그러한 노선투쟁으로 당내에서 근본주의자와 실용주의자 사이에 논쟁이 오랫동안 전개되었다.

1993년 동서독의 녹색당이 서로 통합되면서 '사회적 시장경제'의 가능성을 지향한다는 기본합의가 이루어졌다. 그러자 다수의 좌파 당원이 이탈하였고, 이에 따라 좌파성향의 지지자를 잃게 되었다. 이후 사민-녹색당 연정에 참여하면서 녹색당 지지자의 절반 정도가 바뀐 것으로 나타났다. 이들은 평균 이상의 학력(62%가 대학입학자격)과 수입(순수입 월 2,300유로)을 가진 것으로, 또 상대적으로 젊은 층인 것(평균 38세)으로 조사되었다.

2009년 연방총선에서 처음으로 투표권을 가지게 된 젊은 유권자의 15.4퍼센트, 2013년 총선에서는 11퍼센트가, 반면에 60세 이상은 5퍼센트만이 녹색당을 지지하였다. 또 여성유권자의 지지율이 13퍼센트인 반면에 남성유권자는 9퍼센트에 그쳤다. 특히 서비스 관련 직업군의 지지율이 높았는데, 공무원 비율이 18퍼센트로 가장 높았고, 그 뒤를 이어 자영업자 비율이 14퍼센트를 차지하였다. 또 베를린, 함부르크, 브레멘 같은 도시주(都市州)와 대학 도시에서는 두 자릿수 이상의 지지를 받은 반면, 농촌 지역에서는 상대적으로 저조하였다. 서독 지역에서는 11.4퍼센트를 득표한 반면, 구동독 지역에서는 6퍼센트에 그쳤다. 약 87만 명의 기존 사민당 지지자들이 녹색당에 투표한 반면, 14만 명의 녹색당 지지자들이 좌파당으로 옮겨 갔고, 추가적으로 3만 명은 무투표층으로 남았다. 약 5만 명의 기민/기사당 지지자들이 옮겨 온 반면, 3만 명은 자민당 지지로 돌아선 것으로 분석되었다.

녹색당은 비례대표제 명부, 대표부 구성, 발언권 등에서 철저하게 여성할당을 적용하고 있다. 즉, 같은 공직이나 선거명부에서 최소한 절반의 자리를 여성에게 할애하고 있다. 예를 들어 3명이 참여하는 위원회가 있을 경우, 최소 두 자리는 여성에게 배당된다. 혹시 그 두 자리 중 한 자리를 채우고 남은 한 자리에 적절한 여성을 찾지 못할 경우, 그 자리를 공개하여 남성도 지원할 수 있게 한다. 또한 당대표, 연방 및 주위원회의 위원장, 대변인, 원내대표 등에 남녀가 각 1명씩 참여하는 공동대표제를 시행하고 있다. 그 밖에 '여성거부권'이라는 장치가 있어서 회합에 참석한 여성이 다수의견으로 의결 안건을 다음 회기로 연기하는 거부권을 행사할 수 있다. 다만 이 거부권은 각 사안에 대해 한 번만 사용할 수 있다.

창당 당시 녹색당은 '기존 정당들에 대한 근본적 대안'이라는 의미에서 '반정당 정당(Anti-Parteien-Partei)'이라는 기치를 내걸고 당내에서 여러 가지 색다른 실험을 전개하였다. 고위 당직자의 관료주의를 방지하기 위해 그 자리를 명예직으로 한다든가, 위원회를 포함한 모든 자리에 대표나 위원장을 대신하여 대변인만을 두는 체제, 의회의 임기를 둘로 쪼개어 의원직을 교대하는 의원순환제, 당직과 선출직을 엄격하게 구분하는 겸직금지제 등이 그것이다. 이 가운데 끝까지 살아남은 것은 공동대표제, 여성할당제, 완화된 겸직금지제 정도이다.

· · ·

녹색당의 정책과 성공조건

가장 최근의 녹색당 강령은 2002년 '미래는 녹색(환경)이다'라는 슬로건으로 되어 있는데, 이는 3년간의 논의를 거쳐 당원 90퍼센트의 찬성으로 개정된 것이다. 이를 통해 1980년대 강조하였던 반자본주의적 입장에서 벗어나게 되었고, 경제정책에서도 더 이상 사회주의적 요구를 하지 않게 되었다.

당내 프로그램은 이데올로기가 아닌 네 가지 기본가치, 즉 생태, 자주, 정의(공정), 민주주의로부터 도출되었다. 1993년 기본합의에서의 비폭력, 인권, 남녀평등의 가치도 이에 근거한 것이다. 이 프로그램의 핵심은 먼저 지속성 원칙인데, 특히 환경정책, 사회보장, 경제·재정정책에서 지속성이 중요하다고 본다. 사회정의(공정)와 관련해서는 분배, 기회, 성(性), 세대, 국제적 공정성을 강조하고 있다. 비록 지속성의 개념을 중시하는 데에는 다소 보수적인 측면이 없지 않지만, 정치·사회적으로는 철저하게 좌파-자유주의적 입장에 기반하고 있다.

예를 들어 이민자 통합, 성소수자 정책, 동성부부 인정을 위한 활동 등 다문화 사회를 중시하거나, 시민권 및 정보보호의 강화 등의 입장, 2013년 총선 공약으로 부유층에 대한 세금 인상(최고세율을 42%에서 49%로)을 주장한 것을 들 수 있다. 이 밖에도 금융권 종사자에 대한 보너스 제한, 화력발전 중단, 재생에너지 확대(2030년까지 전력공급 100%, 2040년까지 난방·교통 연료 100%), 최저임금제 도입(시간당 8.50유로), 보장연금제 도입(30년 일한 사람에게 월 850유로 지급), 무기수출 제한, 투표연령 16세 인하 등의 공약을 제시했다.

결론적으로 녹색당은 환경보호와 탈핵, 사회정의 등을 기치로 내걸고 출범하여 플라스틱 용기의 회수, 재생에너지 확대, 원전가동 중단 등 독일 사회에서 중요한 역할을 수행해 오고 있다. 이와 같은 녹색당의 성공이 가능했던 까닭은 우리와는 다른 두 가지 정치적 제도가 있기 때문이다. 그것은 바로 '연동형 비례대표제' 선거제도와 '의회중심제' 정치체제이다.

녹색당은 2013년 총선에서 8.4퍼센트를 득표하여 연방하원 전체 631석 가운데 63석을 차지하였다. 하지만 정당득표율이 의석 수를 결정하는 연동형 비례대표제가 아니라면 연방하원에 진입하기 힘들다. 이는 지역구 당선자가 거의 없는 것을 보면 쉽게 알 수 있다. 실제로 녹색당의 지역구 당선자는 1명에 불과하였다. 따라서 1980년대 이후 독일 녹색당의 성공에는 이러한 선거제도가 결정적 역할을 했다.

또 한 가지 중요한 점은 바로 정부형태(권력구조)의 차이이다. 만일 독일이 우리와 같은 하나의 집권당에 의한 대통령제 국가였다면 녹색당은 자신의 정책을 관철하기 힘들었을 것이다. 군소 정당으로 정권에 참여할 기회가 없기 때문이다. 그런데 독일은 다당제와 의회중심제 국가이기 때문에 총선 후 일반적으로 연립정부를 구성하게 된다. 그러면 소수 정당도 정권에 참여할 기회가 생기는데, 녹색당은 기회를 잡은 것이다.

역사가 일천한 한국의 녹색당이 앞으로 비전을 달성하고자 한다면, 무엇보다도 먼저 정치권에 진입하여 목소리를 내는 것이 중요하다. 이를 위해서는 환경정책을 제시하거나 밀양 송전탑 문제 등 현장에서의 적극적 활동도 중요하지만, 무엇보다 선거제도의 개혁을 최우선 과제로 삼아야 한다. 동시에 독일 녹색당의 사례에서 보듯이 새로운 진보 진영과의 통합도 지속적으로 모색해야 할 것이다.

7

좌파의 역할과 연정의 과제

좌파당

독일에서 한국으로 귀국하려던 2010년 5월경, 독일 좌파당이 로스토크(Rostock)에서 전당대회를 열었다는 소식과 함께 그들의 강령을 보도하는 뉴스를 듣다가 잠시 멈칫했던 적이 있었다. 좌파당이 국제적 평화정당으로서 나토(NATO) 해체, 민간은행의 국유화 등을 강령으로 채택하였다고 했기 때문이다. 우리나라 정당에서는 도저히 상상할 수 없는 일이 버젓이 일어난다는 것이 선뜻 믿기지 않았다. 아래에서는 그러한 좌파당에 대해 좀 더 자세하게 살펴본다.

. . .

좌파당의 역사와 조직

독일의 '좌파당(Die Linke)'은 일반명사가 아니라 그 자체가 당 이름인 고유명사이다. 좌파당은 2007년 '민주사회당(PDS)'과 '노동과 사회정의를 위한 선거대안(WASG)'이 통합되어 설립되었으며, 자본주의 극복과 민주적 사회주의를 지향하고 있다. 민주사회당은 과거 동독 시절에 집권한 '사회주의통일당(SED)'의 후신으로 독일통일 후 동독 지역을 중심으로 활동해 왔다. WASG는 원래 '선거연합'이었는데, 이는 슈뢰더 총리의 '어젠다 2010'에 반대하여 사민당에서 탈당한 좌파성향의 라퐁텐을 중심으로 구서독 지역의 노조 그룹들이 결성한 것이었다.

좌파당은 2013년의 연방총선에서 8.6퍼센트를 득표하여 전체 631석 중 64석을 확보하며 제3당이 되었다. 2017년 총선에서는 9.2퍼센트 득표에 69석으로 독일대안당, 자민당에 이어 제5당이 되었다. 전체 16개 주 가운데 10개 주의회에 진출한 상태이며, 브란덴부르크, 베를린 등 3개 주에서는 주정부에 참여하고 있다. 특히 2014년 튀링겐 주총선에서는 사민당에 압도적으로 앞서 사민당 및 녹색당과 함께 연립정부를 구성하였고, 최초로 좌파당 주총리를 배출하였다. 서독 지역에서는 상대적으로 약세를 보이고 있지만, 동독 지역에서는 20퍼센트가 넘는 지지를 받고 있다(〈표 2-3〉 참조). 유럽의회 의원 수는 독일에 배당된 96명 가운데 7명이다.

당원은 2017년 기준 약 5만 9,000명이며, 당원 가입의 최저연령은 14세이다. 여성비율은 약 37퍼센트로 높은 편이며, 당원의 평균연령은 59세이고, 당의 상징색은 빨강색이다. 특히 브란덴부르크 주에서는 당원 수가 7,300명을 넘어섰는데, 이는 이 지역 기민당이나 사민당보다도 많은 것이다.

좌파당은 연방위원회(Bundesverband)와 16개 주위원회(Landesverband), 그리고 약 350개의 지역위원회(Kreisverband)로 구성되

독일 베를린 소재 좌파당 중앙당사. ⓒ조성복

어 있다. 이들은 다시 다수의 기초지역위원회(Gemeindeverband 또는 Ortsverband)로 구성된다. 이 외에도 연방, 주 또는 지역 차원의 농업, 노조, 교육, 소수자 등 다양한 주제를 다루는 당내 위원회가 존재한다.

　연방전당대회는 당의 최고의결기구로 지역위원회를 중심으로 약 500명의 대표단이 참석하며, '당 지도부'를 선출하고 당의 기본적인 정치적·조직적 노선, 정책방향, 강령, 당의 프로그램 등을 결정한다. 당 지도부는 44인으로 구성되는데, 여기에는 당대표 2명(남·여 1명씩), 부대표 4명, 사무총장, 재정관리자 등 12명의 당직자가 포함된다. 이들은 당의 주요 문제에 대한 결정, 정치현안에 대한 당의 입장 표명, 선거에 대한 준비 등의 과제를 수행한다.

　연방위원회는 주위원회(60명), 당내 위원회(12명), 당 지도부(6명),

청소년 위원회(2명) 등의 대표자로 구성된다. 이들은 당 지도부에 대한 자문, 통제 및 안건 등을 발의하고, 주위원회의 발전을 지원하며, 연간 재정계획에 대한 자문과 결정을 한다. 당내 위원회는 정치 주제에 대한 토론을 주도하고, 정파 구성의 근거지가 되며, 당내 전문가를 조직하는 등의 기능을 수행한다. 따라서 당내 여론 형성에 커다란 역할을 하며, 위원회 규모에 따라 전당대회에 일정수의 대표자를 파견한다.

. . .

좌파당의 노선

좌파당은 다양한 정파들로 구성되어 있다. '반자본주의 좌파(Antikapitalistische Linke, AKL)'는 당내 강력한 반자본주의적 성향을 대변하고 있는데, 연립정부에 참여하기 위한 최소조건으로 민영화, 전쟁 참여, 사회복지 축소에 대한 반대를 들고 있다. '공산주의 플랫폼(Kommunistische Plattform, KPF)'은 당내 공산주의의 뿌리로 마르크스주의 입장을 유지하고 발전하는 것을 목표로 삼고 있으며, 실제 사회주의의 긍정적 경험과 과거의 실패를 거울삼아 새로운 사회주의 사회의 설립을 전략적 목표로 하는 정통 좌파로 분류된다.

'사회주의 좌파(Sozialistische Linke, SL)'는 노조를 중시하며, 네덜란드와 이탈리아 좌파당을 모델로 개혁적 사회주의 정당을 지향하고, 케인스 좌파와 공산주의 개혁파의 입장을 대변하고 있다. '해방주의 좌파(Emanzipatorische Linke, EP)'는 사회자유적(gesellschaftsliberal), 급진 민주주의적, 해방적 입장을 대변한다. 이들은 자유와 사회주의를 서로 모순되는 것이 아니라 상호 보완적인 것으로 인식하고, 변화된 노동세계의 조건에 관심을 보이는데, 예컨대 무조건적인 기본소득을 중요시한다. 다른 정파들과 달리 이중 회원제를 명시적으로 허용하고 있다.

'민주적 사회주의 포럼(Forum Demokratischer Sozialismus, fds)'은 연립정부에 참여하는 것을 중시하며 사회개혁에 주력하고, 여성 할당제, 시민권 확대 등 과거 민주사회당의 성과를 계승하고자 애쓰고 있다. '좌파개혁 네트워크(Netzwerk Reformlinke)'는 개혁적 입장을 대변하며, 베를린, 메클렌부르크-포어포메른 주 등에서 연정에 참여하고자 노력하고 있으나, 당내 정파로서의 입지는 다소 약한 편이다. 이 정파의 대표자 가운데 한 명인 스테판 리비히(Stefan Liebich) 연방하원의원을 만난 적이 있었다. 점심을 함께하며 대화를 나눴는데, 좌파당 의원임에도 불구하고 굉장히 실용적이라는 느낌을 받았다.

당과 유관한 조직으로는 '로자 룩셈부르크 재단(Rosa-Luxemburg-Stiftung, RLS)'이 대표적이다. 청소년 위원회는 '좌파청소년[연대](linksjugend[solid])', 대학생 위원회는 '사회주의-민주주의 대학생 연대(dielinke.SDS)'라는 이름으로 홈페이지와 전국 조직을 갖추고 있으며, 전당대회에 대표자를 파견하고, 활동비를 지원받고 있다. 또한 16개 주 차원의 '지역정치 포럼'이 있으며, 그 밖에 당과 가까운 기업 모임으로 OWUS(1994년 설립된 중소기업가, 프리랜서, 자영업자로 구성된 경제단체)가 있다.

좌파당의 정책

독일 정치학계는 "좌파당의 극단성을 어떻게 평가할 것인가?" 하는 과제를 두고 다양한 논의를 벌이고 있으며, 서로 다른 평가가 이루어지고 있다. 마찬가지로 연방내무부 소속의 '연방헌법수호청(Bundesamt für Verfassungsschutz, BfV)'과 '주헌법수호청(Landesamt für Verfassungsschutz, LfV)'은 좌파당 창당시점부터 극좌성을 우려하면서 감시활동을 전개해 왔는데, 그 관찰결과는 일치하지 않고 있다. 그중 논쟁의 여지가 있는 한 사건에 대해 2013년 10월 연방헌법재판소는 위헌이라 판결하였고, 기민, 사민, 자민, 녹색당의 정치인들도 그러한 감시활동을 비판하였다.

좌파당의 경제정책은 케인스주의에 근거한 경제 · 재정정책에 기반을 두고, 임금정책은 생산성 향상과 인플레에 따른 급여 인상을 지지한다. 보육, 교육, 연구, 문화, 생태적 환경 조성, 사회간접자본에 대한 공공투자를 최소한 연간 400억 유로 이상으로 인상할 것을 주장하고, 대기업의 조세부담 확대와 투자기업에 대한 혜택을 강조한다. 재산세를 재도입하고 상속세 및 누진소득세의 강화를 주장하는데, 특히 소득세의 최고세율을 50퍼센트 이상으로 인상할 것을 요구하고 있다. 또한 유가증권 및 환투기를 억제하기 위해 금융시장에 대한 국가의 통제를 강화할 것과 카르텔 방지법을 강화하여 민간의 경제권력을 분산할 것을 주장한다.

좌파당은 기존의 사회정책을 '사회복지의 축소'로 규정하고, 사회적 리스크에 대한 충분한 안전장치가 필요하다고 본다. 특정 연령대에 걸맞은 삶의 질이 보장되어야 하고, 사회적 연대 및 자치제를 강화한 국가사회보장시스템의 구축을 주장한다. 노년층 빈곤을 예방하기 위해 법적 연금보험을 고용보험으로 전환하여 순차적으로 모든 직업군에 적용할 것과 연금의 적용시기를 65세로 늦추는 데에 반대한다. 의료시스템과 관련해서는 사민당 입장과 유사한데, 고용자가 비용의 일부를 부담하는 '시민보험제'를 지지하고, 영리지향적 의료체계에 대해서는 비판적 입장이다.

노동자의 자율권이 가능하도록 연대성을 강조하며, 전적으로 경쟁지향적인 경제시스템을 비판한다. 근로시간 단축, 생태적·사회적 변혁을 통한 새로운 일자리 창출, 공공지출에 의한 고용창출 확대, 노동시장에서 특히 기회를 갖지 못하는 사람들을 위한 적극적 고용정책, 노동생산성과 연계된 임금 인상, 생존을 보장할 정도의 법적 최저임금, 모든 노동자에 대한 균등한 기준의 적용, 사회적·생태적 기준을 준수하고, 이 기준을 준수하는 기업들에 우선적으로 국책사업의 기회를 부여할 것 등을 주장하고 있다.

환경정책의 목표는 사회적·생태적·경제적 지속가능성의 통합이며, 환경친화적 행위를 후원하고 환경훼손적 행위에 대해서는 부담을 주도록 조세 및 정부지출 시스템을 설계하는 것이다. 생태적 혁신의 우선적 목표는 전기공급체계를 분산하는 것이며, 전선망을 국유화할 것을 주장한다. 에너지 효율성의 제고, 에너지 절약, 재생에너지의 확대 등이 에너지 문제 해결의 관건이라고 본다. 또 원전기술 수출의 중단을 요구하고 있다. 교통시스템의 민영화정책을 중단하고 공공교통을 개선하며, 운송수단 관련 철도의 비중을 높여야 한다고 주장한다. 더불어 비행기에 사용하는 등유에 대한 과세 강화를 요구하고 있다.

···

좌파의 변화 및 역할

2000년대 후반에 들어 좌파의 정책의제에도 변화가 일고 있다. 먼저 정책이념의 변화를 들 수 있다. 경쟁보다는 사회적 연대성의 중시, 성장보다는 고용의 우위, 시장·개인의 자유보다는 정부의 개입이나 사회적 규범의 강조, 교육기회의 보장, 시민참여의 확대 등이 강조된다. 정책방향과 관련해서는 정부역할 및 공적 영역의 확대와 재정건전성의 병행, 환경주의와 경제성장의 조화, 사회적 연대성과 시장경제 효율성의 통합 등을 지향하고 있다.

보다 구체적으로 살펴보면 생태문제와 관련해서 원전 중지, 재생에너지 확대, 대중교통 확산을, 사회정의와 관련해서는 교육, 노동, 가족, 아동보호 문제의 해결을, 다양성과 관련해서는 소수자 보호, 여성·장애인의 차별금지를, 그리고 직접민주주의와 관련해서는 주민발의, 기획과정에 대한 참여 등을 제시하고 있다.

일반적으로 한 사회 내에서 다른 정당으로 하여금 진보정책에 대한 경쟁을 유발하거나, 불만 계층을 의회의 정치과정으로 유인하는 것 등이 좌파 진영의 역할이나 효과이다. 우리의 경우 과거 민주노동당의 무상복지정책이 그러한 역할을 했다고 할 수 있다.

하지만 독일의 좌파당은 광역 단위 주정부에는 참여하고 있으나, 연방 차원에서 연립정부의 구성과 관련해서는 다른 정당의 기피대상이 되고 있다. 그 이유는 나토 해체, 군축과 러시아를 포함하는 집단안보체제, 금융기관의 국유화 등 다른 정당들이 수용하기 어려운 요구사항들을 주장하고 있기 때문이다. 이런 점을 감안하여 우리의 진보 진영도 새로운 길을 모색했으면 한다.

다음 표는 2007년 창당 이후 좌파당의 주요 선거결과를 요약한 것이다.

표 2-3 독일 좌파당의 주요 선거결과 (2007~2017년)

선거	득표율 (%)	의석수/ 전체 의석수	선거	득표율 (%)	의석수/ 전체 의석수
브레멘 2007	8.4	7/83	자를란트 2012	16.1	9/51
헤센 2008	5.1	6/110	슐레스비히- 홀슈타인 2012	2.2[1]	0/69
니더작센 2008	7.1	11/152	노르트라인- 베스트팔렌 2012	2.5[1]	0/237
함부르크 2008	6.4	8/121	니더작센 2013	3.1[1]	0/137
바이에른 2008	4.4[1]	0/187	바이에른 2013	2.1[1]	0/180
헤센 2009	5.4	6/110	**연방하원 2013**	8.6	64/630
유럽의회 2009	7.5	8/99	헤센 2013	5.2	6/110
자를란트 2009	21.3[2]	11/51	유럽의회 2014	7.4	7/96
작센 2009	20.6[2]	29/132	튀링겐 2014	28.2[2]	28/91
튀링겐 2009	27.4[2]	27/88	함부르크 2015	8.5	11/121
브란덴부르크 2009	11.9	26/88	브레멘 2015	9.5	8/83
슐레스비히- 홀슈타인 2009	6.0	6/95	바덴- 뷔르템베르크 2016	2.9[1]	0/143
연방하원 2009	11.9	76/622	라인란트- 팔츠 2016	2.8[1]	0/101
노르트라인- 베스트팔렌 2010	5.6	11/181	작센-안할트 2016	16.3[2]	17/87
함부르크 2011	6.4	8/121	메클렌부르크- 포어포메른 2016	13.2	11/71
작센-안할트 2011	23.7[2]	29/105	베를린 2016	15.6	27/160
바덴- 뷔르템베르크 2011	2.8[1]	0/138	자를란트 2017	12.8	7/51
라인란트- 팔츠 2011	3.0[1]	0/101	슐레스비히- 홀슈타인 2017	3.8[1]	0/73
브레멘 2011	5.6	5/83	노르트라인- 베스트팔렌 2017	4.9[1]	0/199
메클렌부르크- 포어포메른 2011	18.4[2]	14/71	**연방하원 2017**	9.2	69/709
베를린 2011	11.7	20/152	니더작센 2017	4.6[1]	0/137

* 독일 연방선거위원회 자료 참조 저자 작성.
[1] 최저득표율 5% 미만일 경우, 연방 및 주의회 진출이 불가능하다.
[2] 약 20%의 득표율을 보이는 주는 대부분 구동독 지역이다.

8

독일에도 영남당·호남당이 있다?

기사당

기사당은 원래 '기독교사회연합(Christlich-Soziale Union in Bayern, CSU)'의 줄임말로 '기사연'이라고도 하는데, 주로 독일 남동부 '바이에른 주'에서 활동하는 지역정당이다. 굳이 기사당을 자세히 소개하는 까닭은 이처럼 지역당을 허용하는 정당제도가 우리에게도 반드시 필요하다고 생각하기 때문이다. 지역 연고에 편승하려는 일부 정당을 소위 '영남당'이나 '호남당'으로 허용한다면, 도리어 결과적으로는 모두에게 유리하게 될 것이다. 그와 같은 지역당의 활동 범위는 자연스럽게 특정 지역으로 한정될 것이고, 그러면 최소한 다른 지역에서는 그런 지역감정의 문제가 완화될 것이기 때문이다.

2016년 제20대 총선을 통해 등장했던 '국민의당(안철수 세력과 호남 세력으로 구성)'이 2018년 2월 '민주평화당'과 '바른미래당'으로 갈라졌다. 바른미래당은 그래도 좀 더 다양한 지역의 의원들로 구성되었지만, 민주평화당은 철저하게 호남지역으로 한정되어 있다. 외양으로만 비교한다면 독일의 바이에른 주에서만 활동하는 기사당과 비슷한 모양새이다. 하지만 내용 면에서는 차이가 있다. 기사당은 기민당과 자매관계를 맺어 그 지역에서는 기민당 조직이 없지만, 민주평화당은 성향이 비슷한 기존의 더불어민주당과도 경쟁을 해야 하기 때문이다.

· · ·

기사당의 역사 및 조직

바이에른 주는 독일의 16개 주 가운데 가장 넓은 면적을 차지하고 있으며, 인구는 두 번째로 많은 약 1,260만 명으로 전체 인구의 15퍼센트 정도이다. 기사당은 1945년에 창당되었고, 1957년 이후 계속해서 주정부를 이끌고 있다. 기사당의 당원은 2017년 현재 약 14만 1,000명으로 당원 수에서 독일에서 세 번째로 큰 정당이다. 16세부터 당원에 가입할 수 있고, 당원의 평균연령은 59세이며, 여성비율은 약 20퍼센트이다. 당의 주요 노선은 기독교 정신, 보수주의, 연방주의로 요약할 수 있다.

2013년 9월 15일 치러진 바이에른 주총선에서 47.7퍼센트를 득표하여 과반 이상의 의석(전체 180석 중 101석)을 확보함으로써 단독으로 주정부를 구성하였다. 이전 2008년 주총선에서는 과반에 미달하여 자민당과 연정을 했었다. 2013년 9월 22일 치러진 연방총선에서는 7.4퍼센트를 득표하여 56석(전체 631석)을 차지하였다. 2017년 9월 24일 연방총선에서는 6.2퍼센트를 득표하여 46석(전체 709석)을 얻는 데 그쳤다.

연방 차원에서 기민당(CDU)과 '자매정당' 관계를 맺고 있어서, 연방하원에서는 공동으로 원내교섭단체를 구성한다. 이에 따라 기민당은 바이에른 주의 어떤 선거에도 참여하지 않으며, 아예 당원 조직도 없다. 기사당은 기민당에 비해 내무, 사법, 가족 등의 정책에서는 좀 더 보수적이고, 경제 및 복지 정책에서는 보다 더 사회적 입장을 강조하고 있다.

기사당은 2007년 강령 개정에서 '모두에게 기회를! 자유와 책임 아래 공동의 미래를 건설하자'는 모토 아래 시민의 책임과 사회의 연대를 서로 결합시키는 노선을 제시하였다. 그 밖에 눈에 띄는 정책을 살펴보면 어린이집 방문 여부에 상관없이 자녀의 보육료를 부모에게 지급할 것, 외국에서 오는 여행자 차량에 대한 고속도로 요금 부과, 그리스의 유로존 탈퇴 권고 등이 있다. 그리스 문제와 고속도로 요금 문제는 기민당과 이견을 보이고 있는 부분이다.

기사당은 10개 지방위원회(Bezirksverband), 108개의 지역위원회(Kreisverband), 2,853개의 기초지역위원회(Ortsverband)로 구성되어 있다. 이 외에도 청소년, 여성, 노동자, 시니어 유니언 등 8개의 실무 그룹(Arbeitsgemeinschaft), 외교안보, 환경보호와 농업발전, 교육과 스포츠, 에너지 등 11개의 전문 그룹(Arbeitskreis), 그리고 언론, 가족, 영화, 미래 분야 등 8개의 위원회(Kommission) 조직이 있다. 최소한 연 1회 이상 개최되는 '주전당대회'에는 앞에 소개한 조직에서 약 170명의 대표단이 참석하여 주요 사항들을 결정한다.

바이에른과 영호남의 총선결과 비교

여러 가지를 종합해 볼 때 기사당은 바이에른 주에서 상당히 독점적 지위를 누리고 있다. 이를 상징하듯이 언론에서도 기사당의 대표를 바이에른 왕가에 비유하기도 한다. 실제로 이곳은 과거 비스마르크에 의한 독일통일(독일제국) 이전에는 바이에른 왕국이었다. 상황이 이러하므로 우리의 영호남 경험에 비추어 보면 이곳의 선출직 자리에는 기사당 이외에 다른 정당은 전혀 명함도 내밀지

표 2-4 독일 18대 연방총선에서 바이에른 주의 선거결과 (2013년)

주요 정당	정당득표율 (%)	정당득표율에 따른 의석수			의석비율[3] (%)
		지역구 당선자	비례대표 당선자	계	
기사당	49.3	45	11	56	61.5
사민당	22.0	0	22	22	24.2
녹색당	8.4	0	9	9	9.9
좌파당[1]	3.8	0	4	4	4.4
자민당[2]	5.1	0	–	0	–
합계	–	45	46	91	100

* 독일 연방선거위원회 자료 참조 저자 작성.

[1] 좌파당은 3.8% 득표율에도 불구하고 연방 차원에서는 5%를 넘었기 때문에 3.8%에 대한 의석을 배당받는다.

[2] 자민당은 이 주에서는 5.1%를 득표했으나, 연방 차원에서 5%에 미달하였기 때문에 전 지역에서 비례대표 당선자를 낼 수 없다.

[3] 최종 의석비율이 실제 정당득표율보다 조금 높게 나오는 이유는 여기에 언급한 정당 이외에 5% 미만을 얻은 정당들의 득표율을 모두 빼고 계산하기 때문이다.

못할 것이란 생각이 들 것이다. 하지만 두 가지 이유에서 이러한 예상은 빗나간다. 우선적으로 '연동형 비례대표제' 선거제도 때문이고, 추가적으로 '의회중심제' 시스템인 까닭이다.

먼저 이 지역에서의 연방총선 결과를 살펴보면, 〈표 2-4〉에서 보듯이 지역구 45석은 기사당이 싹쓸이한 것을 알 수 있다. 여기까지는 우리의 영호남과 별 차이가 없다. 하지만 독일의 선거제도(지역구 50% + 비례대표제 50%)에 따라 정당명부에 의한 비례대표 당선자를 포함하면 우리와는 상황이 많이 달라진다. 기사당뿐만 아니라 다른 정당도 자신의 득표율에 해당하는 의석을 얻기 때문이다. 이들이 가져가는 의석비율은 전체의 40퍼센트에 달한다. 유권자의 표심이 왜곡되지 않고 비교적 충실하게 반영되고 있다고 할 수 있다.

〈표 2-5〉에서 보듯이 영남 및 호남 지역의 총선결과도 지역구

표 2-5 한국 19대 총선에서 영호남 지역의 선거결과 (2012년)

주요 정당	영남 지역 당선자							호남 지역 당선자				
	경북	대구	경남	부산	울산	계	비율(%)	전북	전남	광주	계	비율(%)
새누리당	15	12	14	16	6	63	94.0	0	0	0	0	0
민주당	0	0	1	2	0	3	4.5	9	10	6	25	83.3
통합 진보당	0	0	0	0	0	0	0	1	1	1	3	10.0
무소속	0	0	1	0	0	1	1.5	1	0	1	2	6.6
합계	15	12	16	18	6	67	100	11	11	8	30	100

* 중앙선거관리위원회 자료 참조 저자 작성.

당선자만을 놓고 보면 대체로 독일의 기사당과 유사하다. 하지만 결정적으로 다른 점은 우리는 독점 지위를 갖는 양당 이외의 다른 정당은 해당 지역에서 나름대로 상당한 지지를 받았음에도 불구하고 거의 의석을 얻지 못한다는 사실이다. 경우에 따라 30~40퍼센트에 육박하는 표심이 그냥 허공으로 사라지고 있다. 이는 유권자의 의사를 심각하게 훼손하는 것이다. 이런 문제가 발생하는 이유는 우리의 선거제도가 1표라도 많은 후보만 당선되는 소선거구 단순다수제이기 때문이다.

물론 우리도 전체 300석 가운데 54석을 정당득표율에 의한 비례대표로 뽑고 있다. (2016년 총선에서는 지역구 253석, 비례대표 47석으로 조정되었다.) 그런데 문제는 이 비례대표 비율이 전체 의석의 16~18퍼센트에 불과하여 너무 적다는 점이다. 정당득표율에 따라 의석수를 배정하는 것이 가장 정확하게 유권자의 의사를 반영하는 방법이다. 사표가 가장 적게 나타나기 때문이다. 독일은 이를 전체 의석에 100퍼센트 적용하는 데 반해, 우리는 적용비율이 20퍼센트도 되지 않는다. 또 다른 문제점은 독일과 달리 비례대표를 전국 단위로 적용하기 때문에 지역에서의 표심을 반영하는 데에는 한계가 있다는 것이다.

・・・

바이에른과 영호남의 지방선거 결과 비교

독일에서 각 주의 총선 방식은 연방총선과 거의 동일하다. 〈표 2-6〉에서 보듯이 2013년 바이에른 주총선 결과도 연방총선에서의 그것과 크게 다르지 않음을 알 수 있다. 지역구 당선자는 압도

표 2-6 독일 주총선에서 바이에른 주의 선거결과 (2013년)

주요 정당	정당 득표율 (%)	정당득표율에 따른 의석수			의석비율 (%)
		지역구 당선자	비례대표 당선자	계	
기사당	47.7	89	12	101	56.1
사민당	20.6	1	41	42	23.3
자유유권자당	9.0	0	19	19	10.6
녹색당	8.6	0	18	18	10.0
자민당	3.3	0	–	0	–
좌파당	2.1	0	–	0	–
합계	–	90	90	180	100

* 독일 연방선거위원회 자료 참조 저자 작성.

적으로 기사당에 돌아가지만, 나머지 다른 정당들도 정당득표율에 따라 전체 의석의 40퍼센트 이상을 얻게 된다. 2013년 9월 비슷한 시기에 연방총선과 주총선을 치렀기 때문인지 거의 유사한 결과를 보이고 있다. 다만 기사당과 같이 일부 주에서만 활동하는 지역 정당인 '자유유권자당(FW)'의 선전이 눈에 띈다.

한국의 2014년 6·4 지방선거 결과를 살펴보면 〈표 2-7〉에서 보듯이 영호남 지역에서는 총선에서와 마찬가지로 특정 정당이 싹쓸이했음을 알 수 있다. 이는 지방선거에서도 소선거구 단순다수제를 적용하고, 정당득표율에 의한 비례대표 의석은 전체의 10퍼센트 정도에 불과하기 때문이다.

비록 소수이기는 하지만 정당투표에 의한 비례대표 선거결과는 중요한 시사를 하고 있다. 〈표 2-8〉에서 보듯이 지역구 결과와는

표 2-7 한국 지방선거에서 영호남 지역 시 · 도의원 지역구 선거결과 (2014년)

주요 정당	영남 지역 당선자							호남 지역 당선자				
	경북	대구	경남	부산	울산	계	비율 (%)	전북	전남	광주	계	비율 (%)
						합계					합계	
새누리당	48	27	47	42	19	183	95.3	0	0	0	0	0
민주당	0	0	0	0	0	0	0	32	48	19	99	94.3
통합 진보당	0	0	0	0	0	0	0	0	0	0	0	0
노동당	0	0	1	0	0	1	0.5	0	0	0	0	0
무소속	6	0	2	0	0	8	4.2	2	4	0	6	5.7
합계	54	27	50	42	19	192	100	34	52	19	105	100

* 중앙선거관리위원회 자료 참조 저자 작성.

표 2-8 한국 지방선거에서 영호남 지역 시 · 도의원 비례대표 선거결과 (2014년)

주요 정당	영남 지역 당선자							호남 지역 당선자				
	경북	대구	경남	부산	울산	계	비율 (%)	전북	전남	광주	계	비율 (%)
						합계					합계	
새누리당	4	2	3	3	2	14	63.6	1	1	0	2	15.4
민주당	2	1	2	2	1	8	36.4	2	4	2	8	61.5
통합 진보당	0	0	0	0	0	0	0	1	1	1	3	23.1
노동당	0	0	0	0	0	0	0	0	0	0	0	0
합계	6	3	5	5	3	22	100	4	6	3	13	100

* 중앙선거관리위원회 자료 참조 저자 작성.

확연하게 다르기 때문이다. 즉, 한 정당의 독점현상이 지역구 선거결과와는 비교가 안 될 정도로 완화되었고, 유권자의 표심이 제대로 반영되고 있다. 따라서 정당득표율(비례대표 당선자 비율)에 따라 지역구를 포함한 전체 의석을 배분하는 것이 훨씬 더 국민의 뜻에 부응하는 것이라고 할 수 있다.

그렇다면 국민의 뜻을 제대로 반영하지 못할 뿐만 아니라 오히려 왜곡하고 있는 현행 선거제도를 그대로 방치하는 까닭은 무엇일까? 그것은 바로 기존 정치권의 기득권 때문이다. 특히 영호남지역에 기반을 둔 거대 양당의 이기심이 문제이다. 따라서 이를 바로잡는 것이 '새 정치'이고, 여야를 떠나 이 문제의 해법을 주장하고 나오는 정치인이 종국에는 리더로서 주목을 받게 될 것이다.

· · ·

유권자의 의사가 왜곡되지 않으려면

한 정당이 독주하는 것을 방지하는 데 의회중심제 정치체제가 유리한 이유는 정당 간 '연립정부 수립 가능성' 때문이다. 유권자들이 그와 같은 가능성을 염두에 둘 경우, 투표에서 반드시 다수당이 될 것 같은 거대 정당에만 표를 몰아줄 필요가 없다. 그냥 자신이 좋아하는 정당에 투표하면 된다. 그러면 선거결과에 따라 정당 간 협상을 통해 연정을 구성할 수 있기 때문에 유권자의 뜻이 왜곡되지 않는다. 이에 해당하는 적당한 사례가 독일이다. 독일은 연동형 비례대표제 선거제도와 의회중심제 권력구조에 힘입어 과거 기민당과 사민당 중심의 양당제에서 점차 다당제로 변화하고 있기 때문이다.

독일의 '주정부' 구성방식은 연방정부와 동일하다. 주의회 과반을 확보한 측에서 여권이 되어 정부를 구성한다. 바이에른 주에서와 같이 한 정당이 단독으로 정부를 구성하는 것은 매우 드문 일이다. 연방에서와 마찬가지로 한 정당이 과반을 넘는 경우는 거의 없기 때문이다. 즉, 정부구성을 위해 연정의 형태를 취해야 한다면 한 정당이 독주하는 것은 점점 더 어려워지고, 따라서 내각제하에서는 독점정당이 존속하기 어렵다.

이러한 경향은 다당제로 갈수록 더 커진다. 의회에 참여하는 정당이 많아질수록 각 정당은 정부구성이나 법안처리 등의 정치과정에서 불가피하게 협상과 양보를 통해 타협을 할 수밖에 없기 때문이다. 선거제도에서 연동형 비례대표제가 도입되거나 또는 지역구와 비례대표를 별도로 나누어 집계하는 병립형이지만 비례대표 비중이 늘어날수록 의회에 진입하는 정당 수는 늘어나기 마련이다. 이는 바람직한 현상이다. 제도 정치권에서 활동하는 정당 수가 늘어날수록 보다 많은 국민의 의견을 반영하게 되어 사회는 안정을 찾아가게 될 것이기 때문이다.

특정 지역에서만 강세를 보이는 정당이 문제인 이유는 그들의 논리나 주장이 다른 지역에도 그대로 적용되어 무조건적인 진영논리에 빠질 수 있기 때문이다. 따라서 독일의 기사당이나 자유유권자당(FW)처럼 우리도 지역정당의 설립과 활동이 가능하도록 정당법을 개정해야 한다. 그러면 현존하는 지역주의를 어느 정도 인정하면서 동시에 이를 극복할 수 있는 대안이 될 것이다.

그 밖에도 선거제도와 정부형태를 독일식으로 바꾸면 국회의원, 지방의원, 광역단체장 등의 '재보궐선거'가 불필요하게 된다.

특정 의원에게 문제가 생겨 사퇴해야 할 경우 비례대표의 후순위
자가 의석을 승계하면 된다. 또 특정 광역단체장이 사퇴하더라도
제1당이 당내에서 새로 선출하여 물려받으면 되기 때문이다.

9

한국 정치는 연정을 모른다

다당제와 연정

. . .

'연정'이란

2014년 6·4 지방선거에서 새누리당 남경필 후보가 경기도 도지사에 당선되었다. 선거운동 기간에 독일식 연정을 주장하던 그가 당선 후 공식적으로 새정치민주연합 측에 연정 의사를 밝히면서 여야는 물론 정치권 전반에서 관심을 보였다. 남 지사가 말한 연정이란 무엇일까? 먼저 독일의 연정에 대해 살펴보고, 그 제안의 한계와 문제점이 무엇인지를 알아본다. 그리고 현재 우리나라 정치 상황에서 연정을 가능케 하는 대안이 어떤 것인지 생각해 본다.

연정(Koalition)은 서로 다른 정당들이 공동으로 연립정부를 구성하는 것이다. 일반적으로 '대통령제'보다는 '의회중심제' 국가에서, 또 '양당제'보다는 '다당제' 국가에서 연정의 가능성이 크다. 대표적인 나라가 바로 독일이다. 연정은 연동형 선거제도를 채택하여 다수의 정당이 의회에 진출하고, 그들의 과반이 정부를 구성하는 국가에서 흔한 것이다. 그 이유는 다당제하에서는 다수당이라 하더라도 과반을 차지하기 어렵기 때문이다. 쉽게 말해 선거에서 승리한 제1당이 과반 의석을 확보하지 못했을 때 다른 정당과 연합하여 과반을 차지하는 것이 바로 연정이다. 그래서 연정의 목적은 안정된 정부를 구성하는 데에 있다.

서로 다른 정당들이 함께하는 연정협상에서 가장 중요한 것은 정책과 인사에 대한 합의이다. 이 두 가지를 상호 공유하는 것이 연정의 핵심이라고 할 수 있다. 연정의 형태는 여러 가지 조합이 가능하지만, 크게 다수당과 소수당이 결합하는 '최소연정'과 거대 양당의 결합인 '대연정'으로 나누어 볼 수 있다.

. . .

독일 '대연정'에 대한 우리의 착각

우리 정치권이나 언론에서 독일의 대연정(Große Koalition)을 언급하면서 흔히 범하는 오류 중 하나는 정치권이 상생과 협력을 위해 연정을 결단했다는 식의 이야기이다. 예를 들어 "기민당 메르켈 총리는 난마처럼 얽힌 정국을 풀어 가기 위해 전격적으로 사민당과의 연정을 선택했다."라는 주장이다. 하지만 이것은 본말이 전도된 설명이다. 실제 상황은 기민당이 정치시스템상 사민당과의 대연정 외에는 다른 선택의 여지가 없었다는 것이 제대로 된 설명이기 때문이다. 따라서 정치인의 결단을 강조하는 문화적 측면보다 그러한 제도적 측면이 훨씬 더 중요한 연정의 이유라고 할 수 있다.

예를 들어 더불어민주당 문재인 대통령이 대선 후에 국민의당과 연정을 결심했다면, 그것은 사회통합을 위한 정치적 결단이라기보다는 국회에서 과반 확보를 위한 제도적 필요라고 보는 것이 더 타당하다는 말이다. 대통령에 대한 국민의 지지율이 아무리 높다고 하더라도 국회에서 입법을 할 수 없다면 현상유지 이외에 정부가 할 수 있는 일은 별로 많지 않기 때문이다.

2000년대 이후 독일의 연정 상황만 살펴보아도 대연정의 불가피성을 쉽게 알 수 있다. 〈표 2-9〉에서 보듯이 2005년 16대 연방총선에서 기민/기사당이 226석으로 제1당이 되었으나 자민당과 합하더라도 287석에 불과하다. 따라서 의회 내 과반(308석)을 확보하기 위해서는 사민당과의 연정이 불가피한 것이었다. 상생과 통합을 위해 대연정을 꾸린 것이 아니라 제도적으로 다른 방법이

표 2-9 독일 정당별 16대 연방총선 결과 (2005년)

구분	정당 득표율(%)	지역구 당선자	비례대표 당선자	총 의석수 (과반 의석)	의석비율 (%)	비고
기민/기사당	35.2	150	76	226	36.8	제1당
사민당	34.2	145	77	222	36.2	연정 파트너
자민당	9.8	–	61	61	9.9	
민사당	8.7	3	51	54	8.8	
녹색당	8.1	1	50	51	8.3	
기타	4.0	–	–	–	–	
합계	100	299	315	614(308)	100	

* 독일 연방선거위원회 자료 참조 저자 작성.

여의치 않았기 때문이라는 분석이 훨씬 더 정확한 것이다.

〈표 2-10〉에서 보면 2009년 17대 총선에서 기민/기사당은 239석으로 다시 제1당이 되었다. 이때는 세계금융위기의 여파로 국가적으로 어려움이 큰 시기였다. 만약 우리 언론이나 정치권에서 주장하는 것처럼 독일이 그러한 어려움을 극복하고 사회통합을 위해 대연정을 추진하는 것이라면 바로 여기서 사민당과 연정을 해야한다. 하지만 기민/기사당은 자민당과 연정을 꾸린다. 그 이유는 아주 간단하다. 자민당과 연합할 경우 332석으로 이미 과반(312석)을 훌쩍 넘기 때문이다.

마찬가지로 2013년 대연정의 성립도 〈표 2-11〉에서 보듯이 제도적 요인이 가장 큰 이유이다. 기민/기사당은 과반에 불과 5석이 부족한 311석을 얻어 압도적 다수당이 되었다. 하지만 평소 연정

표 2-10 독일 정당별 17대 연방총선 결과 (2009년)

구분	정당 득표율(%)	지역구 당선자	비례대표 당선자	총 의석수 (과반 의석)	의석비율 (%)	비고
기민/기사당	33.8	218	21	239	38.4	제1당
사민당	23.0	64	82	146	23.5	
자민당	14.6	–	93	93	15.0	연정 파트너
좌파당	11.9	16	60	76	12.2	
녹색당	10.7	1	67	68	10.9	
기타	6.0	–	–	–	–	
합계	100	299	323	622(312)	100	

* 독일 연방선거위원회 자료 참조 저자 작성.

파트너인 자민당이 몰락함으로써 다른 파트너를 구해야 했다. 먼저 녹색당과 협상을 벌였지만 연정합의에 실패하였다. 녹색당이 사민당보다도 좌측에 위치한 까닭이다. 기민/기사당은 결국 사민당을 연정 파트너로 선택하였고, 그래서 다시 한 번 거대한 대연정이 탄생하게 된 것이다. 독일은 2014년 월드컵에서도 우승하여 정치, 경제는 물론 스포츠에서도 국가 경쟁력을 입증한 상황이었다. 그런데 대연정을 한 것이다.

독일에서 연정이나 대연정을 선택하는 까닭은 이처럼 제도적 이유가 우선적인 것이지 상생과 협력을 추구하여 그렇게 된 것이 아니다. 즉, 결과적으로 그렇게 된 것일 뿐이다. 그런데 이것을 화합이나 통합을 위해 대연정에 합의했다고 이야기하는 것은 본질을 다소 호도하는 것이다. 따라서 우리 정치권이 상생과 통합의 정치

표 2-11 **독일 정당별 18대 연방총선 결과 (2013년)**

구분	정당 득표율(%)	지역구 당선자	비례대표 당선자	총 의석수 (과반 의석)	의석비율 (%)	비고
기민/기사당	41.5	236	75	311	49.3	제1당
사민당	25.7	58	135	193	30.6	연정 파트너
자민당	4.8	-	-	-	-	
좌파당	8.6	4	60	64	10.1	
녹색당	8.4	1	62	63	10.0	
기타	11.0	-	-	-	-	
합계	100	299	332	631(316)	100	

* 독일 연방선거위원회 자료 참조 저자 작성.

를 주장하고자 한다면, 시급하게 해야 할 일은 '연정정신'만을 앞세우는 것이 아니라 독일의 선거 및 정치 시스템을 도입하여 새로운 제도적 장치를 마련하는 것이다.

위의 연방총선 결과를 정리한 표들은 연정 이외에도 중요한 사실을 우리에게 보여 주고 있다. 그것은 비례대표에 전체 의석의 절반을 할애하는 선거제도이다. 세 번의 총선에서 지역구 현황만을 살펴보면 기민/기사당과 사민당의 당선자가 아주 압도적이다. 이는 우리와 똑같은 양당제의 모습이다. 그런데 비례대표 당선자를 포함한 의석수를 살펴보면, 거대 양당을 제외한 군소 정당들의 의석비율이 20∼40퍼센트에 이르고 있다. 독일 유권자들의 다양한 의견이 의석에 고스란히 반영되고 있음을 알 수 있다. 우리와는 판이하게 다른 것이다. 이 점이 바로 우리가 서둘러 선거제도를 바꿔야 하는 까닭이다.

독일이 그동안 사회통합에 성공적이었던 이유 가운데 하나는 바로 이런 선거제도 때문이다. 이를 통해 2차대전 후 기민/기사당, 사민당, 자민당 체제가 지속되었으며, 1980년대 이후에는 녹색당과 좌파당이 연방하원에 들어왔다. 또 2000년대 들어서는 정보화사회의 이해관계를 대변하는 해적당(Piratenpartei, 2006년 창당)이나 유럽연합(EU) 통합에 회의적인 독일대안당(2013년 창당) 등의 새로운 세력이 정치권에 진입하고 있다.

해적당은 2010년대 초반 돌풍을 일으키며 베를린, 노르트라인-베스트팔렌, 자를란트 등 4개 주의회에 진출했으나, 그 다음번 선거에서는 지지율이 급락하여 2017년 현재는 0석을 기록하고 있다. 독일대안당은 이미 14개 주의회에 진출하여 157명의 주의원

(우리의 광역의원)을 보유한 상태이며, 2017년 연방총선에서는 12.6퍼센트를 득표하고 94석을 얻어 제3당이 되었다. 이런 현상은 모두 연동형 선거제도가 있기 때문에 가능한 일이다.

...

남경필 도지사 제안의 한계

우리는 대통령제 및 양당제 국가이기 때문에 독일과 같은 연정을 실시하는 것은 여러 가지 무리가 따른다. 그럼에도 불구하고 다수 국민이 그런 제안을 신선하게 바라보는 이유는 기존 정치에 대한 불신이 크기 때문이다. 현재의 정치권이 사회적 갈등을 해소하고 치유하는 기능을 상실한 채 한계에 봉착해 있으며, 정치권에 무엇인가 새로운 돌파구가 필요하다는 인식이 널리 확산되어 있다는 방증이다.

남경필 도지사의 연정 제안은 경기도 의회 내 여소야대의 결과로 볼 수 있다. 이는 의회의 과반을 차지한 측이 도지사를 배출하지 못하고, 유권자가 직접 도지사를 선출하는 현행 지방자치제도의 특성이기도 하다. 비록 남 지사가 '상생과 통합의 정치'를 표방하며 연정을 제안하고 있지만, 그것은 도의회에서의 열세(새누리당 50석 : 새정치민주연합 78석)를 극복하기 위한 것으로 보인다. 그렇게 보는 이유는 연정 제안에 연정을 실행하기 위해 필요한 제도적 장치를 마련하는 방안이 결여되어 있기 때문이다. 그는 연정의 방식으로 단순히 '사회통합 부지사'직 한 자리를 야당에 제안했을 뿐인데, 그것만으로는 연정이라고 하기에 충분치 않다. 그보다 먼저 연정을 위한 제도적 장치를 어떻게 마련할 것인지가 구체적으로 제시되어야 한다.

새정치민주연합의 입장에서는 다음 몇 가지 이유에서 연정에 참여하는 데 문제가 있다. 첫째, '도내각' 또는 '도정부(지방정부)'가 부재한 상황에서 연정 파트너로 참여할 방법이 없다. 경기도가 연정에 의한 공동정부를 구성하지 않는다면, 설사 정책에 대한 합의가 이루어지더라도 인사문제에서는 소외될 수밖에 없기 때문이다.

둘째, 연정이 끝나면 결국은 공동책임이 되는데, 그러면 차기 선거에서 새누리당의 실정을 비판하기 어렵기 때문이다. 결국 이런 상황에서 연정참여는 단순한 들러리에 불과할 뿐이다.

그 밖에도 경기도 의회에 참여하고 있는 정당이 새누리(자유한국당)와 새정치(더불어민주당)뿐이기 때문에 두 당이 연정을 할 경우, 야당이 전혀 존재하지 않게 된다는 것도 큰 문제점이다.

...

'경기도 연정'을 위한 대안

이와 같은 한계에도 불구하고 경기도 도민이나 국민의 여망에 부응하기 위해 새로운 정치혁신의 하나로 독일식 연정을 꼭 추진하고자 한다면, 다음과 같은 방법을 통한 대안이 가능하다.

먼저 정책합의와 인사배분에 대한 '연정계약서'를 작성하는 것이 필요하다. 임시특별법을 제정하여 경기도 '내각 또는 지방정부' 시스템을 만들고, 양당이 참여하는 연립정부를 구성한다. 의석수에 비례하여 여야 도의원을 내각의 '도장관 또는 지방장관'으로 입각시키고, 이들로 하여금 경기도 도정을 주도하도록 해야 한다. 그렇게 되면 현행 경기도청 체제를 내각제 지방정부 형태로 전환하게 되는 것이고, 애초에 주창한 실질적인 연정이 가능하게 될 것이다.

동시에 이 같은 내용을 제도화하는 작업이 병행되어야 한다. 그렇지 않으면 단지 1회성 행사에 그칠 가능성이 크기 때문이다. '경기도 정치제도 개혁위원회(가칭)'를 구성하여 상시적인 연정이 가능하도록 정치체제, 선거제도 등을 바꾸는 작업을 하면 된다. 또한 그와 같은 내용을 담은 '경기도 헌법'을 제정하여 이번 기회에 지방자치를 보다 강화하는 것도 좋을 것이다. 여야 도의원, 도 공무원, 전문가 등이 참여하는 이 위원회를 통해서 지방자치의 새로운 장을 열어 갈 수 있다.

제도화는 국회 차원에서 특별법만 제정한다면 모두 가능한 일이다. 「헌법」 제118조에 따라 '지방자치단체의 장 선임방법, 그 조직과 운영, 그리고 지방의회의 조직, 권한, 의원선거' 등은 법률로 정하도록 되어 있기 때문이다. 경기도 도지사를 반드시 도민들의 직선을 통해 뽑지 않아도 된다는 말이다. 또한 선거법을 개정하여 다수 정당이 도의회에 참여할 수 있도록 해야 한다. 그래서 차기부터는 경기도 의회에서 과반을 차지하는 정당이나 정당들의 연합이 도지사를 배출하면 된다. 이러한 내용을 규정하는 특별법을 만들어 우선 경기도에서 제한적으로 시행해 보고, 그 성공 여부에 따라 다른 지방으로 또 중앙으로 확산시켜 나가면 될 것이다.

국민들은 이미 '안철수 현상'을 통해 기존 양당제에 대한 실망이 컸음을 보여 주었다. 2016년 말부터 시작된 촛불시위와 탄핵 국면에서 보았듯이 점점 더 많은 시민들이 누구나 정치참여가 가능한 새로운 정치에 대한 열망을 보이고 있다. 정치권도 거대 양당의

'경쟁적 민주주의'의 폐해에서 벗어나고자, 또 권력의 독점을 방지하는 방안을 모색하고 있다. 이에 적합한 제도적 장치가 다당제와 의회중심제 시스템, 즉 '합의제 민주주의'이다. 다시 말해 경기도의 연정 실험은 전체 국민과 정치권의 필요나 기대와도 일치한다는 뜻이다.

경기도에 '연동형 비례대표제' 선거제도를 도입하면 지역 내 안정적 다당제가 가능해진다. 그러면 시민들의 정치참여가 확대될 것이고, 이를 통해 사회갈등을 완화해 갈 수 있다. 사회통합은 정치인의 구호 속에 이루어지는 것이 아니라, 이해관계를 달리하는 다양한 집단의 정치참여를 보장할 때에 가능한 것이다. 또한 의회 중심의 내각제를 도입하면 연정을 통한 책임정부가 가능하게 된다. 그 정부가 실정을 할 경우 연정을 중단함으로써 재선거를 하거나 대체 정부의 구성이 가능해지기 때문이다. 기존 도지사 체제나 대통령제의 문제점을 개선할 수 있게 되는 것이다.

10

정치참여 진입장벽을 없애려면

정치자금

· · ·

곳간에서 인심 난다

'곳간에서 인심 난다'라는 말을 일상에서 뒤집기는 쉽지 않다. 정치를 하고 싶은데 돈이 없다면, 당사자인 본인은 물론 그 주변 사람도 곤란해지는 것이 현실이다. 이를 증명이라도 하듯 기성 정치인이나 정치에 나서는 사람을 보면 경제적으로 어려운 이들은 그렇게 많아 보이지 않는다.

혹시 가난하더라도 선거에서 승리하면 그런 문제에서 벗어날 수 있을까? 유감스럽게도 그렇지 않다. 우리 정치는 당선이 되더라도 돈 들어가는 곳이 많기 때문이다. 관련 조직을 유지하기 위해서는 돈이 필요하다. 정당시스템이 거의 작동하지 않고 있기 때문이다. 또 지역에서 발생하는 수많은 경조사 등을 끊임없이 챙겨야 하고, 여러 단체들의 행사에도 적절히 인사치레를 해야 한다. 이런 일들을 건성으로 해서는 살아남을 수 없는 것이 현재 우리의 정치문화이기 때문이다.

상황이 이러하다 보니 많은 정치인이 재산의 많고 적음을 떠나 주변의 이권으로부터 초연하기가 쉽지 않다. 종종 공익이 사익으로 바뀌게 되는 순간을 맞닥뜨리게 된다. 그런데 정치가 원래 공익을 추구하는 것이라면 국가가 나서서 제도적으로 이러한 문제를 해결해 줄 수는 없는 것일까?

* * *

진입장벽이 낮은 독일 정치

독일은 손쉬운 정당 설립, 지역정당의 인정, 충분한 국고보조금, 선거공영제 등 다양한 제도가 마련되어 있어 누구든지 어렵지 않게 정치활동을 할 수 있다. 독일인들이 국가가 정치에 과감하게 투자하는 것을 거부감 없이 받아들이는 까닭은 과거의 아픈 기억 때문이다. 선거를 통해 합법적으로 등장했던 나치에 대한 경험으로부터 일반 국민들에 대한 민주주의 교육과 적극적 정치참여의 중요성을 절감하고 있기 때문이다. 쉽게 말해 정치권이 국민에게 개방적이라고 할 수 있다. 이와 관련한 개인적 체험을 한 가지 소개한다.

쾰른 대학에서 공부할 때의 일이다. 정치체제 관련 세미나 과목이었는데, 담당강사에게 다음과 같은 개인적 질문을 한 적이 있다. "대학 교수와 연방하원의원(우리의 국회의원) 가운데 어떤 자리가 더 나을까? 당신이라면 어느 직을 선택하겠는가?" 그는 잠시 망설이더니, 딱히 잘라 말하기는 어렵지만 자신이라면 교수를 택하겠다고 했다. 이유는 '진입장벽의 측면에서 볼 때 교수직이 더 어렵지 않을까' 하는 뉘앙스였다. 즉, 정치권에 진입하는 것이 보다 수월하다는 얘기였다. 반면에 한국에서는 대학총장을 하다가도 국회의원 자리가 있으면 얼른 달려가는 게 현실이다. 이런 현상이 나타나는 이유는 독일과 달리 정치에 대한 진입장벽이 대단히 높기 때문이다.

독일 「기본법」(헌법) 제21조 제1항은 "정당은 국민의 정치적 의사형성에 기여한다. 그러한 정당의 설립은 자유이며, 그 내부규정은 반드시 민주적 기본원칙을 따라야 한다. 정당은 자금의 수입과 지출, 재산에 대해서 반드시 공개적으로 소명해야 한다."라고 규정하고 있다. 보다 구체적인 사항들은 1967년에 제정된 정당법에 나와 있으며, 그 기본정신은 큰 틀에서 정당이 경제적인 이유 때문에 활동에 제약을 받지 않도록 한다는 것이다.

· · ·

독일 정당의 수입과 지출

정당의 수입에는 당원의 당비, 개인 및 기업의 기부금(후원금), 선출직 의원의 기여금, 국고보조금, 기타 정당행사에 의한 자체수입 등이 있다. 정치자금과 관련한 주요 내용은 정당제도가 발달한 독일에서는 주로 정당의 자금에 대한 것이다. 이를 국제적으로 비교해 보면 독일은 다음과 같은 몇 가지 특징이 있다.

먼저 정당의 총수입에서 당비가 차지하는 부분이 상대적으로 크고 기부금의 비율은 비교적 낮다. 또 다양한 공적 지원방식이 존재한다. 직접 지원의 형태인 국고보조금(과거 선거비용 충당금)이 상당 부분을 차지한다. 간접적 형태에는 라디오나 텔레비전의 공영 방송을 통한 무료 선거운동 홍보, 지방자치단체에 의한 선거 플래카드 게시, 원내교섭단체 활동에 대한 지원 등이 있다. 그 밖에 당비, 소액기부금, 선출직 기여금 등에 대해서는 납부자에게 세제 혜택이 주어진다. 득표율 5퍼센트를 넘는 정당은 교섭단체를 구성할 수 있기 때문에 연방하원에 진입한 정당은 모두 이러한 혜택을 보게 된다.

정당의 수입에 대해 좀 더 구체적으로 살펴보면, 규칙적 당비 납부액은 정당별로 다소 차이가 있기는 하지만 총수입의 약 25퍼센트에 달한다. 국고보조금은 30퍼센트 내외를 차지한다. 개인이나 법인에 의한 기부금은 15퍼센트 정도 되는데 금액의 제한은 없다. 기부금의 일정액에 대해서는 세제 혜택이 주어지며, 기부금을 받은 정당은 그 액수에 비례하여 추가적으로 국고지원을 받을 수 있다. 자기 당 출신 선출직 의원들이 당에 내는 기여금도 10~20퍼센트에 이른다. 그 밖에 정당행사, 바자회 등 자체 활동에 의한 수입도 일정 부분을 차지하고 있다.

독일 「정당법」 제18조에 따라 자격이 되는 정당은 매년 국고보조금을 받을 수 있다. 보조금 액수를 결정하는 것은 "각 정당이 사회에 얼마나 뿌리를 내리고 있느냐?"이며, 이는 각종 선거에서의 득표율에 따라 결정된다. 또한 당비, 선출직 기여금, 기부금 등도 중요한데, 그 총액의 일정 비율을 국고보조금으로 받기 때문이다.

동법 제18조 제2항에 의거하여 정당에 주는 연간 국고보조금은 총액에 '절대적 상한선'을 두고 있다. 국고보조금 액수는 2011년에는 1억 4,190만 유로, 2012년에는 1억 5,080만 유로(약 2,000억

원)로 매년 조금씩 인상되었다. 2013년부터는 물가지수에 따라 연동되도록 했는데, 총액의 70퍼센트까지는 소비자물가에 따라, 30퍼센트까지는 정당 근무자의 급여 인상에 따라 조정하도록 하였다. 2014년에는 1억 4,400만 유로를 기록하였다.

동법 제18조 제3항에 따라 2017년 기준 개별 정당이 받는 연간 국고보조금은 가장 최근 선거에서 받은 정당득표수 곱하기 0.83유로(약 1,080원)이다. 단, 득표수가 400만 표 미만일 경우에는 득표수 곱하기 1유로(약 1,300원)를 하게 된다. 이는 거대 정당에 유리하게 배분하는 우리 정당법과는 반대로 군소 정당을 좀 더 배려한 규정이라고 할 수 있다.

무소속일 경우에는 득표한 수에 0.83유로를 곱한 금액을 받게 된다. 이 외에도 각 정당은 앞에서 말한 당비, 선출직 기여금, 적법한 기부금 수입 등의 총액에 대해서 각 1유로당 0.45유로를 추가로 받는다. 이러한 금액 산정 시 개인 기부금은 1인당 3,300유로까지만 계산된다.

이와 같은 국고보조금은 동법 제18조 제4항에 따라 전국 단위의 연방하원 또는 유럽연합의회 선거에서 최소한 0.5퍼센트 이상을 득표한 정당에, 또 주총선에서는 1퍼센트 이상을 득표한 정당에 지급된다. 이러한 낮은 득표율 기준은 위에서와 마찬가지로 소수 정당의 정치활동을 보다 장려하기 위한 제도적 장치라 할 수 있다.

그 밖에 동법 제18조 제5항은 각 정당에 주는 국고보조금은 각 정당의 자체수입(당비, 선출직 기여금, 개인 및 법인의 기부금, 재산수입, 행사수입 등)의 총액을 넘을 수 없도록 규정하고 있다. 이것을 '상대적 상한선'이라고 한다.

표 2-12 **독일 정당별 연간 수입 (2014년)** (단위: 천 유로)

수입내역	기민당	기사당	사민당	자민당	녹색당	좌파당
당비	38,192 (26%)	9,728 (21%)	49,985 (31%)	6,270 (23%)	8,795 (22%)	9,277 (34%)
선출직 기여금 등	18,885 (13%)	3,689 (8%)	24,459 (15%)	1,827 (7%)	9,150 (23%)	3,762 (14%)
개인 기부금	18,011 (12%)	9,732 (21%)	12,576 (8%)	5,837 (22%)	4,090 (10%)	2,253 (8%)
법인 기부금	7,910 (5%)	3,891 (8%)	2,532 (1.5%)	1,967 (7%)	657 (2%)	35 (0%)
기타자산 수입	14,864 (10%)	6,815 (15%)	22,633 (14%)	1,759 (7%)	763 (2%)	382 (1%)
국고보조금	47,889 (33%)	12,697 (27%)	48,649 (30%)	9,201 (34%)	14,818 (37%)	10,715 (40%)
행사 등 기타 수입	1,380 (1%)	219 (0%)	993 (0.5%)	96 (0%)	1,396 (4%)	727 (3%)
합계	147,131 (100%)	46,771 (100%)	161,827 (100%)	26,957 (100%)	39,669 (100%)	27,151 (100%)

* 독일 연방하원 자료 참조 저자 작성.

〈표 2-12〉를 보면 독일 정당들의 수입 총액은 약 4억 5,000만
유로(약 6,000억 원)이다. 기민당과 사민당의 당비 수입이 연간
4,000만 유로에 달하거나 훨씬 넘는 것을 알 수 있다. 양당의 당
원 수가 약 40만 명 이상임을 감안할 때 그들 대부분이 월 10유로
정도의 당비를 내고 있다는 추정이 가능하다. 다른 군소 정당의
경우도 비슷하다. 녹색당과 좌파당의 당원 수가 약 6만 명 정도임
을 감안할 때, 물론 좌파당의 당비 수입이 다소 많기는 하지만 당
원들이 매월 일정액의 당비를 내고 있음이 분명하다. 이처럼 독일

표 2-13 독일 정당별 연간 지출 (2014년)

지출내역	기민당	기사당	사민당	자민당	녹색당	좌파당
인건비	42,580 (28%)	10,764 (19%)	47,441 (28%)	4,327 (15%)	14,116 (35%)	10,177 (35%)
정당운영	28,064 (18%)	6,811 (12%)	27,941 (16%)	7,849 (26%)	6,263 (15%)	4,823 (16%)
일반 정치활동	31,078 (20%)	13,954 (25%)	29,689 (18%)	5,765 (19%)	6,882 (17%)	5,755 (20%)
선거운동	48,567 (31%)	24,232 (43%)	52,106 (31%)	10,571 (36%)	12,779 (32%)	8,512 (29%)
기타 지출	4,520 (3%)	426 (1%)	11,042 (7%)	1,286 (4%)	525 (1%)	81 (−)
합계	154,809 (100%)	56,187 (100%)	168,219 (100%)	29,798 (100%)	40,565 (100%)	29,348 (100%)

* 독일 연방하원 자료 참조 저자 작성.

정당의 당원들은 대부분 당비를 내는 소위 '진성당원'임을 알 수 있다.

또한 좌파당은 전체 수입에서 당비의 비율이 다른 당에 비해 압도적으로 높고, 녹색당은 선출직 의원의 기여금 비율이 매우 높은 편이다. 자민당과 기사당은 개인 및 법인의 기부금 비율이 나머지 정당에 비해 월등하게 높다. 그와 반대로 사민당, 녹색당, 좌파당은 기부금 비율이 낮은 편이며, 특히 법인 기부금 비율은 현저하게 낮다. 반면에 사민당, 기민당, 가사당은 기타자산 수입의 비율이 다른 당에 비해 높은 것을 알 수 있다.

〈표 2-13〉의 정당별 지출내역을 살펴보면 대체로 서로 비슷한 것으로 보인다. 각 정당은 인건비에 약 30퍼센트, 정당운영에 약

20퍼센트, 일반 정치활동에 20퍼센트, 선거운동에 약 30퍼센트가량을 지출하고 있다. 표에서 기사당의 선거운동 지출비율이 특별히 높은 이유는 2014년에 바이에른 주 지방선거가 있었기 때문이다.

그 밖에도 원내교섭단체에 대한 국고지원이 있다. 이는 공식적으로는 정당예산에 포함되지 않지만, 원외활동에도 도움을 줄 수 있기 때문에 정당의 간접 수입원으로 볼 수 있다. 국고지원 총액은 2012년 기준 약 1억 9,000만 유로(약 2,500억 원)에 달한다. 또 정당과 가까운 정치재단에 대한 국고지원이 있다. 이 지원금은 점점 더 증가하는 경향을 보이고 있으며, 그 액수는 정당에 직접 지원하는 것보다 훨씬 더 크다.

· · ·

거대 양당이 독점한 국고보조금

우리의 경우 2012년 기준 전체 정당의 수입 총액은 약 3,000억 원이며, 그중 국고보조금은 약 1,020억 원으로 집계되었다. 이 중 대부분을 거대 양당이 독점하고 있는 상황이다. 자유한국당과 더불어민주당은 각각 200만 명이 넘는 당원 수를 자랑하고 있으나 그 대부분은 거품이다. 실제 당비를 내는 숫자는 10퍼센트에도 미치는 못하는 것으로 알려지고 있다. 반면에 군소 정당은 비록 당원 수는 적지만 당비를 내는 비율은 훨씬 높은 것으로 조사되었다.

독일은 가능한 한 다수 정당이 활동할 수 있도록 직·간접적 지원을 하고, 특히 소규모 정당을 배려하는 다양한 제도적 장치를 갖추고 있다. 이에 반해 우리는 지원이 대단히 취약할 뿐만 아니라 그마저도 거대 양당에 집중되고 있다. 이러한 양당체제가 유지되는 이유는 기존 정치권이 자신의 기득권에 안주하려는 경향 때문이며, 그 핵심에는 '소선거구 단순다수제' 선거제도가 자리하고 있다.

국민들의 눈높이에서 볼 때 우리 정치권이 다른 분야와 비교하여 한참 뒤처져 있는 것은 사실이다. 사회갈등을 해결하는 본연의 역할을 거의 하지 못하고 있기 때문이다. 그렇다고 분노하고 혐오감만 표출해서는 곤란하다. 게다가 정치권이 문제이므로 의원 수를 줄이는 등으로 정치를 축소해야 한다는 주장은 더 큰 잘못이다. 정치 자체를 줄여서는 도리어 문제를 해결할 수 없기 때문이다. 반대로 정치 영역을 확대하는 것이 올바른 방향이다. 갈등을 안고 있는 다양한 세력이 정치권으로 들어와 제 목소리를 낼 수 있도록 제도적 장치를 마련해야 하고, 그들이 쉽게 정당을 만들 수 있어야 한다. 또 그 정당들이 국회나 지방의회 등 제도 정치권에 쉽게 진입할 수 있도록 선거제도를 유권자의 뜻이 그대로 반영되는 '연동형 비례대표제'로 바꿔야 한다.

11

'여의도연구원'은
어쩌다 여론조사기관이 되었나

정치재단

2014년 6·4 지방선거 이후, 특히 7·30 재보궐선거 참패 후 소위 진보 진영에 정책이 부재하다는 비판이 제기되어 논란이 됐다. 야권의 진로를 모색하는 과정에서 나온 문제 제기였다. 하지만 이것이 진보 진영에만 해당되는 이야기는 아닐 것이다. 반대편에 있는 보수 진영이라고 해서 얼마나 다르겠는가.

우리 정당들은 모두 의무적으로 정당연구소를 두고 있지만, 정작 연구소 역할을 제대로 하고 있는 것 같지는 않다. 그 이유는 간단히 말해 연구소의 당위적 연구과제들이 정당이나 그 정당 출신 정치인의 이해관계와 항상 일치하지는 않기 때문이다. 연구소는 중·장기적이고 거시적 관점에서 문제를 찾아내고 해결하는 대안을 모색해야 한다. 반면에 정당이나 정치인은 매번 눈앞의 선거에 모든 것을 걸어야 하기 때문에 연구소와는 다소 입장 차이가 있다.

독일의 정치재단

여기서는 "정당과 정당연구소의 관계를 어떻게 설정해야 하는가?" 또 "정당연구소에 대한 지원을 어떤 식으로 해야 하는가?" 하는 문제를 놓고 독일의 사례를 살펴보고 대안을 생각해 본다.

기민당(CDU) 관련 콘라트 아데나워 재단(KAS)이나 사민당(SPD)의 프리드리히 에베르트 재단(FES, 1925년 설립) 등은 우리에게도 비교적 잘 알려진 독일의 대표적인 정당과 관계된 정치재단이다. 또한 기사당(CSU)은 한스 자이들 재단(HSS, 1964년 설립), 자민당(FDP)은 프리드리히 나우만 재단(FNS, 1958년 설립), 녹색당은 하인리히 뵐 재단(HBS, 1996년 설립), 좌파당은 로자 룩셈부르크 재단(RLS, 1990년 설립)과 협력하고 있다.

이 재단들은 주로 국가보조금으로 운영된다. 보조금을 받으려면 관련 정당이 세 차례 연속으로 연방하원에서 5퍼센트 이상의 의석을 유지해야 한다. 위에서 하인리히 뵐 재단이나 로자 룩셈부르크 재단의 설립시기가 다른 재단에 비해 상대적으로 늦은 것은 녹색당이나 좌파당이 1980년대 이후 등장하였기 때문이다.

이 외에도 연방 차원이 아닌 특정 주에서만 활동하는 정당 친화적 정치재단도 다수 존재한다. 예를 들면 기민당과 가까우며 주로 노르트라인-베스트팔렌 주에서 활동하는 칼 아놀드 재단이 이에 해당한다. 이 재단은 2차대전 이후 첫 번째 주총리였던 칼 아놀드(Karl Arnold)를 기념하여 1959년에 설립되었다. 이처럼 지역 단위 재단의 활동이 활발한 것은 지방분권이 정착되어 주정부 재정이 잘 확보되고 있기 때문이다.

비록 정치재단은 아니지만 독일노총(DGB)의 결정으로 1977년 설립된 한스 뵈클러 재단도 유명하다. 한스 뵈클러(Hans Böckler)는 1949년 DGB의 초대 위원장이었다. 이 재단의 주요 수입원은 노조 대표자 중심의 기부금과 연방정부의 지원금이다. 1995년 경제사회연구소(WSI)를 연구기관으로 흡수, 통합하면서 경제 및 노사관계 분야에서 나름의 권위와 함께 상당한 영향력을 행사하고 있다. 실제로 쾰른에는 한스 뵈클러 광장이 있고, 같은 이름의 지하철역도 있다.

정치재단은 관련 정당의 정치적 노선이나 관점을 직·간접적으로 홍보하면서 긴밀한 협력관계에 놓여 있기는 하지만 법적으로나 조직적으로 완전히 독립된 기구이다. 이들의 공식적 과제는 시민 정치교육, 정치인 육성을 위한 장학사업, 후진국 지원 등이다. 이를 위해 일부 재단은 후진국과 개발도상국에 해외사무소를 두고 있다.

이들의 재정은 대부분 연방내무부, 연방경제협력개발부, 외무부의 예산으로 충당되고 있으며, 일부는 기부금에 의존하고 있다.

국고지원은 연간 수천억 원에 달하는데, 2000년 약 3억 유로(약 4,000억 원)에서 2011년 약 4억 2,300만 유로(약 5,500억 원)로 증가하였다. 이는 모체가 되는 정당들에 대한 국고보조금보다 3배 이상 많은 액수이다. 따라서 우리가 제대로 된 정당연구소를 갖고자 한다면 현재보다 훨씬 더 많은 투자를 해야 할 것이다.

콘라트 아데나워 재단

콘라트 아데나워 재단(KAS)은 원래 1955년 '기독교민주교육협회'라는 이름으로 설립되었으나, 1964년부터 초대 수상 '콘라트 아데나워'의 이름을 가져왔다. 이 재단은 연방 차원에서 2개의 교육센터와 16개 지부를 두고 활동하고 있으며, 10개 부서에 약 560명이 근무하고 있다. 수입의 95퍼센트 이상을 국고보조금으로 충당하고 있으며, 이 가운데 60퍼센트가량은 프로젝트에 기초하여 지원을 받고 있다. 그 밖에 행사참가비 등을 포함한 자체 수입과 기부금이 있는데, 각각 3퍼센트와 1퍼센트 정도로 미미한 수준이다.

이 재단은 기독교민주운동을 연구·정리하고, 정치교육과 유럽통일에 힘쓰고 있으며, 예술과 문화를 후원하고, 우수 학생들에게 장학금을 지원하고 있다. 다른 정치재단과 마찬가지로 기민당을 위한 싱크탱크로서 장기적인 관점에서 사회에 필요한 정책대안을 모색하고 있다. 활동 분야를 남동 유럽, 라틴아메리카, 아시아, 아프리카, 중동 지역으로 나누어 약 80개 해외지부를 두고 있고, 각국의 민주주의 발전, 인권보호, 법치국가의 달성 등을 지원하고 있다.

또한 120개 국가에서 약 200여 개의 프로젝트를 진행하고 있으며, 기독교 성격의 정당이나 유관기관들을 후원하고 있다. 이 재단의 국제부는 해외지부의 정보를 취합하고 연구하여 외교정책, 개발도상국 협력, 다른 나라에 대한 정보 등을 포함하는 다양한 자료집이나 출판물을 발간하고 있다.

아데나워 재단의 대표는 1955년부터 현재까지 약 60년 동안 불과 여덟 번 바뀌었을 뿐이다. 이 밖에도 지방언론의 발전을 위해 1980년부터 '독일 지방저널리스트상'을 시상하고 있으며, 1993년부터는 'KAS 문학상'을, 2002년부터는 독일의 경제시스템을 지속적으로 발전시키는 데 공헌한 이들에게 '사회적 시장경제상'을 수여하고 있다.

정당에 종속된 한국의 정당연구소

한국에서는 개정된 「정당법」 제27조에 따라 2004년 처음으로 국회에 진출한 정당별로 정당연구소를 설치하게 되었으나, 독일과는 많은 차이를 보이고 있다. 자유한국당(과거 새누리당)의 '여의도연구원(과거 여의도연구소)'은 각종 선거에 대비한 여론조사 결과의 정확성으로 명성을 얻고 있다. 하지만 이는 잘못된 행태로 국민의 세금을 엉뚱한 곳에 쓰고 있는 셈이다. 그 여론조사에 관심을 갖는 사람들은 선거에 나갈 후보나 정당 관계자이지 일반 국민은 아니기 때문이다. 2010년 여의도연구원이 콘라트 아데나워 재단(KAS)과 업무 제휴를 맺었다고 하는데, 이를 통해 과연 무엇을 배우고 있는지 궁금하다. 독일에서 유학할 때 KAS가 출마자들을 위한 여론조사를 한다는 얘기는 들어본 적이 없기 때문이다.

더불어민주당(과거 새정치민주연합)의 '민주연구원(과거 민주정책연구원)'도 상황이 비슷하다. 연구소 인원의 다수가 정당업무에 전용된다고 하기도 하고, 연구위원의 채용 자체가 계파 간 나눠먹기라는 소문이 들리기도 하기 때문이다. 또 무슨 일을 하고 있는지 존재감이 부족하다는 평가를 받기도 한다. 그 밖에 다른 군소 정당의 연구소도 별반 크게 다르지 않다. 그들도 정당의 여러 가지 활동이나 행사에 동원되기 일쑤이기 때문이다. 하지만 독일에서는 정당연구소가 정당활동에 동원되지 않는다. 양자 간에 협력은 하지만 서로 확실하게 독립된 기관이기 때문이다.

반면에 우리는 정당연구소가 형식적인 독립기관일 뿐 실제로는 정당과 경계가 모호한 상태이고 마치 정당의 하부기관처럼 운영되고 있는 실정이다. 따라서 중장기적인 정책대안을 기대하는 것은 무리라고 할 수 있다. 정당과 정당연구소 사이의 종속관계는 물론 양자관계를 규정하는 제도적 장치에 허점이 있기 때문이다. 또한 연구소의 인사와 조직 면에서 실질적인 자율성과 독립성을 보장하는 규정이 부재하고, 연구소의 재정이 정당의 국고보조금 총량에 종속되어 있다는 점도 문제이다.

원래 규정에는 정당연구소를 정당과 독립된 별도법인으로 설립하도록 되어 있으나, 실제로는 연구소의 인사와 재정이 정당에 심각하게 종속되어 있다. 그동안 상황을 돌아보면 보통 당대표가 정당연구소의 이사장을 겸직하고, 연구소장은 주로 국회의원이나 당대표와 가까운 사람이 맡아 왔다. 따라서 연구소가 정당과 일정한 거리를 두는 것이 쉽지 않다. 게다가 이사장이나 연구소장마저도 수시로 바뀌어 왔기 때문에 연구활동의 안정성이나 연속성을 확보할 수 없다.

한국의 정당연구소들에 대한 지원액은 2012년 기준 약 340억원에 불과하다. 이는 정당에 대한 전체 지원액 1,020억 원의 30퍼센트에 해당하는 것으로, 정책개발을 위해 정당보조금의 일정액을 반드시 정당연구소에 사용하도록 정해 놓은 「정치자금법」 제28조에 따른 것이다. 그나마 이것이라도 온전히 정책연구에만 사용되면 좋을 텐데 그마저도 다른 형태로 전용되고 있는 것이 우리 정치권의 현실이다.

따라서 정당연구소에 대한 지원방식을 개선해야 한다. 국고보조금 총액의 30퍼센트를 지원하는 기존의 방식에서 벗어나 독일처럼 국회에 진출한 정당 관련 연구소에 프로젝트에 기초하여 지원하는 방식으로 바꿔야 한다. 이는 선거결과에 따라 액수가 바뀌는 정당의 국고보조금과는 별개로 책정되어야 한다. 그렇게 되면 정당연구소가 선거에 동원되는 일도 줄어들 것이고, 프로젝트에 기반을 두어 지원을 받기 때문에 어떤 정책을 연구할 것인지를 먼저 고민하게 될 것이다. 그렇게 된다면 자연스럽게 정당연구소의 정책역량과 독립성이 강화될 것이 분명하다.

정당연구소의 프로젝트는 기존 행정부처에 속한 국책연구소의 식상한 연구물보다는 훨씬 더 나은 결과를 가져올 가능성이 크다. 정치현장의 경험으로부터 보다 피부에 와 닿는 정책을 내놓을 것이기 때문이다. 그것은 많은 국책연구소가 의무적으로 생산해 내는 수많은 발간물의 주제들을 훑어보면 한눈에 알 수 있다. 경우에 따라서는 필요한 연구이기도 하겠지만 많은 부분 우리 사회의 긴박한 상황이나 쟁점과는 다소 동떨어지거나 심지어 연구를 위한 연구가 다수이기 때문이다. 정당연구소를 정상화해야 하는 또 다른 이유이다.

정책정당이나 이를 위한 정당연구소를 만들고자 한다면 먼저 정당과 정당연구소 사이의 종속관계를 단절해야 한다. 이들이 특정

사상이나 이념을 공유하는 것은 바람직하지만 인원충원 등 조직이나 재정문제, 역할에서는 서로를 확실하게 구분할 필요가 있다. 이를 보장하기 위한 제도적 장치를 마련하는 것 역시 시급한 과제이다. 그렇게 해야 정당연구소 본연의 기능이 되살아나고, 그동안 비판받아 온 정당의 정책 부재에 대한 우려도 어느 정도 해소될 것이기 때문이다.

제3장

독일의 선거제도

1

독일식 선거,
거대 정당에 불리하지 않다

연동형 비례대표제

2014년 10월, 헌법재판소가 기존의 국회의원 선거구가 지역구별 과도한 인구격차 때문에 헌법에 불합치하다는 판결을 내렸다. 선거구 간 최소 및 최대 인구비율을 현행 1:3(10만 3,469명 : 31만 406명)에서 1:2(13만 8,984명 : 27만 7,966명)로 조정해야 한다는 것이다. 이 문제는 정치권을 중심으로 주요 현안이 되었고, 이 기회에 아예 선거제도 자체를 개혁해야 한다는 목소리가 줄을 이었다.

그 가운데 거대 양당에만 유리한 현행 '소선거구 단순다수제(개별 선거구에서 1표라도 더 득표한 후보만 당선되는 제도)'를 바꾸어 독일식 선거제도를 도입해야 한다는 주장이 당시 새정치민주연합과 군소 정당, 시민단체와 전문가 집단 등에서 많은 지지를 받았다. 이를 도입하면 유권자 의사의 왜곡현상이 사라질 것으로 예상된다. 왜곡현상이란 사표심리에 따라 당선 가능성이 높은 후보에게 우선적으로 투표하게 되는 것을 말한다. 또한 소수 정당의 국회진입 가능성이 높아지는 반면에, 기존의 거대 양당은 불리해질 것이란 전망이 일반적인 시각이다.

그런데 2012년 19대 총선결과를 독일식 제도에 맞추어 정밀하게 시뮬레이션해 본 결과, 뜻밖에도 이 제도가 새누리당에 반드시 불리한 것만은 아니라는 결론을 얻게 되었다. 의석수가 크게 줄어들 것이라는 예측과 달리 오히려 총 의석수는 4석이 늘어났고, 비례대표가 전국 단위에서 권역별로 바뀌면서 특히 서울과 경기도에서는 23석이나 증가하였다.

이처럼 새누리당의 의석이 늘어나는 것을 이해하려면 '초과의석(Überhangmandat)'이라는 단어의 개념을 정확하게 알아야 한다. 이 용어는 독일의 대학에서 시험문제로 출제될 정도로 독일식 선거제도의 핵심이라고 할 수 있다. 유학 당시 이에 대한 사전 지식이 전혀 없었던데다 개념이 생소하여 이해하는 데 어려움을 겪었다. 초과의석이 발생하는 이유는 각 정당의 총 의석수가 우선적으로 정당득표율에 따라 결정되기 때문이다. 우리처럼 지역구와 비례대표 당선자를 별도로 선출하여 합산하는 방식이 아니다.

· · ·

연동형 비례대표제

국내에서 독일식 선거제도를 지칭하는 용어는 '권역별 정당명부식 비례대표제', '의인화된 비례대표제' 또는 '혼합형 비례대표제' 등으로 다양하다. 이는 독일어 'Personalisierte Verhältniswahl'을 글자 그대로 직역하거나 또는 의미를 해석하여 의역한 것이다. '의

인화된 비례대표제'처럼 직역하면 무슨 말인지 낯설고, '권역별 정당명부식 비례대표제'처럼 의역한 용어는 선거제도 전체가 아닌 그 일부 의미만 전달할 우려가 있다. 그래서 정당득표율이 의석수를 결정한다는 핵심 내용을 담은 '연동형 비례대표제' 또는 '독일식 비례대표제'라고 명명하는 것이 적당하다고 본다.

2014년 11월, 중앙선거관리위원회가 주최한 '정당정책토론회'에서 당시 새누리당 김문수 보수혁신특별위원장은 소선거구제를 옹호하는 발언을 하면서 독일에서도 소선거구제를 실시하고 있다고 주장했다. 이는 본질을 흐려 사실을 호도하는 것이다. 왜냐하면 독일의 소선거구제는 선거과정 전체의 아주 작은 일부분일 뿐이기 때문이다. 차라리 위에 언급한 권역별 정당명부식 비례대표제가 독일식 제도의 핵심에 더 가깝다.

연동형 비례대표제는 정당득표율에 따라 각 정당의 의석을 결정하는데, 이는 지역구에서의 '소선거구 단순다수제(relative Mehrheit-swahl, relative majority election)'와 권역에서의 '정당명부식 비례대표제(Landesliste, state list)'를 서로 연동하여 결합한 것이다. 연방하원의 의석수는 1990년부터 1998년까지 지역구 328명과 비례대표 328명을 더한 총 656명이었고, 2002년부터 현재까지는 지역구 299명과 비례대표 299명을 더한 총 598명(기준의석)이지만, 그동안 선거결과를 보면 이 기준의석에 일치한 적은 한 번도 없었다. 매번 초과의석이 발생하여 전체 의석이 기존 의석보다 몇 석에서 몇십 석까지 늘어났기 때문이다. 그래서 독일에서는 하원의원 총수 또는 하원의 과반이 몇 명이라고 미리 정해 놓는 것은 크게 의미가 없다. 그 수가 매 회기마다 달라지기 때문이다.

Stimmzettel

für die Wahl zum Deutschen Bundestag im Wahlkreis 220 München-West/Mitte
am 24. September 2017

Sie haben 2 Stimmen

2017년 연방총선 지역구 번호 220번(뮌헨-서부/중앙)의 투표용지. 유권자는 한 장의 투표용지(Stimmzettel)에 2개의 투표권을 행사한다. 제1투표는 왼편의 지역구 후보에, 제2투표는 오른편의 정당에 투표한다. 21개의 정당이 참여하였고, 그중 10개 정당은 동시에 지역구 후보를 냈다. 왼편 가장 아래쪽의 지역구 후보는 무소속이다. 우리와 비슷해 보이지만 정당득표수가 총 의석수를 결정한다는 점에서 우리 선거제도와 매우 다르다.

독일 유권자는 선거에서 1인 2표를 행사한다. 제1투표와 제2투표로 구성된 한 장의 투표용지에 1표는 지역구 후보에, 다른 1표는 선호하는 정당에 기표한다. 우리의 현행 국회의원 투표방식과 거의 동일하다. 그렇다면 도대체 어떤 차이가 있기에 많은 전문가, 정치인, 시민단체 등이 굳이 독일식을 주장하는 것일까? 그것은 바로 다음과 같은 점에서 다르기 때문이다.

· · ·
한국식과 독일식의 차이

첫째, 우리는 지역구와 비례대표 당선자를 따로 구분하여 별도로 집계한다. 그러나 독일에서는 이들을 서로 연동하여 계산한다. 먼저 선거에 참여한 모든 정당에 대한 정당득표수(제2투표)를 합산하여 전체 정당득표수에서 각각의 정당이 차지하는 비율만큼 개별 정당의 당선자 '총 의석수'를 결정한다. 따라서 정당을 선택하는 제2투표가 지역구 후보에게 하는 제1투표보다 중요하다. 이것이 연동형의 의미이고, 우리 선거제도와 다른 가장 큰 차이점이다.

이 총 의석수를 다시 각 정당별로 권역별(보다 정확한 표현은 독일의 16개 주별, 우리의 경우에는 광역단위별) 득표수에 따라 '주 의석수'로 배정한다. 이렇게 산정된 주 의석수에서 자기 정당의 '주 지역구 당선자 수'를 빼면 '주 비례대표 당선자 수'가 결정된다.

어떤 정당의 주 의석수가 특정 숫자로 결정됐을 때 지역구 당선자가 많으면 비례대표 당선자는 줄어들고, 반대로 지역구가 적으면 비례대표는 늘어나게 된다. 지역구 의석은 우리와 같이 1표라도 더 득표한 1인을 당선자로 결정한다. 하지만 무엇보다 중요한 것은 정당득표수 또는 정당득표율에 따라 당선자 수가 결정된다는 사실이다. 따라서 모든 유권자의 한 표, 한 표는 바로 각 정당의 의석수에 영향을 미치게 된다.

예를 들어 A라는 정당이 선거결과 전국적으로 총 의석수를 200개 받았는데, 그 가운데 20개의 지역구가 있는 Y라는 주에서 정당득표에 의해 의석수가 15석으로 결정되었다고 가정해 보자. 만약 A당이 Y주의 지역구에서 9명이 당선됐다면, 나머지 6석은 비례대표 6명이 정당명부의 순번대로 당선되는 것이다. 비례대표와 지역구 당선자가 따로 계산되는 것이 아니라 서로 연계되어 있음을 알 수 있다.

그런데 A당이 Y주에서 위와 같은 조건인데(15석 확보), 이번에는 지역구에서 18석이 당선되었다고 가정해 보자. 그러면 문제가 발생한다. A당은 Y주에서 15석만 가져가야 되는데, 18석으로 이미 3석이 초과되었기 때문이다. 이 경우 비례대표 당선자는 당연히 한 명도 없게 된다. 하지만 지역구에서의 당선은 그대로 인정하여 A당의 Y주 의석수는 18석이 되며, 이때 한도를 넘은 3석을 바로 '초과의석'이라고 한다. 이렇게 될 경우 A당의 전국적인 총 의석수는 최초 결정되었던 의석수(200석)보다 3석이 늘어난 203석이 된다.

결론적으로 초과의석은 한 정당이 어떤 권역(우리의 광역)에서 정당득표율에 의해 결정된 의석수보다 더 많은 지역구 의석을 얻었을 때 발생한다. 새누리당의 의석이 늘어나는 것도 바로 이러한 까닭이다.

둘째, 비례대표의 비중이 다르다는 점이다. 우리는 국회의원

300명 가운데 19대의 경우 지역구 246석에 비례대표 54석으로, 비례대표의 비율이 18퍼센트에 불과하다(20대는 지역구 253석, 비례대표 47석으로 16%). 반면에 독일은 비례대표의 비중이 50퍼센트이다. 독일처럼 비례대표를 늘리는 것이 중요한 이유는 초과의석의 발생이 줄어들기 때문이다. 이런 점을 무시하더라도 우리의 현행 선거제도하에서 비례대표를 늘리는 것은 매우 중요하다. 그 까닭은 정당득표율에 따른 비례대표 당선으로 소수 정당의 의회 진출 몫이 커지기 때문이다. 즉, 기존 거대 양당의 기득권이 다소 줄어들 수 있다는 말이다.

독일에서는 연방 차원에서 5~6개 정당이 안정적으로 활동하고 있다. 그러나 비례대표를 제외한 지역구 선거결과만 놓고 보면 독일도 철저하게 기민당과 사민당 중심의 독과점 체제이다. 앞에서 살펴본 바와 같이 2002년 이후 세 차례의 연방총선 결과를 살펴보면 지역구 당선자가 매 회기 자민당은 0석, 녹색당은 1석, 좌파당은 3~4석에 불과하다. 하지만 비례대표를 포함할 경우 이 정당들의 의석수 합계는 전체의 약 20~38퍼센트에 달하고 있다.

셋째, 독일의 비례대표와 한국의 비례대표는 성격이 전혀 다르다는 점이다. 우리는 지역구 후보와 비례대표 후보가 별도로 결정되는 데 반해, 독일에서는 〈표 3-1〉과 〈표 3-2〉에서 보듯이 지역구 후보가 동시에 비례대표 후보가 된다. 예를 들어, 독일 중부에 위치한 헤센 주 지역구 번호 182번(프랑크푸르트 I)의 지역구 후보 마티아스 짐머(Matthias Zimmer) 교수는 헤센 주 정당명부 8번 비례대표에도 이름을 올리고 있다. 참고로 짐머 교수는 2007년 필자의 박사학위 논문 제2 심사자이기도 했는데, 2006년 쾰른 대학에서

나의 지도교수이기도 한 토마스 예거(Thomas Jäger)에게서 하빌리타치온(Habilitation, 교수자격취득 논문)을 하고 교수자격을 취득하였다. 그는 1961년생으로 1979년부터 기민당 당원이었고, 2009년에 연방하원에 진출하였으며, 이어서 2013년과 2017년에도 당선된 3선 의원이다.

즉, 어떤 정당의 한 권역(우리의 광역)의 모든 지역구 후보는 그대로 그 권역의 비례대표 후보가 되는 것이다. 유력 정치인일수록 비례대표 순서의 앞자리를 차지하고 당선 가능성도 높아진다. 이 순번은 유권자의 지지를 구하는 데 중요한 역할을 하게 된다. 그리고 우리와 달리 비례대표의 연임을 제한하지 않는다. 이는 비례대표의 성격이 우리와 전혀 다르기 때문이다.

넷째, 우리가 비례대표 후보들을 중앙에서 결정하여 전국 단위(전국구)로 선출하는 데 반해, 독일은 이를 16개 주별(권역별)로 후보 명단을 작성하여 선출한다. 독일처럼 지역구 후보가 비례대표 후보에 동시 입후보가 가능하도록 허용하기 위해서는 우리도 권역별 비례대표제를 실시해야 한다.

다섯째, 우리는 비례대표를 배분하는 기준이 '정당득표율 3퍼센트 이상 또는 지역구 당선 5석 이상'이지만, 독일은 '5퍼센트 이상 또는 3석 이상'이 봉쇄조항이다.

표 3-1 독일 19대 연방총선: 기민당 헤센 주 지역구 후보 명단 (2017년)

지역구 번호	지역구 지명	후보자 이름
167	Waldeck	Thomas Viesehon
168	Kassel	Dr. Norbert Wett
169	Werra-Meißner – Hersfeld-Rotenburg	Timo Lübeck
170	Schwalm-Eder	Bernd Siebert
171	Marburg	Dr. Stefan Heck
172	Lahn-Dill	Hans-Jürgen Irmer
173	Gießen	Prof. Dr. Helge Braun
174	Fulda	Michael Brand
175	Main-Kinzig – Wetterau II – Schotten	Dr. Peter Tauber
176	Hochtaunus	Markus Koob
177	Wetterau I	Oswin Veith
178	Rheingau-Taunus – Limburg	Klaus-Peter Willsch
179	Wiesbaden	Ingmar Jung
180	Hanau	Dr. Katja Leikert
181	Main-Taunus	Norbert Altenkamp
182	**Frankfurt am Main I**	**Prof. Dr. Matthias Zimmer**
183	Frankfurt am Main II	Bettina Wiesmann
184	Groß-Gerau	Stefan Sauer
185	Offenbach	Björn Simon
186	Darmstadt	Dr. Astrid Mannes
187	Odenwald	Patricia Lips
188	Bergstraße	Dr. Michael Meister

* 독일 연방선거위원회 자료 참조 저자 작성.

표 3-2 독일 19대 연방총선: 기민당 헤센 주 비례대표 후보 명단 (2017년)

순번	후보자 이름	지역구 번호	순번	후보자 이름	지역구 번호
1	Prof. Dr. Helge Braun	173	23	Albina Nazarenus-Vetter	
2	Dr. Michael Meister	188	24	Andre Stolz	
3	Patricia Lips	187	26	Birgit Otto	
4	Dr. Peter Tauber	175	26	Benjamin Tschesnok	
5	Bernd Siebert	170	27	Karin Lölkes	
6	Dr. Katja Leikert	180	28	Ingrid Manns	
7	Dr. Stefan Heck	171	29	Elke Jesinghausen	
8	**Prof. Dr. Matthias Zimmer**	**182**	30	Christoph Fay	
9	Bettina Wiesmann	183	31	Christel Gontrum	
10	Klaus-Peter Willsch	178	32	Anna-Maria Schölch	
11	Michael Brand	174	33	Neele Schauer	없음
12	Dr. Astrid Mannes	186	34	. Lutz Köhler	
13	Thomas Viesehon	167	35	Christine Zips	
14	Oswin Veith	177	36	Eva Söllner	
15	Markus Koob	176	37	Karina Moritz	
16	Ingmar Jung	179	38	Max Schad	
17	Hans-Jürgen Irmer	172	39	Annette Hogh	
18	Dr. Norbert Wett	168	40	Anna-Lena Bender	
19	Stefan Sauer	184	41	Anna-Lena Habel	
20	Timo Lübeck	169	42	Achim Carius	
21	Norbert Altenkamp	181	43	Alexandra Weirich	
22	Björn Simon	185	44	Katharina-Elisabeth Wagner	

* 독일 연방선거위원회 자료 참조 저자 작성.

** 2017년 5월 6일 헤센 주 전당대회에서 결정(연방총선일은 2017년 9월 24일임).

독일제도의 시사점

첫째, 비례대표의 의미가 우리와 전혀 다르다. 우리는 여성, 장애인, 노동조합, 농업 등 소수자 그룹을 대변한다는 차원에서 비례대표를 두고 있지만, 독일은 소선거구 단순다수제에서의 승자독식 문제점을 개선하는 차원에서 이를 두고 있다. 이런 점에서 독일식은 석패율제의 의미를 갖는다고 할 수 있다.

예를 들어 10석의 의석이 있는 광역 단위의 어떤 지역에서 A당이 60퍼센트의 지지를, B당은 40퍼센트의 지지를 받았다면, 우리의 선거제도하에서는 A당이 10석을 독식하게 되지만, 독일에서는 A당이 6석, B당이 4석을 차지하게 된다. 독일식의 결과가 더 합리적이라고 할 수 있다. 독일에서 비례대표의 의미는 바로 위 사례에서의 4석을 의미한다.

여기서 생각되는 또 다른 의문은 그러면 "여성, 장애인, 노조 등은 누가 대변하는가?" 하는 점이다. 하지만 장애인의 문제를 꼭 장애인이, 청년의 문제를 꼭 청년이 대변해야 한다고 생각할 필요는 없다. 훈련받은 정치인이 그들보다 훨씬 더 잘할 수 있기 때문이다. 중요한 점은 현행과 같이 거대 양당 중에서 한 명이 선출되는 시스템이 아니라, 국민의 대표가 공정하게 선출되는 시스템을 만드는 것이다.

일부 국회의원이나 전문가들은 비례대표의 확대를 반대하고 있는데, 그 이유는 비례대표는 지역구 의원들과 달리 선거에서 경쟁하지 않고 의회에 들어온다고 보기 때문이다. 그런데 독일식 선거제도를 도입한다면 그런 문제를 일거에 해소할 수 있다. 그동안 선거제도 개정이 어려웠던 까닭은 지금까지 독일식 제도에 대한 정확한 이해가 부족했기 때문이다.

둘째, 독일식을 따를 경우 권역별로 비례대표가 당선되기 때문에 비례의원도 확실하게 지역대표성을 갖게 된다. 보다 구체적으로 정당의 광역 단위가 활성화될 것이며, 정치인이 중앙으로만 몰려드는 현상도 줄어들 것이다. 그러면 자연스럽게 지역의 정치도 활기를 띠게 될 것이고, 이는 지방분권을 강화하는 데에도 크게 도움이 될 것이다.

셋째, 연동형 선거제도로 바뀌면 재보궐선거가 불필요하게 된다. 지역구에서 선거법 위반으로 당선 무효가 발생하더라도 재선거를 치르는 것이 아니라, 그 자리를 비례대표 후보가 순번대로 계승하면 되기 때문이다. 이것이 가능한 까닭은 의원에 문제가 생기더라도 정당득표에 의한 정당의석수는 항상 그대로이기 때문이다. 결국 선거운동 과정에서 불법이나 탈법이 감소하게 되고, 선거 후 정당 간 또는 지역구 후보자 간 시비도 줄어들게 될 것이다. 상대 후보를 선거법 위반으로 의원직을 박탈시키더라도 재선거를 통해 기회가 생기는 것이 아니라, 상대방의 차순위 비례대표 후보가 그 자리를 승계하기 때문이다. 오히려 각 정당 내에서 내부 견제가 강화될 가능성이 크다. 이는 정당 발전에 도움이 되는 요소이다.

. . .

봉쇄조항을 상향 조정해야

이와 같은 연동형 비례대표제를 도입할 경우 예상되는 문제점으로 국회에 군소 정당들이 지나치게 난립할지도 모른다는 우려가

있다. 실제로 독일의 과거 바이마르공화국에서 순수비례대표제를
실시하여 그런 일이 발생했고, 결국 나치 시대로 넘어가면서 민주
주의의 후퇴를 경험한 적이 있기 때문이다. 따라서 독일에서는 정
당득표율이 5퍼센트를 넘거나 또는 지역구 당선자가 3명 이상인
경우에만 정당득표에 따른 의석배분을 허용하는 봉쇄조항
(Sperrklausel)을 두고 있다.

비록 연동형 비례대표제가 "정당득표율로 의석수를 결정하고,
비례대표를 권역별로 선출하며 그 비중이 전체 의석의 절반을 차
지한다."라는 점에서 우리 선거제도와 전혀 다르지만, 투표방식에
서 유권자가 1인 2표를 행사한다는 점에서는 우리와 동일하다. 그
래서 우리가 당장 이 제도를 도입하더라도 시행에 따른 어려움은
크지 않을 것으로 예상되고, 이 점은 우리 선거제도의 변경을 논
의하는 데 있어 상당히 긍정적인 측면이다.

또한 여야가 독일식 제도의 도입에 합의할 경우 초과의석이 발
생하여 전체 의석수가 어느 정도 늘어날 것으로 예상되는데, 국민
정서상 정치권이 의원 수를 늘리자는 말을 꺼내기 어려운 상황에
서 불필요한 논란을 피하면서 의원정수를 확대하는 효과를 얻을
수도 있다. 다만 이는 비례대표 수를 늘리면 완화될 수 있는 문제
이다.

2

독일식 선거,
어느 정당에 유리할까
19대 총선결과의 독일식 적용

. . .

독일의 선거제도

1953년부터 현재와 비슷한 형태를 갖춘 독일의 선거제도는 그동안 조금씩 수정되어 왔다. 초반에는 전체 의석 중 비례대표 비율이 40퍼센트일 때도 있었고, 1956년에는 봉쇄조항이 만들어졌다. 의석배분을 둘러싸고 1983년까지는 동트(D'Hondt)식, 1985~2005년에는 헤어/니이마이어(Hare/Niemeyer)식, 2008년부터는 생-라게/쉐퍼스(Sainte-Laguë/Schepers)식이 적용되어 왔다. 이 방식들은 약간씩 차이가 있으나 기본적으로 '정당득표수(정당득표율)에 따라 의석수를 배정한다'는 원칙에는 변함이 없다. 가장 최근의 변경은 2013년 5월의 연방선거법 개정인데, 주별 인구수에 따른 의석배분, 최소의석 보장을 위한 조정의석(Ausgleichsmandat)의 도입 등이 주요 내용이다.

다음에 제시하는 표들은 2012년 19대 국회의원 선거결과를 독일식 선거제도에 대입했을 때 의석수가 어떻게 달라지는지 살펴본 것이다. 가장 최근인 20대 총선은 국민의당의 등장으로 그간의 선거와 판이한 양상을 보인 것을 고려하여 19대 총선을 표본으로 삼았다. 기존의 생-라게/쉐퍼스 방식을 중심으로 주별 의석배분, 봉쇄조항 등 독일식 산정방식을 최대한 원형 그대로 적용했다. 19대 선거결과에서 지역구 당선자를 그대로 가져오고, 비례대표를 위한 정당투표 결과를 독일식 정당득표(제2투표)로 전환시켜 대입하였다. 다만 각 정당이 현행 전국 단위 비례대표(전국구)가 아니라, 광역시·도별(권역별)로 후보를 냈다고 가정하였다.

* * *

독일식 적용의 결과

연동형 비례대표제를 적용하여 시뮬레이션 한 최종결과는 〈표 3-3〉과 같다. 먼저 총 의석수가 기존 300석에서 331석으로 늘어난 것을 알 수 있다. 이는 비례의석이 54석에서 85석으로 31석이 증가하였기 때문이며, 그 이유는 권역별 비례대표를 적용하여 다수의 초과의석이 발생했기 때문이다. 새누리당은 18석, 민주통합당은 10석의 초과의석이 나타났다.

독일식을 도입하면 의석이 감소할 것이라는 일반적인 예상과 달리 정당별 의석에서 실제 결과보다 새누리당은 4석, 민주통합당은 1석이 증가하였다. 새누리당은 자유선진당과 연합할 경우(실제로도 그렇게 됐지만) 167석(50.4%)으로 과반을 넘어섰다. 이 결과는 새누리당이 국민의 여망인 정치개혁에 부응하여 전략적으로 독일식

표 3-3 한국 19대 총선의 독일식 적용 결과

정당	실제 결과				독일식 적용				
	지역	비례	계	비율 (%)	지역	비례	계	비율 (%)	초과 의석
새누리당	127	25	152	50.7	127	29	156	47.1	18
민주 통합당	106	21	127	42.3	106	22	128	38.7	10
통합 진보당	7	6	13	4.3	7	26	33	10.0	-
자유 선진당	3	2	5	1.7	3	8	11	3.3	-
기타 (무소속)	3	-	3	1.0	3	-	3	1.0	3
합계	246	54	300	100	246	85	331	100	31

* 중앙선거관리위원회 자료 참조 저자 작성.

선거제도를 도입할 수도 있음을 보여 준다. 물론 소수당인 통합진보당과 자유선진당은 예상대로 각각 20석과 6석이 증가하였다.

기존의 다른 시뮬레이션 결과들이 이와 달랐던 이유는 권역의 설정방식이 달랐기 때문인 것으로 보인다. 권역을 시·도 단위로 하지 않고, 예를 들어 인천·경기·강원도를 하나의 권역으로 하는 것처럼 1개 권역의 범위를 너무 넓게 잡은 것이다. 그렇게 하면 권역을 광역 단위별로 적용할 때보다 초과의석이 감소하게 되고, 결과적으로 거대 양당의 의석수가 줄어들게 된다.

하지만 독일도 16개 주별로 명부를 작성하고 있는 점을 감안하고, 또 비례대표의 지역대표성, 지방정치의 활성화 등을 고려한다면 권역의 수를 무리하게 줄이는 것은 문제가 있다. 최소한 현재

17개 광역단위를 굳이 5~6개의 권역으로 묶는 식의 통합은 잘못이다. 적절한 권역의 설정 문제에 대해서는 뒤에 다시 논의하겠다. 〈표 3-3〉의 결과는 일단 현재 17개 권역을 그대로 사용한 것이다.

· · ·

독일식 선거제도의 의석수 산정방식

독일식 의석 산출방식은 다음 세 단계로 구성된다. 1단계에서는 각 정당의 정당득표수로 정당별 의석수를 산정한다. 2단계에서는 그렇게 산정된 각 정당의 의석수를 권역별(주별)로 배분하는 것이다. 끝으로 3단계에서는 주별로 지역구와 비례대표의 의석수를 산출하고 합산하여 정당별 최종 의석수를 결정한다.

• **1단계: 정당별 의석수 산정**

1단계 정당득표수(제2투표) 계산에서는 봉쇄조항을 통과한 정당이 대상이 된다. 이들의 정당득표수를 모두 더하면 유효한 '총 정당득표수'가 된다. 이를 전체 의석수로 나누면 '의석당 득표수(제수)'가 나온다. 각 정당의 정당득표수를 이 제수(나눗수)로 나누면 정당별 의석수가 결정된다. 이러한 계산은 딱 맞아 떨어지는 것이 아니기 때문에 인위적으로 합리적 조정이 필요하다.

위에서 계산한 각 정당의 의석수는 다음과 같은 방법으로도 산출이 가능하다. 유효한 정당득표수의 합계 대비 각 정당의 정당득표수 비율을 계산하여 총 의석수에 곱해도 같은 결과를 얻을 수 있다(헤어/니이마이어 방식). 이 비율을 계산할 때 한 가지 유의할 점

표 3-4 한국 19대 총선의 독일식 적용 1단계: 정당별 의석수 산정

정당	정당득표수		유효 정당득표수		제수 (의석당 득표수)	정당별 의석수
	득표수	득표율(%)	득표수	득표율(%)		
새누리당	9,130,651	42.8	9,130,651	46.1		138
민주통합당	7,777,123	36.5	7,777,123	39.3		118
통합진보당	2,198,405	10.3	2,198,405	11.1	65,990	33
자유선진당	690,754	3.2	690,754	3.5		11
기타	1,535,128	7.2	–	–		–
합계	21,332,061[1]	100	19,796,933[2]	100		300

* 중앙선거관리위원회 자료 참조 저자 작성.
[1] 모든 정당의 정당득표수 합계.
[2] '유효한' 정당의 정당득표수 합계.

은 반드시 봉쇄조항을 고려하여 '5퍼센트 미만 또는 3석 미만' 정당들의 정당득표수를 제외하고 '총 정당득표수'를 집계해야 한다는 것이다.

〈표 3-4〉를 보면 새누리당은 전국 정당득표에서 약 913만 표를 얻어 전체의 42.8퍼센트를 기록했지만, 실제 의석수를 계산할 때는 46.1퍼센트를 사용한다. 그 이유는 봉쇄조항에 걸린 기타 정당의 153만 표를 제외하고 계산하기 때문이다. 즉, 모든 정당의 정당득표수 합계는 2,133만 표이지만, 여기서 153만 표를 빼면 유효한 정당의 정당득표수 합계는 약 1,980만 표로 줄어든다. 따라서 살아남은 각 정당의 실제 정당득표율은 매번 조금씩 상향 조정

된다.

이 유효한 총 정당득표수를 전체 의석 300석으로 나누면 1석당 득표수는 약 6만 5,990표(제수)임을 알 수 있다. 새누리당의 913만 표를 이 제수로 나누면 138석이 된다. 이는 새누리당의 정당득표율 46.1퍼센트에 300석을 곱해도 같은 결과를 얻게 된다. 이런 식으로 다른 정당의 의석수도 결정할 수 있는데, 이를 모두 더하면 300석이 된다.

이렇게 산정된 1차 결과(300석)를 19대 총선의 실제결과(300석)와 비교해 보면, 새누리당은 14석, 민주통합당은 9석이 감소한 반면, 통합진보당은 20석, 자유선진당은 6석이 증가한 것을 알 수 있다. 여기까지만 보면 독일식을 도입할 경우 거대 양당은 손해가 확실하다. 하지만 이것은 각 당의 최종 의석이 아니다.

• 2단계: 각 정당의 권역별 당선자 수 산정

2단계에서는 1단계에서 나온 각 정당의 의석수를 다시 '권역별 의석수'로 배분한다. 이 권역별 의석수에서 해당 권역의 지역구 당선자를 빼면 그 권역의 비례대표 당선자가 결정된다. 예를 들면 새누리당의 138석을 광역시·도의 득표율에 따라 권역별로 나누는 것이다.

이를 위해 〈표 3-5〉처럼 새누리당의 17개 광역별 정당득표수를 파악한다. 새누리당의 전체 정당득표수 913만 표를 자기 당에 할당된 138석으로 나누면 1석당 6만 6,164표(제수)임을 알 수 있다. 시·도별 정당득표수를 이 제수로 나누면 각 시·도의 의석수(권역별 배정의석)를 산출할 수 있다.

표 3-5 독일식 적용 2·3단계: 새누리당의 권역별 의석수 및 최종 의석수

지역	정당득표수	제수 66,164	권역별 배정의석	권역별 당선자 수			초과 의석
				지역구	비례대표	계	
서울	1,940,259	29.32	29	16	13	29	
부산	796,959	12.05	12	16	0	16	4
대구	676,162	10.22	10	12	0	12	2
인천	477,505	7.22	7	6	1	7	
광주	31,871	0.48	1	0	1	1	
대전	214,784	3.25	3	3	0	3	
울산	236,155	3.57	4	6	0	6	2
경기	2,023,650	30.59	31	21	10	31	
강원	340,123	5.14	5	9	0	9	4
충북	284,141	4.29	4	5	0	5	1
충남	294,351	4.45	5	4	1	5	
전북	73,859	1.12	1	0	1	1	
전남	52,495	0.79	1	0	1	1	
경북	812,727	12.28	12	15	0	15	3
경남	772,543	11.68	12	14	0	14	2
제주	90,411	1.37	1	0	1	1	
세종	12,656	0.19	0	–	–	0	
합계	9,130,651	138.00	138	127	29	156	18

* 중앙선거관리위원회 자료 참조 저자 작성.

• **3단계: 정당별 최종 의석수 결정**

이 권역별 배정의석에서 지역구 당선자를 빼면 비례대표 당선자를 산출할 수 있다. 새누리당의 서울시 배정 의석은 29석인데, 여기서 지역구 당선자 16석을 빼면 13명의 비례대표 당선자가 나옴을 알 수 있다. 새누리당 서울시의 최종 의석은 원래 배정의석 그대로 29석이다.

그런데 부산시는 결과가 조금 달라진다. 정당득표수에 따라 12석이 배정되었지만, 지역구 당선자가 16명으로 이미 배정의석을 넘어섰기 때문이다. 이 경우 비례대표 당선자는 0이고, 초과한 4석은 지역구에서의 당선을 존중하여 그대로 의석으로 인정한다. 이를 초과의석이라 한다. 따라서 새누리당 부산시의 최종 의석은 배정의석 12석보다 4석이 늘어난 16석이 된다.

〈표 3-5〉에서 서울시와 경기도를 보면, 정당득표율에 의한 배정의석에 비하여 지역구 당선자 수가 상대적으로 적음을 알 수 있다. 즉, 새누리당은 현행 선거제도하에서 이 지역에서 유권자 지지보다 적은 의석수를 얻고 있다는 말이다. 이는 이 지역 유권자의 의사가 제대로 반영되고 있지 않음을 보여 준다. 독일식을 도입하면 서울과 경기에서 최소 23석은 늘어나게 될 것이다. 반면에 영남지역을 중심으로 강원도 등 일부 지역에서는 과대대표되고 있음을 알 수 있다. 초과의석 18석이 그 증거이다.

이런 까닭에 최종 의석수는 원래 배정되었던 138석보다 18석이 늘어난 156석이 된다. 이는 실제 선거결과인 152석보다도 4석이 증가한 것이다. 새누리당은 특히 수도권에서 보다 안정적 의석을 확보할 수 있을 뿐만 아니라, 영남 지역에서도 의석수가 줄어들지 않기 때문에 독일식 제도를 도입하는 것이 우려했던 것처럼 나쁘지 않다.

. . .

민주통합당의 경우

이와 같은 방식을 똑같이 민주통합당에 적용하면 〈표 3-6〉의 결과를 얻게 된다. 먼저 새누리당과 반대로 서울시와 경기도에서 약간의 초과의석(5석)이 나타남을 알 수 있다. 호남 지역에서는 의외로 초과의석이 거의 발생하지 않았다(2석).

영남 지역 의석수는 원래 3석에 불과했지만, 독일식 제도를 도입하면 추가로 17석이 늘어나게 된다. 부산, 울산, 경남에서 12석, 대구와 경북에서 5석의 당선이 가능한 것으로 나타났다. 이것을 보면 현행 제도하에서는 영남 지역 유권자의 표심이 심각하게 왜곡되고 있음을 알 수 있다. 이에 힘입어 총 의석수는 128석으로 실제 결과인 127석보다 1석이 늘어나게 된다. 민주통합당은 전체적으로 의석수에서는 거의 변화가 없으면서, 특히 영남 지역에서 약진이 가능하기 때문에 독일식 제도를 도입하는 것이 바람직하다.

물론 이러한 독일식 제도를 도입할 경우, 소수 정당의 국회 진입이 과거보다 수월해질 가능성이 크다. 이는 다양한 정치세력의 제도권 진입을 의미하는 것이고, 바로 이를 통해 사회갈등을 줄이는 효과가 나타나게 될 것이다. 또한 승자독식을 방지하고 지역주의 현상을 완화함으로써 사회통합에 기여하는 장점도 거둘 수 있다.

다만 초과의석이 발생함에 따라 총 의석수가 원래보다 늘어나는

표 3-6 독일식 적용 2 · 3단계: 민주통합당의 권역별 의석수 및 최종 의석수

지역	정당득표수	제수 65,908	권역별 배정의석	권역별 당선자 수			초과 의석
				지역구	비례대표	계	
서울	1,751,344	26.57	27	30	0	30	3
부산	493,683	7.49	7	2	5	7	
대구	166,557	2.53	3	0	3	3	
인천	419,474	6.36	6	6	0	6	
광주	395,915	6.01	6	6	0	6	
대전	210,964	3.20	3	3	0	3	
울산	120,394	1.83	2	0	2	2	
경기	1,803,369	27.36	27	29	0	29	2
강원	221,750	3.36	3	0	3	3	
충북	233,615	3.54	4	3	1	4	
충남	244,722	3.71	4	3	1	4	
전북	502,359	7.62	8	9	0	9	1
전남	576,500	8.75	9	10	0	10	1
경북	158,113	2.40	2	0	2	2	
경남	367,775	5.58	6	1	5	6	
제주	92,951	1.41	1	3	0	3	2
세종	17,638	0.27	0	1	0	1	1
합계	7,777,123	118.00	118	106	22	128	10

* 중앙선거관리위원회 자료 참조 저자 작성.

점은 감수해야 한다. 이는 일정 부분 불가피하고 사전에 정확하게 예측하기 어려운 것이다. 어쩌면 바로 이런 점들 때문에 거대 양당이 이 제도를 수용할 수 있을지 모른다. 초과의석은 독일에서도 거대 정당인 기민당과 사민당에서만 나타나기 때문이다.

이하 〈표 3-7〉과 〈표 3-8〉에서 통합진보당과 자유선진당의 권역별 정당득표수와 배정의석을 살펴보고, 최종 의석수를 확인해 보기 바란다.

표 3-7 독일식 적용 2·3단계: 통합진보당의 권역별 의석수 및 최종 의석수

지역	정당득표수	제수 66,618	권역별 배정의석	권역별 당선자 수			초과 의석
				지역구	비례대표	계	
서울	484,735	7.28	7	2	5	7	
부산	130,865	1.96	2		2	2	
대구	71,617	1.08	1		1	1	
인천	108,099	1.62	2		2	2	
광주	106,911	1.60	1	1		1	
대전	56,585	0.85	1		1	1	
울산	77,809	1.17	1		1	1	
경기	526,118	7.90	8	2	6	8	
강원	43,655	0.66	1		1	1	
충북	49,964	0.75	1		1	1	
충남	55,001	0.83	1		1	1	
전북	108,475	1.63	2	1	1	2	
전남	122,460	1.84	2	1	1	2	
경북	73,282	1.10	1		1	1	
경남	151,226	2.27	2		2	2	
제주	29,157	0.44				0	
세종	2,446	0.04				0	
합계	2,198,405	33.00	33	7	26	33	

* 중앙선거관리위원회 자료 참조 저자 작성.

표 3-8 독일식 적용 2·3단계: 자유선진당의 권역별 의석수 및 최종 의석수

지역	정당득표수	제수 62,796	권역별 배정의석	권역별 당선자 수			초과 의석
				지역구	비례대표	계	
서울	96,966	1.54	2		2	2	
부산	29,214	0.47				0	
대구	20,539	0.33				0	
인천	29,394	0.47	1		1	1	
광주	5,916	0.09				0	
대전	112,262	1.79	2		2	2	
울산	7,588	0.12				0	
경기	103,401	1.65	2		2	2	
강원	12,098	0.19				0	
충북	34,468	0.55	1		1	1	
충남	164,135	2.61	3	3		3	
전북	10,808	0.17				0	
전남	9,591	0.15				0	
경북	16,885	0.27				0	
경남	22,399	0.36				0	
제주	4,790	0.08				0	
세종	10,300	0.16				0	
합계	690,754	11.00	11	3.00	8.00	11.00	

* 중앙선거관리위원회 자료 참조 저자 작성.

3

국회의원 수를 늘려야 한다

독일과 한국의 의원 수 비교

　연동형 비례대표제를 도입하자는 논의가 군소 정당과 민주당을 중심으로 확산되고 있지만, 여야 모두 의원정수를 늘려야 한다는 말은 꺼내지 못하고 있다. 속내를 정확히 알 수는 없지만 스스로 자기 밥그릇을 키우자고 하기는 곤란하기 때문일 것이다. 더구나 속된 말로 정치가 죽을 쑤고 있는데 그런 얘기가 쉽게 나오겠는가?

　국민들도 여전히 새로운 정치를 바라고 있지만 의원 수를 늘리는 데에는 매우 인색하다. 2014년 하반기 한국정당학회의 여론조사 결과에 따르면, 유권자의 70퍼센트 이상이 국회의원 정수를 300인 이하로 묶어 둘 것을 희망했다고 한다. 어차피 하는 일도 없는데 그나마 인원이라도 늘리지 않는 것이 유리하다고 본 것일까?

2012년 대선에서 당시 안철수 예비후보는 그러한 정서에 기대어 국회의원 수를 축소하겠다고 발표했다가 정치전문가들로부터 호되게 비판을 받았다. 국민정서와 전문가 의견 사이에 괴리가 있음이 분명하다. 정치인이 자신의 역할을 제대로 하지 못했기 때문에 그런 정서가 생긴 것이겠지만, 그렇다고 의원 수를 줄이는 것이 정치를 활성화하는 해결책은 아닐 것이다. 현행 국회의원 수가 적정한지 독일과 비교해 보고 적절한 대안을 모색해 본다.

. . .

독일과 한국의 비교

2000년대 들어 정치권을 중심으로 학계, 시민단체 등 우리 사회 전반에서 '독일 모델'에 대한 관심이 빠르게 확산되고 있다. 국회에서는 독일 모델에 대한 의원들의 연구모임이 활발하게 진행되었으며, 정치인이나 학자들의 독일 연수가 줄을 이었다. 이러한 열풍은 지난 수십 년간 한국 사회를 지배해 왔던 미국식 모델이 한계에 봉착했기 때문이다.

구체적으로 곳곳에서 지속적으로 불거져 나오는 사회문제들, 예컨대 '땅콩회항' 및 '물컵 갑질' 사건, 프랜차이즈 본사의 횡포와 같은 갑을 관계의 문제, 또 그러한 문제의 원인이 되고 있는 소득 양극화, 빈부격차 등에 대해 미국식 모델은 이제 더 이상 해법이나 대안을 내놓지 못하고 있다.

또한 이를 조정하고 해결해야 할 우리의 정치시스템도 잘 작동되지 않고 있다. '정치'가 문제라는 인식은 점점 더 확산되고 있으며, 이에 상응하여 '정치개혁' 또는 '정치혁신'이라는 구호는 이제 일상어가 되었다. 하지만 그에 걸맞은 실질적인 변화는 일어나지 않고 있다. 그런 가운데 미국식을 따른 소위 제왕적 대통령제와 양당제의 폐해는 점점 더 두드러지고 있는 상황이다.

이에 따라 새로운 정치시스템에 대한 기대가 확산되고 있으며, 독일식 연정, 다당제, 의회중심제 또는 분권형 대통령제 등이 그 대안으로 제시되고 있다. 동시에 그것들이 성공하기 위해서는 선거제도의 변경, 지방자치의 강화 등이 선행되어야 한다는 주장도 설득력을 얻고 있다.

독일이 과연 우리 정치의 미래 모델로 적합한 것인지 살펴보기 위해 먼저 양국 간 기본정보를 비교해 보자. 〈표 3-9〉에서 보듯이 우리의 국토 면적은 독일의 28퍼센트 정도이다(북한을 포함하면 61%). 그렇지만 인구 면에서는 62퍼센트를 넘어서고 있으며, 북한을 포함할 경우에는 91퍼센트에 육박하여 거의 비슷한 규모이다. 또 2차대전 이후 분단의 경험(동서독과 남북한), 급속한 경제성장(라인강의 기적과 한강의 기적) 등 역사적 공통점이 있다. 무엇보다

표 3-9 독일과 한국의 기본 국가정보 비교

구분	독일(%)		한국(%)	
면적	36만km²	100	10만km² (북한 포함 22만km²)	28 (61)
인구(2015년)	8,200만 명	100	5,050만 명 (북한 포함 7,500만 명)	62 (91)
인구밀도	230명/km²	100	505명/km²	220
1인당 GDP(2016년)	4만 2,000달러	100	2만 7,500달러	65

* 유엔 통계 · IMF 통계 참조 저자 작성.

도 미국이나 일본과 달리 국가규모가 비슷하다는 점에서 우리의 이상형이 될 수 있다고 본다. 다만 우리의 1인당 국내총생산(GDP)은 독일의 65퍼센트 수준이어서 아직 경제적으로 격차가 큼을 알 수 있다.

. . .

의원 수를 늘려야 하는 까닭

국회에 대한 불신이 큰 이유는 의원들이 국민의 의사를 대변하고 행정부를 견제하는 역할을 제대로 하지 못하고 있기 때문이다. 실제로 비정규직 노동자, 영세 자영업자 등 사회적 약자를 대변하는 정치세력은 거의 없다시피 하다. 거대한 행정부 조직을 견제하고 이끌어 가기에는 수적으로도 역부족인 상황이다. 따라서 의원 정수를 늘리는 제안은 결코 정치혁신에 역행하는 것이 아니다.

19대 국회(2012~2016년)에는 18개의 상임위원회가 있었는데, 의원 수를 고려하면 상임위당 평균 16~17명에 불과하다. 독일 18대 연방하원(2013~2017년)은 23개 상임위로 구성되었는데, 상임위당 15~42명의 의원이 배정되었다. 우리의 상임위 인원은 독일 상임위의 최저인원에 불과함을 알 수 있다.

예를 들어 양국의 예산위원회를 비교해 보면 문제점이 고스란히 드러난다. 우리는 1980년대 이후 50명으로 구성되어 있다. 회기 90일 전에 정부가 예산안을 제출하면 60일 동안 심사하여 안을 확정한다. 2014년의 경우 예산위원회 전체회의 7일과 계수조정 소위원회 7일을 열어 376조 원을 심의했다고 한다. 하루에 27조 원을 심사한 셈이다. 예결위원들의 지역구 예산을 추가하고 전체 예산에 대해서는 형식적인 심의에 그치는 것이 아닐까 우려되는 대목이다.

독일은 예산위원회가 가장 큰 상임위 가운데 하나로 41명으로 구성되며, 예산위원장은 관례적으로 제1야당에서 맡는다. 18대에서는 대연정을 하고 있어서 제1야당인 좌파당 의원이 위원장이다. 예산안 심사는 우리와 달리 연중 내내 진행된다. 이것이 가능한 이유는 정부가 예산안을 일찍 제출하기 때문이다. 예를 들어 2017년 12월이면 연방정부가 2018년이 아니라 2019년 예산안을 제출하는 식이다. 17대 회기(2009~2012년) 중에 예산위원회는 공식회의만 129회 열었다고 한다. 이는 월 2~3회 꼴이다. 이런 까닭에 의회가 행정부를 제대로 견제할 수 있는 것이다. 우리도 여야가 합의하면 그렇게 할 수 있다고 본다. 이를 위해서라도 의원 수를 늘리는 것이 절실한 상황이다.

그런데 의원 수 확대문제는 정치권에서 '세금 인상'만큼이나 민감한 문제로 취급되고 있다. 그래서 여야를 막론하고 언급 자체를 금기시하고 있는 형편이다. 또한 정치에 대한 실망은 정치인을 줄여야 한다는 국민적 분위기를 자아내고 있는데 국민의 혈세가 낭비되고 있다고 생각하기 때문일 것이다. 하지만 많은 정치전문가는 그것은 올바른 방향이 아니라고 지적한다. 물론 국회의원 수가 몇 명이어야 한다는 원칙이 있는 것은 아니다. 다만 미국이나 일본과 같이 우리와 규모가 다른 국가와 비교하는 것보다는 우리와 조건이 유사한 국가와 비교를 통해 대안을 찾는 것이 바람직하다.

〈표 3-10〉에서 보듯이 독일 연방하원의원 수는 600명 정도로 인구 약 13만 명당 1명꼴이다. 이에 반해 우리 국회의원은 약 17만 명

표 3-10 독일과 한국의 의원 수 및 급여 비교 (2015년)

구분		독일(연방하원의원)	한국(국회의원)
의원 수		598명 1명/13만 5,000명	300명 1명/16만 7,000명
	지역구	299명 의원 1명/27만 명	246명 1명/20만 4,000명
	비례대표	299명 1명/27만 명	54명 1명/93만 명
월 급여		9,082유로(약 1,181만 원)	약 1,150만 원
월 사무실 비용		4,267유로(약 555만 원)	약 770만 원
월 보좌진 비용		1만 6,019유로 (약 2,082만 원)	약 3,000만~3,500만 원

* 독일 「의원법(Abgeordnetengesetz)」 제11조 제1항 및 연방하원규정 참조 저자 작성.
** 환율 적용: 1유로＝1,300원.

당 1명으로 독일에 비해 많이 부족한 편이다. 만약 우리가 독일과 비슷한 수준으로 하려면, 먼저 의원정수를 최소한 70명 이상 늘려야 한다. 동시에 지역구를 축소하고 비례대표를 대폭 확대하는 조정이 필요하다.

· · ·

세비 인하와 특권 조정

국회의원에 대한 또 다른 불만 중 하나는 하는 일 없이 돈만 많이 받아 간다는 것이다. 〈표 3-10〉에서 보듯이 우리 국회의원 급여는 독일 연방의원 급여와 거의 비슷하고, 사무실이나 보좌관 예산은 오히려 30퍼센트 이상 많은 편이다. 급여에 차이가 없는 것은 당연한 것처럼 보이지만 사실은 과도하게 많은 것이다. 왜냐하면 〈표 3-9〉에서 보았듯이 우리의 1인당 GDP 수준은 독일보다 훨씬 아래에 있기 때문이다.

따라서 양국 의원들의 활동조건이 같다면 상당 부분 조정이 필요하다. 이 경우 세비를 억지로 삭감하는 것보다 국회예산을 현 수준에서 동결하고 의원 수를 늘리면 두 마리 토끼를 동시에 잡을 수 있다. 사무실이나 보좌진도 마찬가지이다. 또한 의원 수를 늘린다면 보좌진 수를 다소 줄이더라도 의정활동에 크게 무리가 가지는 않을 것이며, 이는 동시에 국회의원의 특권을 줄이는 데에도 도움이 될 것이다.

독일 의원도 보좌진을 두고 있지만, 인원 수에 대한 규정은 없다. 급여를 협의하여 보좌진 숫자를 조정할 수 있다. 이를 위해 2014년 기준 월 1만 6,019유로(2,082만 원)를 사용할 수 있는데, 이 돈은 의원을 거치지 않고 연방하원 사무처에서 각 보좌진에게 직접 지급된다. 다만 의원의 친인척 보좌진은 지급 대상에서 제외되고 급여를 의원이 개인적으로 알아서 부담해야 한다.

독일과 달리 지역의 정당조직이 부실한 상황에서 국회의원도 세비가 줄면 고통스러울 것이다. 하지만 국민의 고통은 그보다 훨씬 더 심각한 상황이다. 좋은 일자리는 줄어들면서 비정규직은 계속 늘어나고 있다. 청년실업은 '3포 세대(연애, 결혼, 출산의 포기)'를 양산하고 있으며, 주거비용은 계속 오르고, 출산율은 떨어지고 노인층은 계속해서 증가하고 있다. 정치인 등 공직자들은 매번 다 같이 고통을 분담하자고 목소리를 높이고 있지만, 정작 자신들의 임금 인상은 때마다 거르지 않고 있다.

국회의원의 세비를 줄이면 보다 공정한 임금체계를 만드는 계기가 될 수 있다. 입법부의 임금을 동결하거나 축소해야 행정부 공무원의 임금 인상을 억제할 수 있고, 또 그래야 공공기관이나 공기업의 임금을 동결하는 것이 가능할 것이기 때문이다. 기업과 같이 생산활동이나 부가가치 창출을 통해 부를 만들어 내는 곳과 단순히 국민의 세금을 쓰는 곳의 처우는 근본적으로 달라야 한다. 현재와 같이 공공 분야를 우대하는 임금체계는 국가 전체의 인력 배분을 심각하게 왜곡하고 있기 때문이다. 우수한 인재들이 기업으로 가거나 창업을 하기 보다는 공무원이나 교직과 같은 일자리로만 몰리고 있는 것이 그 증거이다. 따라서 직업의 안정성이 높은 공공부문의 급여수준은 일정 기간 동결하는 것이 바람직하다.

다수 국민이 힘들고 불안한 처지에 놓여 있는데, 국민의 세금으로 운영되는 곳들이 과도하게 안정되고 넉넉한 급여를 받는 것은 말이 안 된다. 이런 문제를 바로잡고자 하는 개혁은 먼저 국회의원의 세비 인하에서 시작되어야 하고, 이를 위한 가장 현실적인 방안은 국회예산을 동결하고 의원 수를 늘리는 것이다.

4

독일의 당대표 선거가 치열하지 않은 이유
공직후보의 선출방식

. . .

한국은 권력이 위에, 독일은 아래에

2015년 2월, 새정치민주연합 전당대회를 앞두고 친노와 비노의 계파 간 대립이 극에 달했다. 2014년 7월, 새누리당 전당대회에서 친박과 친이의 갈등도 크게 다르지 않았다. 물론 우리 정치권의 이러한 계파 간 갈등문제는 어제 오늘의 일이 아니다.

독일에서는 연방총리이자 기민당 대표인 앙겔라 메르켈과 관련해서 '친 메르켈' 그룹이라던가, 이전 총리였던 사민당의 게르하르트 슈뢰더와 관련지어 '친 슈뢰더' 의원들이라는 계파 이야기를 들어본 적이 없다. 또한 기민당이나 사민당 전당대회에서 당대표 선출을 둘러싸고 우리처럼 심각한 갈등을 드러내는 것을 본 적도 없다. 왜 이렇게 차이가 나는 것일까?

우리는 당대표가 공천권을 비롯하여 정당이 가진 대부분의 권한을 독점하는 구조이다. 때문에 이에 도전하는 양측이 모두 필사적이다. 반면에 독일의 당대표 선거는 최소한 우리처럼 치열한 모습을 보이지는 않는다. 그 이유는 아마도 대표가 공천권을 갖지 않기 때문일 것이다. 대체로 막후에서 조종이 되고, 전당대회에서는 대표 당선자의 득표율을 보여 주는 정도이다. 이러한 차이를 간단히 설명하면 지역의 풀뿌리 민주주의가 활성화되어 상향식 공천을 하는 독일과, 공천과정에서 지도부의 막강한 입김이 작용하는 한국의 차이 때문이라고 할 수 있다.

우리 정치권에 계파가 생겨나는 것은 공직후보의 선출과정에서 특정인이 영향력을 행사하기 때문이다. 당대표나 특정 실력자가 도와주었다면 그에 따라 계파가 형성된다. 우리의 경우에는 하부의 당원조직이나 활동이 미약하기 때문에 중앙의 지원이 후보선출에 결정적인 반면, 독일에서는 해당 지역 당원들의 지지를 받는 것이 결정적 요인이다. 우리는 권력이 위에 있고, 독일은 권력이 아래에 있다.

. . .

공심위의 허구성

우리나라 정당은 대개 선거 직전에 소위 '공천심사위원회(이하 '공심위')'라는 것을 만들어 지원자를 심사하고 후보를 결정한다. 이 공심위를 구성하면서 공정성을 기한다는 명분 아래 외부에서 심사위원을 데려온다. 하지만 이는 '눈 가리고 야옹' 하는 식의 전형이다. 공심위원장이든 공심위원이든 외부에서 온 이들도 자신을 부른 당대표나 지도부로부터 결코 자유로울 수 없기 때문이다.

각 당의 지도부는 공천이 공심위를 통해 객관적이고 공정하게 이루어졌다고 주장한다. 하지만 공심위는 당대표나 일부 권력자의 공천권 행사를 정당화해 주는 수단일 뿐이다. 특히 비례대표 후보의 선정은 훨씬 더 자의적이라고 할 수 있다. 특정 소수에 의한 이런 원칙 없는 공천은 공정한 경쟁을 저해할 뿐만 아니라 정당의 발전을 지속적으로 가로막고 있다.

설령 공심위가 독자적이고 자율적으로 공천권을 행사했다고 가정하더라도 여전히 심각한 문제점이 남는다. 공직후보 선출은 정당이 가진 가장 중요한 의사결정의 하나인데, 이것을 정당과 무관한 사람들에게 넘겨주는 것이기 때문이다. 이는 정당활동을 심각하게 훼손하는 것이고 당원들의 의욕을 꺾는 일이다. 정당 지도부가 기득권 유지를 위해 당원의 권리를 침해하고 있는 것이다. 지도부의 이러한 잘못이 결과적으로 일반 국민들의 정당참여를 가로막고 있는 셈이다.

당시 새누리당은 당대표나 일부 소수가 거의 공천의 전권을 행사했다고 볼 수 있다. 그렇기 때문에 '친박학살' 같은 이야기가 나왔던 것이다. 새정치민주연합도 별반 다를 게 없었다. 당대표가 그러한 막강한 권한을 행사하지 못할 경우에는 각 계파 간 나눠먹기가 성행하였기 때문이다. 그래서 새누리당에서는 당대표나 대통령 후보 경선이 본선보다 치열했고, 상대적으로 새정치민주연합은 새누리당보다 계파색이 강했던 것으로 보인다.

하지만 이로부터 발생하는 폐해는 고스란히 국민들에게 돌아간다. 그런 식으로 등장한 다수의 정치인이 제 역할을 못했기 때문이다. 이들이 지도부의 의중에 반하는 소신 있는 발언을 하거나 정치제도를 개혁하자고 나서기는 힘들다. 다음 선거에서 재공천을 받으려면 지도부의 눈치를 또 보지 않을 수 없기 때문이다. 그래서 정치가 왜곡되고 제대로 작동하지 않는 것이다.

· · ·

공천권은 당원에게, 국민에게는 선거권을

당원들이 나서서 당대표의 공천권을 실질적으로 폐기시켜야 한다. 당대표나 소수 권력자의 결정이 당원 다수의 의사보다 더 낫다고 보기 어렵기 때문이다. 이것이 바로 우리가 민주주의를 선호하는 이유이다. 우리에게 필요한 정치적 리더십이란 당대표의 과도한 권한을 제한하는 제도적 장치를 마련하는 것이다.

2015년 당시 김무성 대표는 신년 기자회견에서 거듭 공천권을 행사하지 않겠다고 선언했다. 100퍼센트 상향식 공천을 약속하면서 오픈프라이머리(국민경선제)나 여론조사를 통해 후보를 선출하겠다는 입장을 밝혔다. 하지만 이는 기본적으로 기존 의원들의 기득권을 보장하는 것이고, 여론조사 과정을 통해 영향력을 행사하겠다는 것이며, 정당이나 정치의 활성화를 외면하는 결정이었다. 그래서 여론조사를 주도하는 '여의도연구원' 원장 임명을 둘러싸고 친박의 반대가 거셌던 것이다.

당시 새정치민주연합의 경우 문재인 의원은 전당대회 유세에서 당대표가 되면 공천권을 내려놓고 예측 가능하고 투명한 후보선출제도를 도입하여 공천혁명을 이루겠다고 했다. 그런데 그 공천제도가 구체적으로 무엇인지, 어떻게 하겠다는 것인지에 대한 설명은 없었다.

유명세를 가진 일부 여야 의원들은 오픈프라이머리 제도를 도입해야 한다고 목소리를 높였다. 공천권을 국민들에게 돌려주어야 한다는 명분이었다. 하지만 이 제도는 정치인을 유명세와 인기투표로 선출하겠다는 발상으로 역시 정치발전에 역행하는 것이다. 공천권은 당원에게 돌려주어 정당활동이 살아나게 해야 하고, 국민에게는 선거권이 제대로 행사되도록 하는 것이 올바른 방향이다.

공천권 문제는 구조적인 것으로 의원 개인이 어떻게 할 수 있는 것은 아니다. 과거 새정치민주연합 조경태 의원이나 새누리당 이정현 의원을 보면 알 수 있다. 여기서 이들에 대한 평가를 하려는 것은 결코 아니다. 다만 이들이 다른 동료 의원과는 달리 당 지도부에 대해서 어느 정도의 자율성을 가지고 자유롭게 자신의 의사를 개진하고 행동했다는 점을 지적하는 것이다.

이들이 그렇게 할 수 있었던 이유는 바로 지도부의 공천권으로부터 자유롭기 때문이었다. 두 사람 모두 공천이 당선을 보장하는 지역이 전혀 아니었다. 그렇기 때문에 굳이 공천권자의 눈치를 볼 필요가 없었다. 반대로 자신의 지역구 당원의 의사나 유권자의 민심에는 다른 의원들에 비해 훨씬 더 민감하였다. 우리는 바로 이런 점에서 공천문제의 해결책을 찾아야 한다.

．．．

당원의 비밀투표에 의한 후보선출

독일에서 공직후보 공천권은 「연방선거법」에 의거하여 정당(제18조)과 유권자(제20조)에게 있다. 구체적으로 지역구 공천은 정당이나 유권자에게 있다. 하지만 비례대표 공천은 반드시 정당만이 할 수 있다(제27조).

신설 정당이나 연방하원 또는 주의회에서 연속적으로 최소 5석 이상의 의원을 보유하지 못한 정당은 늦어도 연방총선 선거일 97일 이전에 직접후보(Direktkandidat, 지역구 후보) 명단과 주(州) 리스트(Landesliste, 비례대표 후보명부)를 '연방선거위원장'에게 제출해야 하고(정강과 정책도 함께 제출), 연방선거위원회는 '정당 인정' 여부를 늦어도 선거일 79일 이전에 확정해야 한다(제18조 2~4항).

연방선거위원회(Bundeswahlausschuss)는 독일 전역에서 실시되는 선거(구체적으로 연방하원선거와 유럽의회선거)를 그 준비에서부터 최종 선거결과의 공고까지를 관리하고 감시·감독한다. 이 위원회는 1명의 위원장과 8명의 위원, 그리고 2명의 연방행정법원 판사(2012년부터 추가)로 구성된다. 위원장은 전통적으로 연방통계청장이 겸임하고, 8명의 위원은 연방하원에 진출한 정당들의 추천에 의해 선출되며 연방내무부에 의해 임명된다. 이들의 모든 회의는 공개적으로 진행된다. 선거위원들은 초당파적 업무처리와 직무상 비밀유지 의무가 있다(제9조).

연방선거위원회가 하나의 정치결사체를 정당으로 인정하면, 이들은 각 지역구에서 자신의 후보를 공천할 수 있고, 각 주에서는 비례대표 후보를 공천할 수 있다. 개별 정당은 각 지역구에 1명의 후보만을, 또 각 주에서 하나의 정당명부(비례대표 명부)만을 제출할 수 있다. 지역구 후보자 추천은 '지역구 선거위원장'에게, 정당명부는 '주 선거위원장'에게 늦어도 선거일 69일 이전까지 문서로 제출해야 한다(제19조).

정당의 지역구 후보는 선거권을 가진 지역구 당원들이 참여한

'당원 총회(Mitgliederversammlung)'에서 민주적인 비밀투표에 의해 선출되거나 또는 그와 같은 방식으로 뽑힌 대표자로 구성된 '대리인 총회(Vertreterversammlung)'에서 비밀투표를 통해 선출된다(제21조 제1~6항).

후보로 선출된 자가 반드시 당원일 필요는 없으나 후보가 다른 정당의 당원이면 곤란하다. 각 정당은 반드시 지역구 후보선출과정에 대한 프로토콜을 작성하고 이를 같이 제출해야 한다. 지역구 선거위원장은 그것을 검토하고, 하자 발견 시 이의 보완을 요구할 수 있다. 이는 정해진 기한 내에서만 수정이 가능하다.

정당명부(비례대표 후보)는 지역구 후보선출과 동일한 방식으로 주별로 진행되며, 특히 비례대표의 순번은 반드시 비밀투표로 결정되어야 한다. 지역구 후보는 최소한 해당 지역구 유권자 200인 이상, 주별 정당명부는 해당 주 유권자의 0.1퍼센트(최대 2,000명)의 서명을 필요로 한다(제27조). 지역구 무소속 후보의 자격에 대해서는 특별한 규정이 없으며, 다만 해당 지역 유권자 200인 이상의 서명을 필요로 한다.

· · ·

지구당을 부활시켜야 한다

지역구 후보를 당원의 비밀투표로 선출하기 위해서는 우리도 지구당을 부활시켜야 한다. 막대한 국고보조금을 중앙에만 집중하지 말고 광역 단위로 내려보내고, 시·도위원회는 다시 지역위원회로 나누어 주어 유명무실해진 지역의 정당활동을 정상화해야 한다. 온라인에만 의존하려고 하지 말고 오프라인을 다시 살려 내야 한다. 우리가 실제로 생활하는 곳은 사이버 공간이 아니기 때문이다.

과거에는 지구당 위원장이 당원을 관리하려고 하다 보니 돈이 많이 들었다. 당원들도 문제가 없었던 것은 아니지만, 그들은 단순히 행사에나 동원되는 지역 의원이나 위원장의 들러리에 지나지 않았다. 당원들을 이렇게 취급하면서 지구당이 '돈 먹는 하마'라는 이유로 이를 폐지했던 것인데, 이는 본말이 전도된 것이다.

당원들에게 지역위원장이나 여러 공직후보의 실질적인 선출권을 보장하면 돈이 들지 않을 것이다. 이와 관련하여 교회의 활동을 지켜보면 여러 가지 시사점을 발견할 수 있다. 그들의 전도활동이나 봉사활동은 교인들이 자발적으로 자기 돈을 내면서 하는 것이다. 마찬가지로 자신이 선택한 정당의 이념이나 정책이 마음에 들고 당원의 권한이 보장된다면, 그들도 자발적으로 당비를 내고 여러 가지 활동에 참여할 것이다.

각 정당은 다양한 분야의 전문가를 선거 직전에 갑자기 후보로 데려오려고 하지 말고, 그들이 정당에 가입하여 평상시에 활동할 수 있도록 여건을 만들어 주어야 한다. 그들이 중앙의 소수 권력자에게 줄을 대도록 할 것이 아니라, 지역정당에 들어와 경쟁하면서 당원들의 지지를 이끌어 내도록 해야 한다. 이를 위해서는 현행 전국 단위 비례대표 선출방식을 광역시·도 단위로 변경해야 한다.

그렇게 하면 정당의 중앙집중화가 완화되고, 시·도위원회가 활성화되면서 상향식 정당구조를 만드는 데 기여하게 될 것이다. 이는 자연스럽게 지방의 광역시·도 의원들에게도 영향을 미치게 되고, 지방의 권력이 강화되면서 지방분권의 추진에도 큰 도움이 될 것이다.

지역구 국회의원 수는 줄여야 한다

선거구 획정문제

. . .

헌법재판소 판결

2014년 헌법재판소의 현행 선거구 획정에 대한 위헌판결과 그 대안은 제대로 된 해결책이 아니라 미봉책에 불과하다. 판결의 주요 내용은 선거구 간 인구비율을 기존의 1:3에서 1:2로 조정해야 한다는 것이다. 하지만 누군가 이 문제를 다시 헌법재판소에 제소하게 되면, 또다시 1:1.5 하는 식으로 선거구를 재조정해야만 하는 상황이기 때문이다.

이 판결은 유권자의 평등권을 보장하거나 표의 등가성을 높이기 위해서 너무나도 당연한 것이지만, 아이러니하게도 바로 똑같은 의미에서 결정적인 문제점을 안고 있다. 비록 인구 10만 명과 30만 명의 3배 격차를 14만 명과 28만 명의 2배 차이로 줄이게 되겠지만, 여전히 2배의 격차는 그대로 인정하는 셈이기 때문이다.

이는 헌법재판소의 요구를 수용하더라도 다수 유권자가 국회의원 선거에서 자신의 권리를 절반밖에 행사하지 못한다는 것을 의미한다. 그렇기 때문에 미봉책이라는 것이다.

지역구 간 인구격차 문제에 더하여 현재 우리 선거제도는 당선자를 찍지 않은 과반이 넘는 유권자의 선택을 모두 사표로 만들어버리는, 어쩌면 선거구 획정보다도 훨씬 더 큰 결함을 안고 있다. 이것 또한 유권자의 평등권을 침해하는 중대한 문제인데도 불구하고 거대 양당의 무관심으로 그동안 방치되어 왔다. 따라서 선거구 획정문제와 더불어 유권자의 의사가 의석수에 그대로 반영되는 '연동형 비례대표제'로 선거제도를 바꾸는 것이 그 무엇보다도 시급한 상황이다.

여기서는 독일의 선거구 획정방식에 대해 자세히 알아보고, 이를 토대로 임시방편이 아닌 보다 근본적인 방안을 모색해 보고자 한다. 이어서 그 방안을 적용하기 위해서는 공직선거법이 어떻게 개정되어야 하는지, 또 적용을 가정했을 때 2012년 19대 총선을 기준으로 246개 지역 선거구가 어떻게 달라지는지 살펴본다.

· · ·

독일의 선거구 획정방식

독일은 「연방선거법」 제3조에 따라 선거구 획정과 관련하여 다음과 같은 기본원칙을 가지고 있다. 선거구 획정은 주(州) 경계를 준수해야 하며, 각 주의 선거구 수는 반드시 그 인구비중과 일치해야 한다. 비례대표 의석수도 이와 동일한 원칙을 적용받는다.

각 선거구의 인구수는 '전체 선거구 평균인구수'의 ±15퍼센트를 유지해야 하며, 25퍼센트 이상 차이가 날 경우에는 선거구를 재획정해야 한다. 또 선거구는 서로 연관된 주변 지역으로 구성되어야 하고, 시·군·구(읍·면·동)의 경계는 가능한 한 유지되어야 한다.

이를 위해 연방내무부 산하에 상설 '선거구위원회(Wahlkreis-kommission)'를 둔다. 이 위원회는 연방통계청장(위원장), 연방행정법원 판사, 그리고 5명의 위원으로 구성된다. 이들은 각 선거구의 인구변동을 보고하고, 획정원칙에 따라 선거구를 조정하는 과제를 수행한다. 선거구위원회는 연방하원 회기 시작 후 15개월 이내에 연방내무부에 보고서를 제출하도록 되어 있다. 연방내무부는 이를 즉시 연방하원에 전달하고 공개해야 한다.

· · ·

인구수에 따라 선거구를 획정해야

일반적으로 선거구를 결정하는 데에는 표의 등가성, 지역대표성, 행정구역 등의 요소들이 작용한다. 뒤에서 살펴보겠지만 현행 우리의 지역구별 인구수는 격차가 과도하게 큰 편이다. 이에 따라 동등해야 할 1표의 가치가 심각하게 훼손되고 있다. 이런 결과는 인구보다 행정구역을 중시하여 선거구를 획정했기 때문이다.

따라서 독일 방식에서 벤치마킹해야 할 가장 중요한 점은 각각의 선거구가 비슷한 인구수를 갖도록 지역구를 조정하는 것이다. 우리처럼 인구집중이 심한 경우에는 거대 도시나 수도권에 선거구가 집중되고, 다른 지역은 선거구가 줄어들어 도시와 농촌 지역 간 편중현상이 더 심화될 수도 있다. 하지만 이는 우리가 감수해야 할 일이다. 왜냐하면 개별 유권자가 행사하는 한 표의 가치를 동일하게 하는 것보다 더 우선하는 요소를 찾기는 어렵기 때문이다.

* * *

현행 선거구 획정의 문제점

아래에서는 기존 선거구 획정의 문제점을 지적하고, 그에 대한 대안으로 독일 방식을 적용하여 우리의 선거구를 재조정해 보았다. 〈표 3-11〉은 (지역구) 의석당 평균인구수를 기준으로 전체 지역구 의석수를 시·도별로 배분한 결과이다. 이를 실제 (지역구) 의석수와 비교하면 수도권은 10석이 늘어야 하고, 그만큼 지방에서는 줄어들어야 함을 알 수 있다.

구체적으로 수도권인 서울과 인천에서 각 2석씩, 경기도에서는 6석, 그리고 대전에서도 1석이 늘어야 한다. 반면에 부산, 광주, 세종시에서는 각각 1석씩, 강원도, 전북, 전남, 경북에서는 각각 2석씩 줄여야 한다. 이 결과는 이미 현재 상황에서도 시·도별 의석수에 인구수를 제대로 반영하지 못하고 있음을 보여 준다. 수도권 유권자의 투표 평등권이 침해되고 있는 것이다.

* * *

지역구를 줄이고 비례대표를 늘려야

독일과 한국의 의석당 인구수를 비교해 보면, 독일은 13만 5,000명이고 한국은 16만 7,000명이다. 만일 독일과 비슷하게 하려면 우리는 의석수를 약 70석 정도 늘려야 한다. 그런데 이를 지역구와 비례대표 의석으로 구분하여 비교하면 다른 결과가 나온

표 3-11 의석당 평균인구수를 적용할 경우 시 · 도별 의석수의 변화

광역시 · 도명	인구수[1]	의석당 평균인구수	조정된 지역구(a)		기존 지역구[2](b)	증감 (a-b)
서울특별시	10,281,774		49.74	50	48	2
부산광역시	3,550,910		17.18	17	18	-1
대구광역시	2,509,231		12.14	12	12	0
인천광역시	2,813,424		13.61	14	12	2
광주광역시	1,467,451		7.10	7	8	-1
대전광역시	1,520,471		7.36	7	6	1
울산광역시	1,138,009		5.51	6	6	0
경기도	11,989,253		58.00	58	52	6
강원도	1,536,846		7.43	7	9	-2
충청북도	1,558,132	206,706	7.54	8	8	0
충청남도	2,016,097		9.75	10	10	0
전라북도	1,873,532		9.06	9	11	-2
전라남도	1,911,629		9.25	9	11	-2
경상북도	2,695,637		13.04	13	15	-2
경상남도	3,309,032		16.01	16	16	0
제주특별자치도	578,731		2.80	3	3	0
세종특별자치시	99,600		0.48	0	1	-1
합계	50,849,759		246.00	246	246	0

* 중앙선거관리위원회 자료 참조 저자 작성.

[1] 2012년 총선 당시 인구수 기준.

[2] 2012년 지역구 수는 246개였으나, 2016년에는 253석으로 조정됨.

다. 독일은 지역구(299석)와 비례대표(299석) 모두 의석당 인구수가 27만 명인 데 반해, 우리는 지역구(246석)는 20만 6,000명이고, 비례대표(54석)는 94만 명으로 격차가 아주 심하다. 헌법재판소 결정에 따라 2016년에 지역구를 253석으로 늘리고 비례대표는 47석으로 줄임으로써 그 격차는 더 벌어졌다.

우리 지역구 의석당 인구수(20만 명)가 독일(27만 명)보다 많이 적다는 점과 양당제의 폐해를 극복하고 소수 정당의 국회진입을 위해 비례대표의 확대가 시급하다는 점 등을 고려할 때, 지역구와 비례대표 의석수를 다음과 같이 조정하는 것이 1:3의 격차를 1:2로 줄이라는 헌법재판소의 결정에 따르는 것보다 더 합리적이다. 각 지역구의 인구수를 25만 명으로 늘리고(지역구를 200석으로 축소), 각 비례대표당 인구수를 50만 명으로 줄이는(비례대표를 100석으로 확대) 것이다. 이 비례의석은 광역시·도별로 산정된다고 가정한다. 〈표 3-12〉는 설명한 내용을 도표화하여 구체적으로 나타낸 것이다.

이 개정안은 다음과 같은 장점이 있다.

첫째, 비례대표 비중이 크게 늘어난다는 점이다. 이를 위해서는 지역구를 200석으로 줄여야 한다. 지역구 국회의원을 줄이더라도 지역대표성 문제를 염려할 필요는 없다. 기존의 전국구 대신 권역별 비례대표제를 실시함에 따라 지역의 실제 의원 수는 오히려 증가하기 때문이다. 현행 국회의원들이 기득권만 주장하지 않는다면 별다른 문제는 없다. 전체 지역구를 살펴본 결과 다수 지역구의 인구수가 이미 25만 명에 근접해 있기 때문이다.

둘째, 개정안에 따라 광역시·도별 지역구 의석에 그 권역별 비

표 3-12 지역구 200석+비례대표 100석으로 했을 때 시·도별 의석수의 변화

광역시·도명	인구수[1]	기존 의석수 (a)	저자 개정안				증감 (d-a)
			지역구 (의석당 인구수 = 254,249)		비례의석(c) (의석당 인구수 =508,498)	총 의석수(d) = (b+c)	
			의석수(b)	증감			
서울특별시	10,281,774	48	40	-8	20	60	12
부산광역시	3,550,910	18	14	-4	7	21	3
대구광역시	2,509,231	12	10	-2	5	15	3
인천광역시	2,813,424	12	11	-1	6	17	5
광주광역시	1,467,451	8	6	-2	3	9	1
대전광역시	1,520,471	6	6	0	3	9	3
울산광역시	1,138,009	6	5	-1	2	7	1
경기도	11,989,253	52	47	-5	24	71	19
강원도	1,536,846	9	6	-3	3	9	0
충청북도	1,558,132	8	6	-2	3	9	1
충청남도	2,016,097	10	8	-2	4	12	2
전라북도	1,873,532	11	7	-4	4	11	0
전라남도	1,911,629	11	8	-3	4	12	1
경상북도	2,695,637	15	11	-4	5	16	1
경상남도	3,309,032	16	13	-3	6	19	3
제주특별자치도	578,731	3	2	-1	1	3	0
세종특별자치시[2]	99,600	1	0	-1	0	0	-1
비례대표	전국구	54					-54
합계	50,849,759	300	200	-46	100	300	0

* 중앙선거관리위원회 자료 참조 저자 작성.
[1] 2012년 총선 당시 인구수 기준.
[2] 세종특별자치시의 인구는 충청남도에 통합하여 계산함.

례대표를 합산할 경우 시·도별 전체 의석수가 기존보다 늘어난다는 점이다. 이 경우 지역대표성이 보다 더 강화될 수 있다. 물론 기존의 비례대표 54석은 계산하지 않은 것인데, 이 의석은 전국단위에서 배분되어 지역과는 전혀 상관이 없기 때문이다. 예외적으로 강원도, 전라북도, 제주도는 의석수가 기존에서 변하지 않고, 세종특별자치시는 의석수가 없어진다. 다만 세종시는 향후 재조정이 필요하다. 인구가 급속하게 증가하여 2017년 현재 약 27만 명을 기록하고 있기 때문이다.

. . .

공직선거법 개정사항

위 제안을 수용하기 위해서는 「공직선거법」 제20조와 제25조의 개정이 필요하다. 제20조 제1항의 "대통령 및 비례대표국회의원은 전국을 단위로 하여 선거한다."를 개정하면 된다. 또 제25조 제1항에서 "국회의원지역구는… 하나의 자치구·시·군의 일부를 분할하여 다른 국회의원지역구에 속하게 할 수 없다."라는 내용을 개정하면, 지역구를 조정하는 일은 무리 없이 가능하다.

제4장

독일의 정치시스템

1

대통령제를 왜 바꿔야 하는가
대통령제의 문제점

2016년 겨울, 수개월에 걸쳐 주말마다 서울 광화문 광장을 중심으로 촛불시위가 이어졌다. 이는 전국으로 확산되었고, 결국 국회에서 박근혜 대통령을 탄핵함으로써 끝났다. 1987년 개헌 이후 30년 동안 유지되어 온 5년 단임 대통령제의 문제점을 극명하게 보여 준 사건이었다. 최순실 사태를 통해 대통령의 과도한 인사 및 예산권의 문제, 권력을 사적으로 남용했을 때 발생하는 문제, 사고들을 사전에 통제할 장치가 없다는 정치시스템상의 약점들이 고스란히 드러났기 때문이다. 그나마 이렇게 밖으로 드러난 것은 국민들이 폐해를 쉽게 알 수 있지만, 대통령제는 사실 이보다 훨씬 더 크고 결정적인 문제점들을 안고 있다.

정권이 입법을 할 수 없다

대통령제의 가장 큰 문제점은 치열한 선거전에서 승리를 통해 엄청난 권력을 거머쥐었지만 입법권을 가질 수 없다는 것이다. 구체적으로 수많은 공직자를 임명하고 막대한 예산을 편성할 권한을 갖게 되었지만, 정작 우리 사회를 변화시킬 중요한 제도를 새로 만들거나 또는 변화를 막고 있는 기존의 제도를 바꿀 수는 없기 때문이다. 물론 대통령령이나 행정수단을 통해 여러 가지 변화를 유도하는 시도는 가능하겠지만 그것은 뚜렷한 한계가 있다. 대다수 결정적인 안건들은 모두 국회에서 입법이 필요한 사항이기 때문이다.

유권자 의사반영이 어렵다

대통령제의 또 다른 문제점은 선거를 통해 유권자의 의사가 제대로 반영되는 구조가 아니라는 점이다. 철저하게 승자독식의 제도이기 때문이다. 여기에는 과반 지지를 받지 않고도 당선되는 경우, 또 사전에 후보를 단일화해 버리는 경우 등의 문제가 있다.

2017년 5월에 치러진 19대 대선만 봐도 그렇다. 문재인 대통령은 투표에 참여한 3,250만 명 가운데 1,342만 표, 41퍼센트를 득표했을 뿐이다. 나머지 1,908만 표, 59퍼센트의 투표자는 다른 후보들을 지지한 것이다. 그렇지만 41퍼센트를 얻은 승자가 모든 권력을 독점한다. 이는 일반적인 민주주의 원칙에 어긋나는 일이라고 할 수 있다. 과반 지지도 확보하지 못한 측에서 모든 권력을 장악하기 때문이다.

대선 전에 협상이나 연대를 통해 후보를 단일화하는 것은 실제 선거에서 원하는 후보가 누구였는지, 국민이 원하는 정책이 무엇이었는지를 알 수 없게 만든다. 일반적으로 대통령제에서는 여당이 소수당이거나 의회의 과반을 확보하지 못한 경우에도 다른 정당과 연합하여 정부를 꾸리지 않는다. 그렇기 때문에 보통 거대 정당의 후보를 밀어주어야 한다는 사표심리가 작동한다. 국회의원 선거에서 소선거구 단순다수제와 유사하다. 이와 달리 의회중심제에서는 선거 후에 의회에서의 과반 확보를 위해 정당 간 연립 정부를 구성한다. 그래서 투표결과에 나타난 유권자의 의사를 제대로 반영할 수 있다. 연정의 과정에서 소수 정당의 정책을 반영하는 것이 가능하기 때문이다.

. . .

사회갈등의 해소에 미흡

또한 대통령제는 양당제와 친화성을 갖기 때문에 정치권의 경쟁이 진영 대결의 양상을 띠게 된다. 여기서는 무조건 상대 진영에 맞서는 것이 살아남는 길이며, 이는 반대를 위한 반대로 이어지기 쉽다. 그러한 대결 구도의 부작용은 사회갈등을 해소하는 방향으로 나아가기보다는 오히려 갈등을 확대 재생산하는 방향으로 이끌기 쉽다는 점이다.

실제로 우리 정치는 정권이 바뀔 때마다 대북정책, 복지정책, 노동정책 등에서 커다란 반전을 경험하고 있다. 과거와 달리 세계 10위권에 육박하는 경제규모만큼이나 우리 사회의 갈등구조는 매우 복잡한 양상을 띠고 있는데, 그와 같은 극단적 반전은 갈등을 치유하고 해결해 나가는 데 도움이 되지 않는다. 바로 이런 점에서 합의적 의회중심제 제도가 필요하다. 경쟁적 대통령제는 정치적 · 제도적 불안정성을 높이고 있기 때문이다.

...

레임덕 문제

그 밖에도 대통령제는 임기가 정해져 있다는 점에서 제도 자체에 일정한 한계를 지니고 있다. 이로부터 파생되는 문제점은 레임덕 현상이 필연적이고, 임기가 끝나 버림에 따라 책임을 물을 수 없다는 것이다. 이는 단임이든 중임이든 차이가 없다.

이런 사실은 의회중심제와 비교하면 보다 확실하게 드러난다. 내각제에서는 보통 연임을 제한하지 않기 때문에 레임덕이 있을 수 없다. 현재 권력이 지속될지 또는 종료될지 여부를 총선 후 결과 발표까지 알 수 없기 때문이다. 그리고 모든 권력자는 임기가 정해져 있지 않기 때문에 마지막 순간까지 자신의 책임에서 벗어날 수 없다. 선거결과에 의해서만 물러날 수 있기 때문이다.

...

의회중심제를 해야 선진국이 된다

OECD 35개국 중 대통령제 국가는 미국, 멕시코, 칠레, 한국뿐이다. 미국은 주의 권한이 아주 막강한 '연방국가'이기 때문에 흔히 생각하는 일반 국가로 보기 어려운 측면이 있다. 차라리 하나의 대륙에 가깝다고 할 수 있다. 선진국으로 강력한 대통령을 뽑는 프랑스는 '준대통령제(semi-presidential system, 이원정부제)' 국가이다. 여기서는 의회선거의 결과에 따라 권력이 나뉘게 된다. 러시아도 이와 유사하다고 볼 수 있다. 이 외에 대통령제를 실시하는 국가는 남미와 아시아 일부, 아프리카의 대다수 후진국들이다. 따라서 우리가 아는 선진국 가운데 제대로 된 대통령제 국가는 없다고 봐도 무방하다.

비정규직 확산에 따른 소득의 불공정한 분배와 그에 따른 사회적 양극화 현상은 다수 시민들을 경제성장의 혜택으로부터 소외시키고 있다. 보다 큰 문제는 이러한 모순이 나아지는 것이 아니라 거꾸로 점점 더 심화되고 있다는 점이다. 비정규직이 줄어드는 것이 아니라, 반대로 늘어나고 있는 것이 그 증거이다. 반면에 고임금과 직업이 안정적인 공무원, 교사, 군인, 공공기관, 대기업 노조 등은 자신의 기득권을 공고화하는 데 빈틈을 보이지 않고 있다. 이런 문제를 현행 대통령제로 해결할 수 있을까? 어렵다고 본다. 이는 협상권한을 가진 당사자들이 서로 양보를 통해 해결해야 하는 문제이기 때문이다. 그런데 대통령제와 양당제하에서는 그것이 곤란하다.

• • •

제왕적 대통령

'제왕적 대통령(imperial president)'이라는 용어가 우리 대통령제의 문제점을 지적하는 데 단골로 등장하고 있다. 하지만 이 지적은 절반은 맞고 절반은 틀린 것이다. 이 용어는 원래 1970년대 미국의 역사학자인 슐레징거(Arthur M. Schlesinger)가 닉슨 행정부의 강력한 권위를 묘사하면서 처음 사용한 것이다. 행정부의 권한이 입법부와 사법부에 비해 상대적으로 막강한 점을 지적한 것이다. 구체적으로 미 대통령의 권한이 통제가 되지 않고 있다는 점과 헌법적 한계를 넘어설 수 있다는 두 가지 문제점을 적시하였다.

앞서 지적했지만 우리나라 대통령은 국무총리와 국무위원을 포함하여 각 부처 고위공직자, 산하 공공기관의 장, 검찰총장, 합참의장, 대사 등 행정부 고위직은 물론, 사법부의 대법원장, 일부 대법관, 헌법재판소장, 일부 헌법재판관, 일부 중앙선거관리위원, 감사원장 및 감사위원에 이르기까지 여러 헌법기관들에 대한 인사권과 그에 따른 예산편성권을 가지고 있을 뿐만 아니라, 법률안 제출권, 법률안 거부권 등 입법부를 견제하는 기능과 국군통수권, 국가긴급권 등을 가지고 있다. 2017년 현재 공공기관은 332개로 공기업 35개(시장형 14개＋준시장형 21개), 준정부기관 89개(기금관리형 16개＋위탁집행형 73개), 기타 공공기관 208개로 구성되어 있다. 이 가운데 대통령이 장을 임명하는 곳이 74개나 된다(공기업 28개＋준정부기관 34개＋기타 공공기관 12개). 가히 제왕적이라고 할 만큼 막강한 권한이다.

하지만 이런 막강한 권한도 국회의 입법과정에서는 별 도움이 되지 않는다. 특히 여소야대 국면에서는 별다른 힘이 없다. 이런 의미에서는 전혀 제왕적이지 않다. 그런데 우리 사회의 변화를 위해 정작 중요한 것은 위에 언급한 막강한 인사나 예산권이 아니라 제도를 만들거나 변경하기 위해 법을 제정할 수 있어야 한다는 것이다. 입법을 통해 비로소 근본적인 사회변화가 가능하기 때문이다. 치열한 경쟁을 이겨 내고 대통령에 당선되어 막강한 권력을 가졌지만 세상을 바꾸는 데에는 무력하다면, 그것은 정치시스템 상 무엇인가 문제가 있다는 말이다. 이것이 바로 대통령제를 바꿔야 하는 까닭이다.

...

대통령을 반드시 직접 뽑아야 하는가

여론조사에 따르면 다수 국민은 최고권력자를 자신의 손으로 직접 뽑기를 원하고 있다. 아직까지 대통령제를 선호하고 있는 것이다. 그 이유는 역사적 경험에서 몇 가지를 유추해 볼 수 있다. 먼저 대통령을 국민이 직접 뽑지 않을 경우 권력이 독재화될 것이라는 우려이다. 1970년대 '10월 유신'의 제4공화국과 그 뒤를 이은 군부정권인 제5공화국에서는 대통령을 유신헌법에 의해 만들어진 '통일주체국민회의'란 기구에서 간접선거로 선출하였다. 이것을 흔히 '체육관 선거'라고도 불렀는데, 이미 정해진 권력자를 추인하는 형식적 절차일 뿐이었다. 그런데 1987년 6월 항쟁을 통해 이를 극복한 것이다. 즉, 시민의 힘으로 대통령 직선제를 쟁취한 것이다. 그래서 이것을 쉽게 포기하지 않으려는 경향이 있는 것 같다.

또 다른 이유는 1960~1970년대 박정희 대통령 시대의 일부 성공사례에서 찾아볼 수 있다. 이 시대에 대한 자세한 분석과 평가는 학문적으로 다를 수 있기 때문에 여기에서는 생략하겠다. 다만 일반 국민들이 피부로 느끼게 된, 예를 들어 가난의 상징이었던 보릿고개가 없어지고, 원조받던 국가에서 원조를 하는 국가로의 변신, 세계 10위권에 도전하는 경제규모 달성 등에서 중앙집권적 대통령제는 괜찮은 제도라는 인식이 널리 확산되어 있다는 점이다. 하지만 정반대의 사례도 있다. 독일에서는 나치 시대가 역사상 유일한 중앙집권 시대라고 할 수 있는데, 우리와는 반대로 제2차 세계대전 패배의 경험으로 중앙집권은 곤란하다는 인식이 독일인들에게 널리 확산되어 있기 때문이다.

끝으로 한반도의 분단 상황도 한몫을 하는 것 같다. 우리는 아직 휴전상태이기 때문에 강력한 권력자가 존재하여 위기 상황에 일사분란하게 대처해야 한다는 인식이 팽배해 있다. 틀린 말은 아니지만 그래서 대통령제를 유지해야 한다고 주장하는 것은 잘못이다. 왜냐하면 의회중심제가 강력한 권한이 없고 불안정할 것이라는 잘못된 전제에서 나온 것이기 때문이다.

의회중심제는 불안정하지 않다
의회중심제의 의미

. . .

내각제, 정당들 간 타협

독일 유학 시절, 생일이 되면 외로움을 달래기 위해 여러 외국인 친구를 불러서 함께하곤 하였다. 한번은 동양인과 서양인의 차이가 무엇일까를 놓고 대화를 한 적이 있었는데, 미하엘이라는 독일 친구는 동양인의 특성으로 극단적이고 타협을 잘하지 못하는 점을 꼽았다. 간혹 방송이나 언론에 나온 한국이나 대만 의회에서의 난투극 장면이 그에게는 몹시 신기했던 모양이다. 그런 사진은 보통 독일의 신문에도 꼭 실렸는데, 대사관에 근무하는 동안 실제로 여러 차례 볼 수 있었다. 독일에는 연방하원과 연방상원, 그리고 16개 주의회가 있음에도 불구하고 그런 일은 상상하기 어렵다. 독일 친구는 의회에서의 그런 몸싸움이 도저히 이해가 되지 않는 모양이었다.

정치학 교과서에 "선진국이 의회민주주의를 하는 것이 아니라, 의회민주주의가 정치의 중심이 되어야 선진국이 된다."라거나 "선진국이 의원내각제를 하는 것이 아니라, 의원내각제를 해야 선진국이 된다."라는 말이 있다. 그런데 우리 사회에서는 의원내각제(의회중심제)를 말하면, 괜히 불안정한 제도 또는 노회한 정치인의 음모가 떠오르는 왠지 정상적이지 않은 제도라는 분위기가 남아 있다. 그래서인지 정부형태나 권력구조 선호도 조사에서 대통령제에 다소 밀리고 있다.

의회중심제의 핵심은 서로 다른 정치세력 간, 즉 정당 사이의 타협이다. 그런데 우리 사회가 이 제도를 꺼리는 중요한 이유 가운데 하나는 '모 아니면 도'라는 식의 극단적 성향 탓이 크다. 즉, 정치권을 포함한 다양한 영역에서 타협의 문화와 의식이 미흡한 것이다.

···

내각제를 거부하는 이유

내각제에 대한 국민의 선호도가 떨어지는 까닭은 다음과 같다. 첫째, 쓰라린 역사적 경험이다. 1960년대 초반 제2공화국 의원내각제 정부가 맥없이 중단된 사건이 그것이다. 5·16 군사쿠데타에 의한 장면 총리의 실각과 헌정의 붕괴는 내각제가 정치적으로 매우 유약한 제도라는 인식을 국민들에게 각인시켰다. 이는 우리나라 헌정사에서 처음이자 마지막으로 실시되었던 새로운 정부형태였다.

둘째, 이 제도가 거부감을 주는 또 다른 이유는 과거에 이것을 주장했던 정치인이 주로 충청도 출신 김종필 의원이었다는 점이다. 영호남에 비해 상대적으로 인구가 적은 지역 출신으로 자력으로는 대통령 당선이 어려웠던 그는 지속적으로 내각제 개헌을 주장했다. 즉, 그가 주장하는 내각제는 왠지 야합이나 음모의 산물일 것이라는 부정적 인식을 주었다.

셋째, 앞서 살펴보았듯이 1987년 '6월 항쟁'을 통해 국민 스스로 쟁취한 대통령 직선제에 대한 자부심 때문이다. 즉, 최고권력자를 자신의 손으로 뽑고자 하는 일반 시민의 욕구이다. 과거의 역사적 경험에서 간접선거를 통해 최고권력자를 선출하는 것은 독재를 야기할 수 있다는 우려가 있기 때문이다.

넷째, 토론과 타협에 취약한 우리의 정치문화를 반영한 것이라고 할 수 있다. 먼저 타협을 하는 것은 야합이라는 인식이 아직까지도 남아 있는데, 이는 과거 독재와 민주, 정의와 불의라는 이분법적 구도하에서 타협이란 결국 독재나 불의를 인정하는 것이 되었기 때문이다. 하지만 이제는 우리의 정치가 그렇게 단순하지 않다. 대다수 정치행위는 단순히 옳고 그름의 문제가 아니라 선택의 문제가 되었다. 정치행위 자체가 서로 다른 집단의 이익을 대변하고 있기 때문이다.

타협을 못하는 또 다른 이유는 오랜 군사독재에 따른 군대문화의 영향이다. 다양성을 인정하기보다는 모든 것이 일사 분란해야 한다는 의식이 팽배했기 때문이다. 오죽하면 말이 많으면 빨갱이라는 소리까지 있었겠는가.

내각제는 대통령제보다 안정적이다

의회중심제는 우리가 생각하는 것보다 훨씬 더 안정적이다. 여기서 안정적이라는 말은 정권교체 여부에 따른 정책의 일관성 문제를 의미하는데, 정권의 교체가 적을수록 더 안정적이라고 할 수 있다. 이것은 물론 선거를 통한 합법적 정권의 연장을 전제로 한 것이다. 또 정권 자체의 안정성을 말하기도 한다. 즉, 권력시스템의 제도화가 잘되어 있어서 갈등의 소지가 적다는 말이다. 이런 관점에서 독일과 한국을 비교해 보면 다음과 같다.

첫째, 독일의 내각제가 우리의 대통령제보다 더 안정적이라고 할 수 있다. 한국과 독일의 정권 변화를 살펴보면 알 수 있다. 해방 이후 우리나라의 최고권력은 이승만, 장면, 박정희, 최규하, 전두환, 노태우, 김영삼, 김대중, 노무현, 이명박, 박근혜, 문재인 대통령으로 12차례 변동했다. 임시권력을 제외하더라도 10번 이상 권력이 바뀐 것이다. 반면에 독일은 아데나워, 게르하르트, 키징거, 브란트, 슈미트, 콜, 슈뢰더, 그리고 메르켈 현 총리 등으로 8명의 연방총리가 있다. 집권당의 변화를 따졌을 때는 권력 변동이 불과 다섯 차례 있었을 뿐이다. 물론 제도적 장치 때문이기는 하지만 단순히 비교했을 때 오히려 독일의 정권 변화가 더 적었음을 알 수 있다. 이는 내각제가 보다 안정적인 국가운영이 가능하다는 뜻이다.

둘째, 정권 자체의 안정성 면에서도 내각제가 대통령제보다 우수하다. 다음 네 가지 측면에서 그렇다.

첫 번째로 내각제에서는 반드시 의회의 과반을 전제로 정부가 구성된다는 점이다. 이는 임기 내 언제든지 원하는 입법을 가능하게 한다. 따라서 정부는 야당과 갈등 없이 필요한 정책을 추진할 수 있다.

두 번째로 정권에 임기가 없기 때문에 레임덕 현상이 없다는 점이다. 구체적으로 정권의 교체 여부는 선거 당일까지 알 수 없다. 따라서 권력의 공백상태가 없기 때문에 정책의 연속성을 담보할 수 있다.

세 번째로 내각제 정부는 우리가 생각하는 것보다 안정적이다. 흔히 우려하는 바가 의회가 정부를 불신임할 경우 권력의 공백상태가 나타날 수 있다는 점이다. 하지만 이 문제는 독일의 '건설적 불신임제' 제도를 도입하면 충분히 커버할 수 있다(242쪽 참조). 이 제도의 핵심은 의회가 총리에 대한 불신임을 의결하기 전에 누구를 새로운 총리로 선출할지 반드시 합의를 해야 한다는 것이다. 바로 이 점 때문에 의회는 총리에 대한 불신임을 남발할 수 없게 된다. 기존 총리의 불신임에는 쉽게 동의할 수 있으나, 새로운 총리를 세우는 데에는 합의가 쉽지 않기 때문이다. 각 정당별, 정파별 이해관계가 서로 다르기 때문에 새 총리에 대한 합의는 생각보다 간단치 않다. 2016년 촛불시위 당시 박근혜 대통령은 야권에서 총리를 추천하면 수용하겠다고 했지만, 야권은 총리를 선출하지 못했고 하려고 하지도 않았다. 물론 내각제와는 상황이 달라서 단순하게 비교하는 것은 곤란하지만, 여러 정당이 단시간 내에 합의를 도출하는 것이 쉽지 않음을 보여 준 사례이다.

네 번째로 내각제가 안정적인 또 다른 측면은 일반적으로 서로 다른 정당이 연립정부를 구성하는 관계로 연방총리가 인사권 등

권력을 독단적으로 행사할 수 없다는 점이다. 이 시스템하에서는 연방장관은 대부분 총리와 임기를 같이한다. 최고권력자인 연방총리라 하더라도 연방장관을 함부로 할 수 없기 때문이다. 더구나 연정 파트너로 들어온 상대 정당 출신 장관들에 대해서는 인사권 행사 자체가 어렵다. 여기에 더해 연방장관의 권한과 역할이 막강하다. 이를 관할원칙이라고 하는데, 이에 따라 정부의 권력분산이 가능하다. 예를 들어 군통수권은 국방장관이 갖는다. 다만 전시에만 그 권한이 총리에게로 넘어간다. 우리는 대통령이 온갖 인사권을 가지고 행사하지만, 내각제에서는 연방장관이 그 권한을 행사한다. 소위 말하는 '책임장관'이라고 할 수 있다.

...

내각제 개헌은 선거제도 변경을 전제로

2016년부터 국회 '헌법개정특별위원회'가 구성되어 개헌에 대한 협상이 진행 중이다. 특히 정부형태 또는 권력구조에 대한 논의가 여야 간 핵심 쟁점이 되고 있다. 대체로 국회의원의 다수가 대통령제보다 의회중심제나 이원정부제를 선호하고 있다. 그러한 개헌을 위해서는 반드시 한 가지 전제가 선행되어야 한다. 선거제도를 바꾸는 것이다. 현행 선거제도에 따른 국회의 구성은 정당하게 국민을 대표한다고 보기 어렵기 때문이다. 거대 양당의 한쪽에게 권력을 통째로 맡기는 꼴이고, 이것만은 반드시 저지되어야 한다.

독일의 안정적 의회중심제 Ⅰ

독일의 입법부

. . .

간략한 독일 역사

독일의 공식 명칭은 '독일연방공화국(Bundesrepublik Deutschland)'
이다. 이름에서 보듯이 독일은 연방국가이며, 그 역사는 10세기
'신성로마제국'까지 거슬러 올라간다. 962년에서 1806년까지 지속
되었던 이 제국은 당시 약 300개에 이르는 영주국으로 구성되었
다. 이후 '독일연합(Deutscher Bund: 1806~1866년)'과 '북독일연합
(Norddeutcher Bund: 1866~1871년)'을 거쳐 비로소 현재와 유사한
국가의 모습을 갖추게 된 '독일제국(Deutsches Kaiserreich: 1871~
1918년)'은 25개의 연방주로 구성되었다. 이때 프로이센 주총리로
독일제국을 건설한 인물이 바로 비스마르크(Otto von Bismarck)이
다. 이 당시 '제국의회(Reichtag)'를 구성하기 위해 비록 남성에 한
정되기는 했지만 일반선거권이 도입되었다.

이 독일제국은 1차대전(1914~1918년)에서 패배하고 왕정이 종식되면서 붕괴되었다. 1919년 인류역사상 가장 민주적이라는 '바이마르헌법(Weimarer Verfassung)'이 만들어지고 여성에게도 선거권을 허용하면서 '바이마르공화국(Weimarer Republik: 1918~1933년)'이 성립되었다. 그러나 1929년 세계경제공황의 여파로 정치가 불안정해지고 히틀러가 등장하면서 1933년부터 나치 시대를 맞게 된다. 이후 2차대전에서의 패배와 함께 1945년부터 1949년까지 연합국 점령기를 거친 후 1949년부터 11개 주의 서독과 5개 주의 동독으로 분리되었다가 1990년에 통일을 통해 16개 주로 이루어진 현재의 독일이 되었다.

...

독일의 정치구조

「기본법」(헌법) 제20조 제1항에 의거 독일은 '민주적, 사회적 연방국가(ein demokratischer und sozialer Bundesstaat)'로 하나의 연방(Bund)과 16개 주(Land)로 구성되어 있다. 〈표 4-1〉에서 보듯이 16개 연방주는 베를린, 함부르크, 브레멘 등 3개의 도시주와 나머지 13개의 주로 구성되며, 면적과 인구에 따라 다양한 형태를 띠고 있다. 1인당 GDP는 각 주별로 차이가 있는데, 함부르크, 헤센, 바이에른, 바덴-뷔르템베르크 등이 상대적으로 부유한 주에 속하고, 동독 지역의 주들이 주로 하위권에 속한다.

입법부에는 연방 차원에서 연방하원과 연방상원이 있고, 주 차원에서는 주의회가 있어서 입법기능을 담당한다. 행정부에는 연방 차원에서는 연방대통령, 연방정부(연방총리＋연방장관), 연방기

표 4-1 독일 16개 주의 기본정보

주(州) 이름	주도(州都)	면적(㎢)	인구[1] (만 명)
노르트라인-베스트팔렌 (Nordrhein-Westfalen)	뒤셀도르프 (Düsseldorf)	34,113	1,787
바이에른(Bayern)	뮌헨(München)	70,552	1,284
바덴-뷔르템베르크 (Baden-Württemberg)	슈투트가르트 (Stuttgart)	35,751	1,088
니더작센(Niedersachsen)	하노버(Hannover)	47,624	793
헤센(Hessen)	비스바덴 (Wiesbaden)	21,115	618
작센(Sachsen)	드레스덴(Dresden)	18,416	408
라인란트-팔츠 (Rheinland-Pfalz)	마인츠(Mainz)	19,853	405
베를린(Berlin)	-	892	352
슐레스비히-홀슈타인 (Schleswig-Holstein)	킬(Kiel)	15,802	286
브란덴부르크(Brandenburg)	포츠담(Potsdam)	29,654	248
작센-안할트 (Sachsen-Anhalt)	마그데부르크 (Magdeburg)	20,452	225
튀링겐(Thüringen)	에르푸르트(Erfurt)	16,202	217
함부르크(Hamburg)	-	755	179
메클렌부르크-포어포메른 (Mecklenburg-Vorpommern)	슈베린(Schwerin)	23,214	161
자를란트(Saarland)	자르브뤼켄 (Saarbrücken)	2,569	100
브레멘(Bremen)	-	420	67
독일 전체		357,384	8,218

* 독일 통계청 참조 저자 작성.
[1] 2015년 말 기준.

구 등이, 주 차원에서는 주정부(주총리＋주 장관), 주 기구 등이 있다. 기초 단위에서는 시장, 구청장 등 우리 식의 기초자치단체장과 인구비례에 따른 의회가 있다.

사법부는 연방에는 '연방헌법재판소(Bundesverfassungsgericht, BVerfG)'와 우리의 대법원과 달리 분야별로 나누어진 연방법원(일반, 노동, 사회, 행정, 재정)이, 주에도 우리와 달리 '주헌법재판소

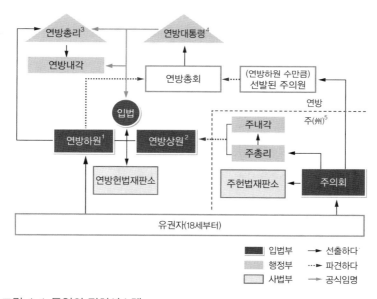

그림 4-1 독일의 정치시스템

* 독일 위키피디아 참조 저자 작성.
[1] 매 4년마다 선거 실시.
[2] 주 대표자들로 구성, 의석배분은 인구수에 따라 결정.
[3] 정책노선을 결정하는 정부수반, 연방대통령이 추천.
[4] 국가수반, '중립적 권력'– 단지 비상시에만 강력한 권한 보유.
[5] 주(州) 차원에서 개별 기관의 명칭은 서로 다름.

(Landesverfassungsgericht, LVerfG)'와 각종 주법원이 존재한다.

독일의 정치체제를 간혹 '분권형 대통령제'라고 소개하는 경우도 있지만, 엄격하게 말해 이는 잘못된 것으로 의회중심의 '의원내각제'가 맞는 말이다. 18세 이상의 유권자가 참여하는 선거를 통해 연방 차원에서는 연방하원을, 지방 차원에서는 주의회를 구성하며, 이들이 국민의 의사를 대변하는 정치의 중심이 된다.

· · ·

연방하원

독일 정치의 중심은 분데스탁(Bundestag, 연방하원)이다. 이를 '연방의회'라고 번역하는 것이 보다 더 적절하지만, 연방하원으로 호칭하겠다. 비교정치의 관점에서 '연방하원'이라고 하는 것이 의미 전달에 보다 더 효과적이기 때문이다.

기본법(헌법) 제38조에 따라 하원의원의 선거권과 피선거권 연령은 18세이며, 제39조에 의해 임기는 4년이다. 의원 수는 지역구 299명과 비례대표 299명으로 총 598명이 기준이나, 독일 선거제도의 특성상 초과의석과 조정의석의 발생으로 매번 기준의원 수를 초과하는 경향이 있다. 2013년 18대 선거에서는 631명, 2017년 19대에서는 709명이 선출되었다. (보다 자세한 사항은 제3장 독일의 선거제도 참조.)

원내교섭단체는 전체 의석의 5퍼센트 이상을 얻은 정당으로 구성되는데, 총선에서 봉쇄조항이 5퍼센트이기 때문에 의회에 진출한 정당은 대부분 자체적으로 교섭단체가 된다. 예외적으로 기사당은 기민당과 공동으로 교섭단체를 꾸리고 있다. 지도부는 의장과 부의장단으로 구성되는데, 의장은 보통 제1당 출신이, 부의장은 모든 원내교섭단체에서 1명씩 맡게 된다.

의장단과 각 당 원내대표, 선임의원 등 20~30명으로 구성되는 '원로회의(Ältestenrat)'는 연방하원의 과제, 의사일정 등을 논의하여 결정하는 주요 기구이다. 여기서 '원로'는 나이 많은 의원이 아니라 의회 경험이 풍부한 의원을 의미한다. 18대에는 23개의 상임위원회가 만들어졌고, 각 상임위는 15~42명의 의원들로 구성되었다.

연방하원은 연방법에 대한 입법권, 주요 인사의 선출권, 행정부를 견제하고 군대파견을 승인하는 등의 통제권, 연방예산을 심의하고 확정하는 예산의결권, 조사위원회를 구성하여 국정의 문제점을 조사할 수 있는 권한 등을 가지고 독일 정치의 중심적 역할을 하고 있다.

연방법(Bundesgesetz)은 크게 연방하원만이 입법권을 갖는 '배타적 법안'과 연방상원의 동의를 필요로 하는 '경쟁적 법안'으로 나뉘어진다. 이를 각각 배타적 입법권과 경쟁적 입법권이라고 한다. 외교, 국방, 국적, 관세, 철도 등 연방 차원에서 적용되는 법안에 대한 배타적 입법권은 전적으로 연방하원에 있다. 연방의 각 주와 관련된 민사, 형사, 협회, 난민, 경제 관련 등의 법안에 대한 경쟁적 입법권은 이와 다르다. 연방하원에서 의결된 후에 반드시 연방상원을 통과해야 입법이 가능하다. 이 배타적 · 경쟁적 입법의 대상은 기본법에 규정되어 있다.

총선 후 연방하원은 재적의원 과반의 동의로 연방총리를 선출한다. 또한 연방하원은 연방총리의 국정수행에 문제가 있을 경우 회기 중 불신임을 결정할 수 있다. 다만 이때「기본법」제67조에 따라 반드시 그 후임자를 선출함으로써만 가능하다. 이를 '건설적 불신임투표(Konstruktives Misstrauensvotum)'라고 하는데 독일의 권력구조를 안정적으로 유지시키는 핵심적 제도이다. 의원들이 총리를 불신임하는 것은 어렵지 않으나, 그 후임에 대해 합의를 도출하는 것은 쉽지 않기 때문이다.

그동안 독일에서는 두 차례의 불신임투표가 있었다. 첫 번째는 1972년 사민당 출신 빌리 브란트 총리에 대한 불신임투표였는데, 찬성 247 대 반대 249(기권, 불출석 포함)로 아슬아슬하게 무위로 끝났다. 두 번째는 1982년 역시 같은 당 헬무트 슈미트 총리에 대한 불신임이었는데, 당시 사민당과 연정을 하고 있던 자민당이 돌아서면서 찬성 256 대 반대 241로 가결되어 기민당 헬무트 콜의 시대가 열리게 되었다.

그 밖에도 연방하원은 연방대통령을 선출하는 데 참여하고, 연방헌법재판소 재판관 16명 가운데 절반과 연방법원의 연방판사 선출권을 갖는다. 각 당은 의석수에 비례하여 선출 권한을 행사한다.

. . .

연방하원 의장과 부의장

우리의 국회의장과 같은 연방하원의장(Bundestagspräsident)은 연방정부의 내부규정에 따라 연방대통령에 이어 국가기관 서열 2위이다. 참고로 3위는 연방총리, 4위는 연방상원의장(Bundesrats-präsident), 5위는 연방헌법재판소장이다. 연방하원의장은 연방하원에서 비밀투표를 통해 선출되는데, 일반적으로 여러 교섭단체 가운데 제1당에서 배출한 의원이 뽑힌다. 이에 대한 법적 규정은 없으나 이미 바이마르공화국 때부터의 관행이었다.

의장의 임기는 각각의 의회 회기와 일치하는데, 따라서 기본적으로 조기에 교체되는 경우는 드물다. 또 연임이 가능하다. 예를 들어 기민당 출신 람머트(Norbert Lammert) 의원은 2005년 10월부터 2017년 10월까지 12년간 의장직을 수행하였다. 의장의 가장 중요한 역할은 본회의를 이끄는 것이고, 그 밖에 연방하원을 대표하고 관리하며, 연방정부, 연방상원 및 연방하원이 발의하는 모든 법안과 제안, 청원 등의 접수자이다.

연방하원은 각 교섭단체 출신의 다수 의원을 부의장으로 두고 있다. 과거에는 매번 협의를 통해 그 수를 결정해 왔으나, 1994년부터 모든 교섭단체는 최소한 1명 이상의 부의장을 두기로 합의하였다. 이에 따라 매 회기별로 4~6명의 부의장이 선출되고 있다. 19대 연방하원의 부의장은 5명으로 사민당, 기민/기사당, 좌파당, 녹색당, 자민당 출신으로 구성되었다. 원래는 독일대안당(AfD)까지 6개 교섭단체라 6명의 부의장이 있어야 하지만 독일대안당 출신의 글라저(Albrecht Glaser) 의원이 연방하원에서 3차까지 가는 비밀투표에서도 끝내 부의장에 필요한 득표에 실패하였기 때문이다.

연방하원의장은 일반 하원의원의 2배에 해당하는 급여를 받는다. 2017년 기준, 월 19,100유로(약 2,500만 원)에 추가적으로 약 4,000유로의 활동비를 받는다. 부의장은 일반 의원의 약 1.5배의 급여를 받는데, 월 14,300유로에 추가적으로 활동비를 받는다. 이 활동비는 본회의에 불참한 횟수에 비례하여 삭감된다.

표 4-2 독일 19대 연방하원 상임위원회 및 각 위원회 소속 인원

상임위원회	인원(명)	상임위원회	인원(명)
노동 · 복지	46	문화 · 미디어	18
외교	45	인권 · 인도적지원	17
주택 · 건설 · 도시개발 · 지역	24	청원	28
교육 · 연구 · 기술발전평가	42	법률 · 소비자보호	43
디지털 어젠다	21	스포츠	18
식품 · 농업	38	관광	18
유럽연합	39	환경 · 자연보호 · 원전안전	39
가족 · 시니어 · 여성 · 청소년	40	교통 · 디지털인프라	43
재정	41	국방	36
건강	41	선거 · 면책특권 · 업무규정	14
예산	44	경제 · 에너지	49
내무	45	개도국협력	24

* 독일 연방하원 자료 참조 저자 작성.

우리 국회에는 16개 상임위원회가 있는데 반해, 연방하원에는 19대(2018~2021년) 기준 24개의 상임위원회가 있다. 우리 행정부의 부처 수는 18개로 독일의 14개보다 많지만, 의회의 상임위 수는 많이 부족한 편이다. 독일과 비교하여 우리는 입법부보다 행정부가 우위에 있다고 볼 수 있다.

일반적으로 연방하원은 연간 최소 20차례의 '본회의 주간(Sitzungswoche)'을 갖는다. 물론 선거가 있는 해에는 본회의 주간이 감소한다. 즉, 모든 연방하원의원은 연간 약 5개월간은 베를린으로 와야 한다. 「의원법(Abgeordnetengesetz)」 제14조에 따라 본

회의 출석의무가 있기 때문이다. 의원들은 매번 본회의 시작 전에 반드시 출석부에 서명을 해야 한다.

본회의 주간의 일정은 대부분은 비슷하다. 주초에는 원내지도부 회의와 의원총회가 열린다. 수요일 오전에는 상임위가, 수요일 오후, 목요일과 금요일에는 본회의가 개최된다.

표 4-3 독일 '본회의 주간' 중 연방하원의원의 일주일 일정 (예시)

시간	월요일	화요일	수요일	목요일	금요일
8:00		면담	언론과의 약속	사무실 업무	
9:00	지역구에서 출발				
10:00		실무그룹/동료그룹/실무위원회 회의	상임위 회의	본회의(하루 종일): 정기적으로 두 가지 핵심 현안에 대한 집중 토의와 현안논의	본회의
11:00					
12:00					
13:00		프로젝트 그룹/의회그룹 만남	본회의(대정부질의, 현안논의 포함)	병행하여 지역구 방문자/언론 면담, 사무실 업무	
14:00	사무실 업무				
15:00	본회의 준비, 실무그룹/동료그룹 만남	원내교섭단체 회의(의원총회)	상임위 회의 지속		언론인, 학자, 협회 관계자들과의 만남
16:00					
17:00	원내지도부 회의				지역구로 출발
18:00				예외적으로 위원회 회의	
19:00		저녁 활동(토론회, 연설 등)			
20:00	광역그룹 회의		지역구 방문자 면담		지역구 저녁 행사
21:00					
22:00					

* 독일 연방하원 자료 참조 저자 작성.

본회의 주간이 아닌 경우 의원들은 주로 각자의 지역구 사무실에서 시간을 보낸다.

본회의에서 몇 명의 의원이 발언할 것인지 여부는 교섭단체의 크기에 달려 있다. 교섭단체가 클수록 보다 많은 발언시간을 갖는다. 예를 들어 18대 회기(2013~2017년) 중에는 1시간의 발언시간을 기민/기사당이 27분, 사민당이 17분, 좌파당과 녹색당이 각 8분으로 나누어 사용하였다(각 당의 의석수는 〈표 2-11〉 참조). 의장은 이 발언시간을 관리한다. 반면에 연방정부와 연방상원의 참여자는 발언시간에 제약을 받지 않는다.

우리의 '국회입법조사처(2007년 설립)'와 유사한 '연방하원 입법서비스(Wissenschaftliche Dienste des Deutschen Bundestages, WD)'라는 조직이 있다. 11개 분야에서 약 65명이 근무하면서 연간 4,300건 정도의 입법 관련 서비스를 하고 있다. 이들은 정치적 중립의 의무를 지켜야 하며, 의원들의 요청에 대해 보통 4주간 활동하며 대응한다. 연방하원 도서관은 약 110만 권의 장서를 보유하여 세계 3위를 자랑하고 있다.

· · ·
연방상원

독일의 분데스랏(Bundesrat, 연방상원)은 우리가 알고 있는 미국식 상원(senate)과는 많이 다르다. 먼저 의원의 선출 및 구성 방식이 다르기 때문이다. 독일의 연방상원은 선거를 통해 별도의 의원을 뽑지 않고, 「기본법」(헌법) 제51조에 의거하여 주총선을 통해 선출된 16개 주정부의 대표들로 구성된다. 주정부에는 연방정부보다 많은 정당들이 참여하고 있고, 또 주총선을 통해 자주 바뀌기 때문에 연방상원은 연방하원보다 훨씬 더 동태적이라고 할 수 있다.

다만 주장관 모두가 상원의 구성원이 되는 것은 아니고, 의제에 따라 관련 장관이 순환방식으로 참여하게 된다. 「기본법」 제51조 제2항에 따라 모든 주는 연방상원에서 최소 3표를 가지며, 주별로 인구비례에 따라 3~6표를 보유한다. 주 인구가 200만 명을 넘으면 4표, 600만 명을 넘으면 5표, 700만 명을 넘으면 6표를 갖게 된다. 현재 총 69명으로 구성되어 있으며, 상원에서의 투표는 개인별 투표가 아닌 주별로 의견을 통일하여 단체투표를 해야 한다.

「기본법」 제52조에 따라 연방상원은 의장 1인과 부의장 2인으로 구성되고, 임기는 1년이며 매년 11월 1일부터 새로운 임기가 시작된다. 의장은 각각의 주총리가 돌아가며 맡는데, 의전 서열은 연방대통령, 연방하원의장, 연방총리에 이어 네 번째이다. 16개의 상임위원회가 있으며, 모든 주총리는 1개 상임위의 위원장을 맡게 된다.

16개 연방주(Bundesländer)는 연방상원을 통해 연방의 입법과 행정 및 유럽연합(EU) 차원의 과제들에 대해 영향력을 행사한다. 구체적으로 법안의 발의나 심의 및 의결을 통해서 기능을 수행하는데, 연방상원은 연방정부 및 연방하원과 더불어 법안 발의권을 갖는 주체이다. 연방상원이 제출한 법안은 연방정부에 전달되어 의견을 듣고, 보통 6주 이내에 연방하원으로 보내져 논의된다. 그밖에 연방정부의 구성원은 연방상원의 논의에 참석할 권한과 의무가 있다.

또 연방상원은 연방하원을 통과한 법안에 대한 심의권을 갖는다. 연방법 가운데 재정, 행정 등 각 주의 이익과 관련된 법안에 대해 심의를 한 후에 동의하거나 거부하는 권한이 그것이다. 상원이 거부권을 행사할 경우, 하원은 중재위원회를 구성하여 법안을 재검토한 후 다시 제출해야 한다. 이러한 과정을 거쳐 연방주들의 의견이 반영된다.

이 외에도 연방상원은 연방헌법재판소 재판관의 절반을 선출하고, 헌법기관들 간, 연방과 주 사이의 분쟁에 대해 이를 연방헌법재판소에 제소할 권한을 갖는다. 또한 연방하원과 마찬가지로 연방헌법재판소에 기본법 또는 연방법 위반을 이유로 연방대통령에 대한 탄핵을 요청할 수 있다. 이 경우 연방하원 또는 연방상원 의원 4분의 1의 신청과 3분의 2의 동의가 있어야 한다.

연방하원의 과반을 확보하여 정권을 잡은 측이 권력을 제대로 유지하기 위해서는 항상 연방상원의 구성에 신경을 써야 한다. 연방하원이 다수라고 해서 연방상원도 다수는 아니기 때문이며, 연방정부의 의도가 연방하원에서는 통과에 문제가 없지만, 연방상원에서는 거부될 수 있기 때문이다. 따라서 매년 이어지는 각 주의 총선은 정국 동향의 주요 풍향계가 되며, 기존 정권의 유지에 매우 중요한 영향을 미치게 된다.

실제로 사민-녹색당 연정의 슈뢰더 총리는 원래 2006년으로 예정된 16대 연방총선을 앞당겨 2005년에 조기 총선을 실시한 바 있다. 그 이유는 사민당이 주총선에서 계속해서 패배하면서 사민-녹색당 연정의 정국운영이 어려워졌기 때문이다.

독일의 안정적 의회중심제 Ⅱ

독일의 행정부

· · ·

연방대통령

연방대통령(Bundespräsident)은 우리와 달리 간접선거로 선출되는데, 일시적으로 소집된 '연방총회(Bundesversammlung)'에서 과반 득표로 당선된다. 이 총회는 연방하원 의원 수의 2배수로 구성되는데, 연방하원 재적의원과 그 숫자만큼의 주의회 의원이 참석한다. 1차 투표에서 과반 당선자가 없을 경우 2차 투표를 실시하고, 2차에서도 과반이 안 나오면 3차에서는 다수 득표자가 선출된다. 하지만 통상적으로 정당 간 합의를 통해 추대하는 형식으로 선출되기 때문에 경쟁은 치열하지 않다. 「기본법」 제54조에 따라 연방대통령은 40세 이상으로 임기는 5년이며, 1회에 한하여 연임이 가능하다.

연방대통령은 국가원수로 나라를 대표하며, 비록 연방총리 및 연방장관 등 주요 공직자들을 임명은 하지만 실질적인 정치권력은 없다. 연방총리를 추천하지만, 일반적으로 연방하원선거에서 승리한 정당의 총리후보자를 지명하기 때문에 형식적인 절차이며, 추천된 후보가 연방하원에서 과반의 찬성을 얻어 연방총리에 당선되면 임명장을 수여한다. 연방총리는 연방장관들을 지명하고, 연방대통령은 이들을 임명한다. 따라서 독일 정치의 실질적 권력은 연방총선의 결과와 그에 따른 정당 간 연정협상에서 나온다고 할 수 있다.

다만 연방대통령은 비상시 연방하원에 대한 해산권 등의 권한을 보유하며, 정당정치 측면에서 중립성을 유지한다. 유고 시에는 연방상원 의장이 대통령직을 대행한다.

1949년 테오도어 호이스를 시작으로 1980년대부터 바이츠체커(Richarcl von Weizsäcker), 헤어초크(Roman Herzog), 라우(Johannes Rau), 쾰러(Horst Köhler), 불프(Christian Wulff), 가우크(Joachim Gauck)를 거쳐 현재 12대 연방대통령인 프랑크-발터 슈타인마이어가 2017년 2월부터 직무를 수행 중이다.

· · ·

연방총리(연방수상)

연방대통령이 연방하원에 후보자를 추천하고, 하원에서 과반의 찬성을 얻으면 분데스칸츨러(Bundeskanzler, 연방총리)에 당선된다. 1차 선거에서 과반 득표에 실패할 경우 2차 선거가 치러진다. 이 경우 2주 이내에 연방하원 의원들(최소 25% 이상)이 연방하원에 후보자를 추천하고, 하원에서 과반의 찬성을 얻게 되면 연방총리로 선출된다. 과반 득표에 실패할 경우 2주 이내에는 여러 차례 이와 같은 선거가 가능하다.

2차 선거에서도 후보가 과반 득표에 실패할 경우 3차 선거가 진행된다. 이 경우 연방하원은 모든 후보자들에 대해 투표를 실시하여 과반 득표자를 새 연방총리로 선출한다. 3차 선거에서도 과반 득표자가 나오지 않을 경우, 두 가지 가능성이 존재한다. 연방대통령은 상대적으로 다수 득표한 후보를 연방총리로 임명하거나 또는 연방하원을 해산하여 새로 총선을 실시하도록 결정하는 것이다.

역대 연방수상을 살펴보면 현재까지 8명에 불과하다. 1949년 기민당의 아데나워 초대 총리가 14년을, 2대 에르하르트(Ludwig Erhard)는 3년, 3대 키징거(Kurt Georg Kiesinger)는 2년간 집권했다. 1969년 처음으로 사민당의 빌리 브란트가 4대 총리로 취임하여 4년 6개월간 정권을 잡았으나, 측근의 동독 스파이 스캔들로 사임하였다. 1974년 같은 당의 헬무트 슈미트가 5대 총리로 취임하여 1982년까지 8년간 집권하였다.

1982년 6대 연방총리가 된 기민당의 헬무트 콜은 독일통일을 견인하며 1998년까지 무려 16년 동안 네 차례 총리직을 연임하였다. 오랫동안 야당이었던 사민당은 1998년 총선에 승리하여 게르하르트 슈뢰더가 7대 총리에 당선되었고, 녹색당과 사상 최초로 사민–녹색당 연정을 이끌며 한 번 더 연임하였다. 2005년 8대 총리가 된 기민당의 앙겔라 메르켈은 2009년, 2013년에 이어 2017년 총선에서도 승리하여 2018년 네 번째 내각을 꾸렸다.

한편으로 연방하원이 불신임투표를 통해 연방총리를 견제할 수 있는 반면에, 다른 한편으로 연방총리도 의회를 견제할 수 있는 수단이 있다. 연방수상의 '신임투표(Vertrauensvotum)'가 그것이다. 「기본법」 제68조에 따라 연방하원에서 신임을 묻는 투표를 실시함으로써 자신의 정책노선을 재차 확고히 할 수 있다. 만일 불신임될 경우, 총리는 연방대통령에 요청하여 21일 이내에 연방하원을 해산하고 총선을 실시할 수 있다. 그 밖에도 다수의 주에서 이와 유사한 제도가 시행되고 있으며, 이에 따라 우리나라와 달리 독일은 지방선거일이 주별로 모두 다르다.

그동안 다섯 차례의 신임투표가 있었는데, 두 차례는 신임에 성공하였고 세 차례는 불신임되었다. 1982년 슈미트와 2001년 슈뢰더 총리의 경우에는 신임투표에서 과반의 지지를 얻어 정권이 지속되었다. 하지만 1972년 브란트, 1982년 콜, 2005년 슈뢰더 총리는 불신임되어 연방하원이 해산되고 총선이 실시되었다.

하지만 이 제도는 현직 연방총리가 정치여건상 일상적 대처로는 불리한 상황을 돌파하기 곤란하다고 판단될 때, 연방하원을 해산하고 재선거를 실시하기 위해 의도적으로 신임투표를 통해 불신임되는 경우를 선택하기도 한다. 사민당의 슈뢰더 총리 사례가 이에 해당한다. 그의 두 번째 임기는 원래 2002년부터 2006년까지였는데, 이어지는 주선거에서 사민당이 계속해서 패배하자 2005년에 조기 총선을 실시하고자 신임투표를 통해 스스로 불신임을 자처하여 선거를 앞당겼다.

연방정부

「기본법」 제62조에 따라 연방정부(Bundesregierung)는 연방총리와 연방장관들로 구성된다. 연방장관(Bundesminister)에 대한 지명권은 연방총리에게 있고, 임명장은 연방대통령이 수여한다. 하지만 한 정당이 과반을 넘어 단독으로 연방정부를 구성하는 경우는 거의 없기 때문에 일부 장관직은 연방총리의 몫이 아니다. 연립정부를 구성할 경우, 연정참여 정당 몫의 장관직은 그 해당 정당의 지도부에서 결정한다. 특별한 문제가 발생하지 않는 한 장관은 교체되지 않으며, 총리와 임기를 같이하게 되어 연방정부의 연속성이 유지된다. 〈표 4-4〉는 메르켈 연방총리의 4기 내각을 보여 주고 있다.

대부분의 경우 연방하원의원이 연방장관이 된다. 각 연방부처는 장관 외에도 연방하원의원을 '의회차관(Parlamentarischer Staatssekretär)'으로, 부처 출신을 '부처차관(Staatsminister)'으로 두고 있다. 부처에 따라 여러 명의 의회 및 부처 차관을 두기도 한다. 연방장관은 일반적으로 대통령제하의 장관보다 훨씬 더 안정되고 막강한 권한을 행사한다. 예를 들어 국방장관은 평시에 군통수권을 가지며, 전시에만 연방총리가 군통수권을 행사한다.

연방정부는 「기본법」 제65조에 따라 다음의 세 가지 원칙을 준수해야 한다. 첫째, 총리원칙(Kanzlerprinzip)이다. 연방총리가 연방정부의 주요 정책노선을 결정하고 책임지는 것으로, 이는 총리의 고유권한이다. 통상적으로 연정협상을 통해 연방정부가 구성된 후 총리는 연방하원에서의 첫 번째 연설(Regierungserklärung)에서 임기 내 자신의 정책기조를 밝히게 된다. 둘째, 관할원칙(Ressort-prinzip)이다. 연방장관은 연방총리의 노선에 따라 실질적 권한을 가지고 해당 부처를 운영하고, 그 결과에 대해 책임을 진다. 셋째, 합의원칙(Kollegialprinzip)이다. 연방부처 간에 이견이 발생했을 때 내각회의에서 이를 조정하는 것을 의미한다.

표 4-4 메르켈 연방총리의 4기 내각 구성원 (2018~2021년)

부처	장관	정당
연방총리	Angela Merkel(여)	기민당
재무(부총리)	Olaf Scholz	사민당
외무	Heiko Maas	사민당
내무/건설	Horst Seehofer	기사당
법무/소비자보호	Katarina Barley(여)	사민당
경제/에너지	Peter Altmaier	기민당
노동/복지	Hubertus Heil	사민당
식료/농업	Julia Klöckner(여)	기민당
국방	Ursula von der Leyen(여)	기민당
가족/노인/여성/청소년	Franziska Giffey(여)	사민당
보건	Jens Spahn	기민당
교통/디지털 인프라	Andreas Scheuer	기사당
환경/자연보호/원전	Svenja Schulze(여)	사민당
교육/연구	Anja Karliczek(여)	기민당
경제협력 · 개발	Gerd Müller	기사당
특임/연방수상청	Helge Braun	기민당

* 독일 연방정부 홈페이지 참조 저자 작성.

제5장

한국의 정치개혁

1

박원순의 '나 홀로 선거운동'
정당을 경시하는 정치

박원순 시장은 2011년 재보궐선거에서 당선된 후 다양한 시정 활동을 통해서 나름대로 성과를 거두었다. 서울시 부채를 줄이고, 은평 뉴타운의 미분양 문제를 해결하기 위해 직접 찾아가 숙박을 하며 시민들의 의견을 듣는가 하면, 심야버스의 도입, 심야택시의 안전 도모, 24시간 편의점의 심야 안전장치(무선비상벨 시스템) 설치 등도 기억이 난다. 이 외에도 여러 가지 잘한 일이 많을 것이다.

그런 업적을 폄하할 생각은 추호도 없다. 그러나 다소 아쉬움이 남는 부분이 있다. 그런 일들이 '서울시장으로서 해야 할 가장 시급하고 중요한 일이었는가?' 하는 의문이다. 만일 그 일을 서울시의 공무원이나 구청장, 시의원 또는 구의원 등이 했다면 굳이 이런 문제를 제기하지 않을 것이다.

・・・
거시적 과제

　서울시장이라면 단순한 부채 감소가 아니라 예산의 배분이 어떻게 개선되어야 하는지, 서울시의 주택정책이 어떻게 바뀌어야 하는지, 심야버스나 심야택시를 불필요하게 만드는 방안은 무엇인지, 젊은이들이 밤을 새워 일해야 하는 편의점 아르바이트를 중단시킬 수는 없는 것인지 등 보다 더 거시적이고 근본적인 과제를 우선적으로 고민해야 한다. 물론 그와 같은 고민은 성과가 없을 경우 일을 한 표시가 나지 않기 때문에 정치인들이 꺼릴 수도 있지만 바로 시급하게 교정이 필요한 일이기 때문이다.

　예를 들어 서울시 비정규직 문제의 경우, 단순히 비정규직을 정규직으로 전환하는 것에만 급급할 것이 아니라 근원적으로 그것이 왜 생겨나고, 이를 예방하려면 어떤 이해관계들이 조정되어야 하는지, 제도적으로 어떤 장치가 필요한지 등을 고민해야 한다. 이를 통해 근본적인 해결책을 찾는다면, 그러한 성공사례를 다른 지자체에도 전파할 수 있을 것이고, 그렇게 된다면 한국 사회 전체를 한 단계 업그레이드할 수 있기 때문이다.

　더불어 이런 과제들을 논의하고 해결책을 제시하는 방식이 무엇보다도 제도적 장치, 즉 하나의 시스템으로 구축되는 것이 중요하다. 그래야 일회성으로 끝나지 않고 다양한 분야에서 지속적인 개선작업이 가능할 것이기 때문이다. 또한 매번 제2, 제3의 박원순 시장이 나올 것이라는 보장도 없지 않은가. 예를 들어 서울시 산하기관에 근로자 이사를 도입하는 '노동이사제(근로자이사제)'를 시행한 것은 제도화의 좋은 사례이다.

인구 1,000만의 서울시는 이미 규모 면에서 유럽의 여러 선진국보다도 크다. 서울 시정은 국가를 경영하는 것과 크게 다르지 않다. 따라서 서울시장은 그에 걸맞은 역할이 필요하다. 근본적 문제를 혼자 또는 소수의 팀만으로 해결하기는 어렵다. 다양한 이해관계가 얽혀 있기 때문이다. 그래서 뜻을 같이하는 정당의 여러 조직이 필요한 것이다. 그런데 박 시장은 2014년 지방선거에서 '나 홀로 선거운동'을 선택했다. 하지만 '시민이 시장이다'와 같은 구호 이외에 시장이 되면 구체적으로 무엇을 어떻게 하겠다는 것인지 선뜻 와 닿지 않았다.

시민의 이야기를 듣겠다는 것은 알겠으나, 이 역시 포퓰리즘 정치의 한계를 벗어날 수 없다. 아무리 부지런히 돌아다닌다고 한들 서울 시민의 의견을 모두 들을 수 있겠는가? 물리적으로도 불가능한 일이다. 우는 아이 떡 하나 더 준다는 식이 되지 않으려면, 의견청취의 방식이 제도화되어야 하고, 제도에 따라 작동하도록 해야 한다. 그런 역할을 하는 데 가장 적합한 조직이 바로 정당이다.

. . .

대중정당을 열망하는 시민들

일부 전문가는 '대중정당론'이 시대적 한계에 도달했다면서 시민참여형 '네트워크 정당'의 필요성을 주장한다. 광범위한 시민참여를 보장하는 약한 정당론자인 안철수와 박원순 노선의 상대적 성공을 그 근거로 들고 있다. 하지만 이 주장에는 몇 가지 문제점이 있다.

첫째, 기존 정당이 대중정당의 면모를 제대로 갖춘 적이 있었는지 묻고 싶다. 현행 정당들이 대중정당으로서 잘 작동하고 있는데, 사회가 변화함에 따라 네트워크 정당으로 가야 한다면 나름대로 설득력이 있을 수 있다. 하지만 현실은 그렇지 않다. 여야 정당은 진성당원을 가진 대중정당으로 제대로 발전하지 못했고, 또 문제를 개선하고자 노력하지도 않았다. 그렇기 때문에 많은 국민이 대중정당을 대신할 대안으로 시민후보의 등장을 환영한 것이라고 본다.

독일에서도 네트워크 정당인 '해적당'이 2006년에 온라인상에서 붐을 일으켰다. 단시간 내에 일부 주총선에서 성공하여 주의회에 진출했다. 하지만 2013년 연방총선에서는 불과 2.2퍼센트 득표에 그쳐 연방하원 진출이 좌절되었고, 이후 다시 치러진 주총선에서도 5퍼센트 장벽을 넘지 못하고 끝내 모두 철수하고 말았다. 즉, 독일의 강력한 대중정당의 벽을 넘지 못한 것이다.

둘째, 안철수와 박원순의 정치를 과연 성공으로 볼 수 있는 것인지 되묻고 싶다. 안철수 붐은 기득권에 매몰된 기존 정치권에 대한 일반 시민의 불만으로 일어났던 것이다. 국민의 정치참여를 가능하게 하는 대중정당의 건설, 선거제도 개선으로 영호남 중심의 양당제에서 더 다양한 집단의 의견을 수렴할 수 있는 다당제로의 전환 등을 열망했던 것이다. 하지만 안철수는 국회의원 축소, 기초의원 정당공천 폐지 등 정반대 방향으로 가다가 2014년 민주당과 통합했다. 이후 민주당(새정치민주연합)의 지지율이 올랐는가? 안철수 개인의 지지율이 올랐던가? 그렇지 않았다. 국민의 뜻은 그것이 아니었다는 방증이다.

시민은 자신이 직접 정치적 권한을 행사할 수 있는 제대로 된

대중정당을 열망하고 있는 것이 아닐까? 2016년 겨울의 촛불집회를 보면 알 수 있다. 또 우리 주변에 널려 있는 종교단체의 활발한 전도 활동을 지켜보아도 느낄 수 있다. 그런 것은 그렇게 하도록 법으로 규정되어 있는 것도 아니고, 누가 시켜서 하는 것도 아니다. 대부분 자발적으로 자비를 들이면서 즐겁게 그렇게 하는 것이다. 정치도 마찬가지라고 생각한다. 정치 공간에 제대로 자리만 마련된다면 당원들에 의한 지역정치가 충분히 활성화될 수 있고, 그 가운데 유능한 정치인이 성장할 수 있다.

하지만 기득권을 가진 여야의 정치인들은 그것을 애써 외면하고 있다. 매번 정치개혁을 말하지만 되돌아보면 아무것도 한 것이 없다. 그들에게 새로운 도전은 달갑지 않은 것이다. 그냥 이대로 있으면 자신이 다시 할 수 있는데, 굳이 내부 경쟁자를 육성하고 싶지 않은 것이다. 내부의 견제와 경쟁이 두렵기 때문이다.

그동안 국가정보원이나 검찰 같은 권력기관을 외부에서 견제하는 일이 가능했던가를 돌아보면 바로 알 수 있다. 매번 내부의 이의 제기로 인해 문제점들이 드러나지 않았던가. 또 각 당의 당내 경쟁을 보면 본선보다 훨씬 더 치열함을 알 수 있다. 바로 뒤에서 경쟁자가 따라온다고 생각하면 부정이나 비리를 저지를 수 있겠는가? 안철수의 새 정치에 열광했던 국민들도 바로 내부의 견제와 경쟁이 상식이 되는 정당을 기대하지 않았을까?

2014년 박원순의 서울시장 당선도 느슨한 정당의 승리라고 하거나 시민단체만의 승리라고만 보기는 어렵다. 오히려 온 국민에게 충격을 준 세월호 사태와 당시 여당 출신인 정몽준 후보의 빗나간 네거티브 전략 등에 따른 반사이익의 효과가 컸다. 새정치민주연합이 정당으로서 역할을 제대로 하지 못하고 있으니까 선거에서 거리를 둔 것이지, 애초에 약한 정당을 추구했던 것은 아니라고 본다. 실제로 2018년 지방선거에서 박원순 시장이 3선에 성공한 것은 2016년 촛불시위와 2017년 정권교체에 따른 더불어민주당의 높은 인기에 힘입은 바 크다. 앞으로의 정치행보에서도 정당 없이 홀로 가는 것이 가능하겠는가?

. . .

들러리 당원은 이제 그만

끝으로 정당과 시민사회를 연계하는 시민참여형 네트워크 정당에 관한 문제이다. 기존의 수직적이고 폐쇄적인 대중정당을 수평적이고 개방적인 네트워크 정당으로 전환하자고 주장하는데, 먼저 왜 기존의 정당이 수직적이고 폐쇄적인 구조인지를 먼저 살펴야 할 것이다.

그것은 무엇보다도 당원들에게 아무런 권한과 역할을 주지 않았기 때문이다. 즉, 당 대표가 중앙에서 모든 것을 독점하는 철저한 하향식 체제이기 때문에 수직적이고 폐쇄적인 당내 문화가 자리 잡은 것이다. 지역의 당원들이 지역의 대표자를 뽑고, 그들이 모여서 다시 중앙의 지도부를 뽑도록 하면, 당은 자연스럽게 수평적이고 개방적으로 바뀌게 될 것이다.

또 공천권을 국민에게 돌려주는 정치, 즉 국민경선제의 제도화를 말하고 있는데, 이는 명백한 정치의 퇴보이다. 노무현 대선후보 선출 당시의 '국민경선제'도 달리 말하면, 그만큼 민주당이 부실했다는 증거이다. 왜냐하면 이 제도는 정치인을 대중스타 또는 연예인화하여 결과적으로 정치를 희화화하기 때문이다.

독일에서는 여론조사를 통해 공직후보를 결정하지 않는다. 국민의 뜻에 따라 정치를 하는 것은 맞지만, 그 방법이 여론조사를 통해서 모든 것을 결정하겠다고 하는 것은 곤란하다. 이와 반대로 각 정당은 각각의 사안에 대해 토론하고 논의하는 과정을 거쳐 당론을 확정하고, 당론에 적합한 후보를 내세워 국민들의 투표를 통해 선택받아야 한다.

현재는 진성당원이 활성화되지 않는 변화된 시대 상황이란 인식에도 동의하기 어렵다. 우리에게 진성당원이 활성화된 적이 과연 있었던가? 당원이 늘지 않는 것은 시대가 바뀌었기 때문이 아니라 당원에게 권한과 역할을 제대로 준 적이 한 번도 없었기 때문이다. 행사에 동원되거나 들러리나 세우는데 누가 당원이 되려고 하겠는가? 바로 이를 개혁하는 것이 새 정치라고 생각한다. 독일 녹색당의 당원은 꾸준히 증가하고 있다. 후쿠시마 사태 이후 주총선에서 처음으로 사민당에 앞섬으로써 대중정당으로서의 가능성을 보여 주었기 때문이다. 우리는 왜 그렇게 할 수 없는지 안타깝다.

급속한 경제성장과 절차적 민주주의의 달성에도 불구하고 한국 사회의 여러 가지 갈등은 완화되거나 해소되기보다는 오히려 점점 더 확대되거나 심화되는 경향을 보이고 있다. 이 문제를 우리 사회의 어떤 집단이 나서서 해결할 수 있겠는가? 어떤 뛰어난 개인이 할 수 있을까? 사회단체가 할 수 있을 것인가? 아니다. 이것은 철저하게 정치의 영역이고, 정치가 제대로 기능하고 작동할 때에만 가능한 일이다. 요컨대 정당이 활성화되어야 한다. 다양한 의견을 반영하는 정당 간 협상과 타협을 통해서 비로소 사회갈등은 완화될 수 있다.

당원의 권한과 역할을 명확하게 보장하는 강력한 대중정당이 만들어져야 하고, 보다 많은 젊은이들이 정치활동에 참여할 수 있도록 기회와 동기를 부여해야 한다. 그들이야말로 정당 내 교육과 훈련을 통해 다양한 분야에서 정부의 관련 분야를 견제하고 견인할 수 있는 유능한 인재로 성장하게 될 것이기 때문이다.

2

권역별 비례대표제의 한계

중앙선관위 제안의 비판적 검토

2015년 2월, 중앙선거관리위원회(이하 '중앙선관위')는 '지역주의 완화, 유권자 의사를 충실히 반영하는 선거제도 개선, 정당정치의 활성화 방안' 등을 주요 내용으로 하는 정치관계법 개정 의견을 제시했다. 이후 2016년 총선을 앞두고 찬반논의가 활발하게 진행됐지만, 끝내 중앙선관위 의견은 받아들여지지 않았다. 여기서는 몇 가지 쟁점에 대해 대안을 제시하고, 그러한 대안의 근거에 대해 살펴본다.

· · ·

선관위가 제안한 '권역별 비례대표제'

중앙선관위 제안은 사실 대단히 파격적인 것이다. 제안은 '권역별 비례대표제 도입' 항목에 들어 있는데, 6개 권역별로 지역구와 비례대표 비율을 2 : 1로 배분한다는 내용과 함께 소개되었다. 언론의 관심은 주로 지역구 감소와 비례대표 확대에 초점이 맞춰졌지만, 실제 이보다 훨씬 더 중요한 점은 정당득표율에 따라 의석수를 결정하는 '연동형 비례대표제'의 도입이다. 이를 명시하지는 않았지만 병용제로 명명하고 초과의석의 발생 가능성을 언급한 것으로 보아 독일식(연동형)을 염두에 둔 것이 분명하다.

이 제안은 독일식 선거제도의 핵심 사항을 차용한 것으로 현행 우리 선거제도와 판이하게 다른 것이다. 우리는 지역구와 비례대표를 구분하여 별도로 집계하지만, 독일은 각 정당의 득표율에 따라 정당별로 의석수를 결정하고, 이를 다시 권역별로 지역구와 비례대표로 배분하여 당선자를 결정하기 때문이다. 따라서 중앙선관위 발표는 기존 소선거구제 단순다수제에 따른 사표 발생 문제점을 개선하는 혁신적인 제안이었다. 그런데 언론의 보도내용을 살펴보면, 중앙선관위의 의견이 제대로 전달이 안 된 것인지 또는 이를 간과한 것인지 이에 대한 언급이 많이 부족했다.

다만 중앙선관위의 권역별 비례대표제 도입 제안은 다음 두 가지 문제점을 안고 있다. 첫째, 권역 설정의 문제이다. 전국을 6개 권역으로 나누자고 하는데, 이는 독일식 권역별 비례대표 개념을 충분히 숙지하지 못한 데서 비롯된 설정이다. 6개 권역으로 할 경우 각 당은 권역별로 비례대표 후보를 선출하는 일이 쉽지 않기 때문이다. 예를 들어 인천·경기·강원을 하나의 권역으로 묶어서 후보를 선출하는 것이 바람직하겠는가? 또 부산·울산·경남을 하나의 권역으로 묶더라도 3개 지역의 규모가 다르기 때문에, 예컨대 울산의 지역구 후보들은 이 권역에서의 비례대표 순번이 상대적으로 후순위로 밀릴 가능성이 크다.

따라서 권역의 설정은 16개 광역시 · 도(세종시는 충남에 포함)에 맞춰져야 한다. 그래야 연동형 선거제도를 실시하는 취지와 비례대표의 지역대표성을 확실하게 담보할 수 있기 때문이다. 16개 권역이 너무 많아 굳이 이를 축소하고자 한다면 광역시 · 도를 먼저 통합한 후에 조정해야 한다. 독일처럼 권역을 광역시 · 도의 행정구역과 일치시키는 것이 여러 가지 면에서 유용하기 때문이다.

두 번째로 지적할 점은 중앙선관위가 제시한 '전국득표율 기준 3퍼센트 이상' 또는 '지역구 5석 이상'의 정당에 의석을 배분한다는 봉쇄조항의 문제이다. 3퍼센트 기준을 적용할 경우 지나치게 많은 정당이 국회에 진입할 가능성이 있다. 그러면 국회운영이나 의견조정에 어려움이 생기지 않을까 우려된다. 유권자 4,000만 명에 50퍼센트 투표율을 적용할 경우 2,000만 표이고 이것의 3퍼센트는 60만 표이다. 전국에서 60만 표만 얻으면 현행 300석 조건에서 9석의 국회 의석을 확보할 수 있다. 정치활성화를 위하여 당장은 괜찮을지 모르겠으나 장기적으로 조정이 필요하다고 생각된다. 독일에서는 '5퍼센트 이상' 또는 '지역구 3석 이상'의 정당에 의석을 배분하고 있다.

· · ·

비례대표 확대와 지구당 부활

국회의원의 지역과 비례의석 비율을 2:1로 조정하여 지역구를 200석, 비례대표를 100석으로 변경하는 안은 일부 지역구 현역의원에게는 큰 불만이겠지만 바람직한 선택이며, 이는 앞에서 내가 제시했던 개정안과도 일치한다. 개정안은 지역구를 인구 25만 명에 1석, 비례대표를 인구 50만 명에 1석으로 조정하는 것이었다. 이것이 바람직한 이유는 무엇보다도 현재 많은 지역구의 인구수가 25만 명에 근접하고 있어서 선거구 조정이 현실적으로 용이하고, 또한 헌법재판소의 결정에도 부합하는 것이기 때문이다.

2004년 폐지되었던 시·군·구 지구당을 부활시켜 그곳에서 당원과 당비의 관리가 가능하도록 하자는 제안도 훌륭하다. 공천권을 당원에게 돌려주기 위해서는 그들이 모여서 활동할 수 있는 공간을 만들어 주는 것이 중요하기 때문이다. 또한 정치개혁을 위해서는 중앙당의 권한을 축소해야 한다는 주장이 많은데, 지구당 부활은 그에 대한 해결책이기도 하다. 정당이 지역위원회를 재건하여 활성화하고, 또 비례대표 후보를 선출하게 될 시·도위원회를 강화한다면 중앙당의 역할이나 권한은 자연스럽게 줄어들 것이다. 따라서 하부조직이 부실해진 우리나라의 정당을 활성화하는 첫걸음은 바로 지구당을 되살리는 것이다.

· · ·

의미 없는 '석패율제'

중앙선관위는 지역구와 비례대표에 동시 입후보를 허용함으로써 지역구에서 낙선한 후보자 가운데 일정 조건을 갖추고 상대득표율이 가장 높은 사람을 비례대표로 당선시키는 제도(석패율제)의 도입을 제안하고 있다. 하지만 이 부분은 사족이다. 정당득표율에 따라 의석수를 결정하기로 한 연동형 비례대표제에 이미 석패율제의 의미가 가미되어 있기 때문이다. 굳이 이 제도를 따로 도입할 이유가 없다. 앞에서 살펴본 바와 같이 독일식 선거제도에서는 한 권역의 지역구 후보들이 대부분 그대로 그 권역의 비례대표 후보가 된다.

다만 여기서 결정적으로 중요한 점은 지역구든 비례대표든 '어설픈 공심위'에 공천권을 줄 것이 아니라, 해당 지역구 및 시·도 위원회 당원들에게 그 권한을 주어야 한다는 것이다. 가령 지역주의가 강하여 지역구 당선이 어려운 곳에 입후보한 후보를 선출한 특정 정당 당원들이, 만약 그 후보를 반드시 국회로 보내야겠다고 판단한다면 비례대표 후보 선출에서도 그를 다시 상위 순번으로 뽑을 것이기 때문이다. 독일에서는 이미 제도 초기부터 이와 같은 동시 입후보를 허용하고 있지만 아무런 문제가 없는 까닭은 모든 공직후보를 항상 당원들의 비밀투표로 결정해 왔기 때문이다.

...

지구당 부활에 역행하는 '오픈프라이머리'

중앙선관위는 공직후보 선출에 국민의 의사를 반영하고 투명성과 공정성을 강화하기 위해서 정당후보자 추천에서 '국민경선제(오픈프라이머리)'의 실시를 주장했다. 이를 위해 길고도 까다로운 방안을 마련하여 제시하고 있다. 하지만 국민경선제는 지구당을 허용하는 방안과 정면으로 대치되는 것이다. 지구당을 부활하여 정당정치의 활성화를 모색하면서, 정작 정당이 해야 할 가장 중요한 역할의 하나인 공직후보 선출을 정당과 당원에게 맡기지 않고 복잡한 과정을 거쳐 일반 국민의 참여를 유도하는 것은 모순이기 때문이다.

후보선출과 관련하여 현실적으로 당대표나 특정 계파의 전횡이 우려된다면 독일처럼 이를 당원의 비밀투표로 선출하도록 공직선거법을 개정하면 된다. 그렇게 된다면 지구당의 부활과 더불어 보다 많은 국민들이 정치에 관심을 갖게 될 것이다. 어쩌면 당원으로 가입하여 적극적으로 목소리를 냄으로써 정당정치가 이른 시간에 활성화될 수도 있을 것이다. 거듭 말하지만 공천권은 정당의 당원에게, 국민에게는 선거권을 돌려주는 것이 옳다.

그 밖에도 '선거일 11일 전부터 후보사퇴금지' 또는 '선거 임박한 깜짝 단일화 금지' 등을 제안하고 있는데, 이런 일들은 모두 현행 '소선거구 단순다수제'의 문제점에서 비롯된 것이다. 거대 양당 이외에 제3당, 제4당이 설 자리가 없는 기존 선거제도에서는 선거 전에 연대를 통해 후보를 조정해야 했기 때문이다. 하지만 중앙선관위가 제안한 대로 연동형 비례대표제를 도입한다면 어떤 후보도 중간에 사퇴할 이유가 없다. 끝까지 완주하여 정당득표율을 높이는 것이 곧 승리하는 길이기 때문이다.

정당득표율로 의석수를 결정하자는 '권역별 비례대표제', 이에 따른 비례대표 의석의 확대, 그리고 지구당 부활 허용은 정치혁신을 담보할 만한 훌륭한 제안들이다. 반면에 석패율제와 오픈프라이머리 제도의 도입은 앞의 제안과 모순되거나 역행하는 발상이기 때문에 철회되어야 마땅하다.

선관위 제안, 거대 정당에 불리하지 않다

중앙선관위 제안의 적용

중앙선거관리위원회가 권역별 비례대표제 도입과 함께 지역구와 비례대표의 의석비율을 2:1로 조정하자는 선거제도 개정안을 제시한 이후, 이 제안이 새누리당(현재는 자유한국당)에 불리하기 때문에 실현 가능성이 희박하다는 의견이 나왔다. 그러나 이런 주장은 근거가 불명확하기 때문에 올바른 정보라고 할 수 없다. 여기서는 중앙선관위 안이 새누리당에 그렇게 불리한 것이 아니라는 점을 밝히고, 그 근거를 살펴본다.

...

기존 선거결과를 독일식에 적용할 경우

언론에서는 일부 전문가의 의견을 빌려 2012년 19대 총선결과에 독일식 비례대표제를 적용할 경우, 새누리당은 지역구 의석이

127석에서 103석으로 감소하고, 비례대표는 25석에서 32석으로 증가하여 총 의석수가 152석에서 135석으로 17석이 줄어든다고 보도했다. 민주통합당은 총 의석수가 127석에서 110석으로 감소한다고 한다. 또는 새누리당 의석이 139석으로, 민주통합당은 117석으로 줄어든다는 보도도 나왔다.

독일식 선거제도가 정당득표율에 따라 의석수를 결정하기는 하지만 지역구에서의 당선은 어떠한 경우에도 그대로 인정한다. 그런데 위에서 독일식을 적용하면 지역구 의석이 127석에서 103석으로 줄어든다고 하는데, 왜 그렇게 된다는 것인지 도저히 납득이 되지 않는다. 게다가 설명도 없기 때문에 이해할 수도 없다. 또 다른 결과에서는 아마도 '초과의석'이 발생하는 것을 간과한 것 같다.

저자가 시뮬레이션한 결과는 초과의석 발생으로 인하여 전체 의석수가 300석에서 331석으로 증가하는 것으로 나타났다. 새누리당 의석도 기존보다 4석이 늘어난 156석이다. 민주통합당은 1석이 증가하여 128석을 기록했다(〈표 3-6〉 참조). 따라서 기존의 지역구(246석)와 비례대표(54석)를 그대로 둔 상태에서 집계방식을 독일식으로 바꿀 경우, 새누리당 의석비율은 기존의 50.7퍼센트에서 47.1퍼센트로 다소 감소하지만, 자유선진당과 합칠 경우(실제로도 합당했지만) 50.4퍼센트로 3석의 무소속을 고려하지 않더라도 과반을 확보할 수 있었다.

선관위 제안의 적용 (1): 6개 권역

선거제도 개정과 관련하여 2015년 초 중앙선관위 제안은 대단히 혁신적이고 파격적인 것이지만, 몇 가지 문제점을 안고 있다. 6개 권역 설정의 임의성과 봉쇄조항의 기준(전국득표율 기준 3퍼센트 이상 또는 지역구 5석 이상) 등이 그것이다. 앞으로 논의가 진행된다면 이런 점들은 개선될 것이라 믿는다. 하지만 설사 그렇지 않더라도 이미 대단한 진전임은 분명하다.

중앙선관위 제안을 그대로 받아들이더라도 〈표 5-1〉에서 보는 것처럼 새누리당은 일부 언론에서 보도하는 것만큼 그렇게 불리하지는 않다.

일반적으로 독일식 제도를 도입할 경우 새누리당이 불리하다고 보는 가장 큰 이유는 초과의석 발생을 감안하지 않기 때문이다. 초과의석을 산정하는 방법이 다소 복잡하기는 하지만 필연적으로 발생하기 때문에 그냥 피해 갈 수 있는 문제는 아니다.

실제로 중앙선관위의 개정 의견서에서도 초과의석 문제를 명시적으로 언급하고 있는데, 이를 고려하지 않는 것은 이상한 일이다. 물론 17개 시·도별 권역으로 나누지 않고 6개의 권역으로 통합했기 때문에 초과의석 숫자가 〈표 5-1〉에서보다는 적게 발생하겠지만, 그렇더라도 거대 양당의 경우에는 일정 정도의 초과의석이 발생할 가능성은 높다고 할 수 있다.

기존의 지역구 246석을 그대로 두고 독일식을 적용하면 새누리당은 18석의 초과의석을 얻을 수 있다. 따라서 정당득표율에 따른 138석에 18석을 더하면 156석이 된다. 여기에 자유선진당과의 연

표 5-1 한국 19대 총선 결과에 중앙선관위 제안을 적용한 결과

지역	인구수에 따른 배정의석			새누리당		민주 통합당		자유 선진당	통합 진보당	권역별 의석수	
	계	지역	비례	배정	초과 의석[1]	배정	초과 의석[1]			계	초과 포함
서울	60	40	20	28		25	3	1	7	60	63
인천 경기 강원	97	64	33	45	4	39	2	2	11	97	103
부산 울산 경남	47	31	16	26	8	14		1	5	47	55
대구 경북	31	21	10	23	5	5		1	2	31	36
광주 전북 전남 제주	34	23	11	4		24	4	1	6	34	38
대전 세종 충북 충남	31	21	10	12	1	11	1	5	2	31	33
합계	300	200	100	138	18	118	10	11	33	300	328
				156		128					

* 중앙선거관리위원회 자료 참조 저자 작성.
[1] 17개 권역(광역시·도별)을 상정했을 때 발생하는 초과의석수.

합을 가정하면 총 167석으로, 초과의석으로 늘어난 전체 328석의
50.9퍼센트로 과반 확보가 가능하다.

· · ·

선관위 제안의 적용 (2): 지역구 200석 + 비례대표 100석

그러나 중앙선관위의 제안대로 지역구를 200석으로 줄이는 방안을 적용한다면 상황이 달라진다. 지역구가 줄어들기 때문에 초과의석이 다소 감소할 것이라는 예상은 할 수 있겠으나, 그것이 어느 정도인지를 예측하기는 어렵기 때문이다. 이 지점부터의 논의는 확실한 근거가 없기 때문에 많은 부분 추측을 통해 산정한 것이다.

그래서 일단 초과의석이 전혀 없다고 가정하고 계산해 보면, 새누리당은 정당득표율에 의해 138석을 얻을 수 있다. 이를 자유선진당과 합치면 149석으로 전체 300석의 절반에서 딱 1석이 부족한 결과이다. 하지만 초과의석을 통해 몇 석만 추가하더라도 과반을 넘기게 되는데, 이것은 충분히 가능한 일이다. 따라서 중앙선관위 제안을 수용하면 새누리당에 불리할 것이라는 주장은 문제가 있다.

현 제도하에서 152석을 얻어 단독으로도 과반을 넘었는데, 독일식을 도입하여 138석으로 줄어드는 위험을 감수할 필요가 있느냐고 묻는 것은 짧은 생각이다. 거기에는 거대 양당에만 유리하고 소수 정당에는 불리한, 또 유권자의 지지율과 정당의 의석수 사이에 현저한 격차를 보이는 우리 선거제도의 문제점이 고스란히 잠재하여 있기 때문이다.

그 밖에 새누리당의 입장에서만 보더라도 그 정도의 위험은 기존 제도에서도 충분히 일어날 수 있기 때문이다. 선거 당시의 바람에 따라 수십 석은 쉽게 왔다 갔다 하는 것을 이미 많이 보지 않았던가. 예를 들어 2012년 19대 및 2016년 20대 총선결과가 그 증거이다.

...

안정적 의석확보와 다당제의 길

2012년 총선 당시 새누리당은 서울 지역 48개 선거구에서 겨우 16석을 얻었을 뿐인데, 만약 독일식을 도입하여 정당득표율로 의석수를 결정했다면 29석을 받을 수 있었다. 13석이나 손해를 본 것이다. 마찬가지로 경기도에서도 전체 52석 가운데 31석을 얻을 수 있었는데, 21석만 당선되어 10석이나 손해를 보았다.

2016년 총선에서도 새누리당은 36퍼센트의 정당득표율에 122석을 얻은 반면, 더불어민주당은 27퍼센트에 123석을 차지하였다. 9퍼센트를 더 얻었음에도 불구하고 의석수에서는 1석이 부족한 왜곡된 결과가 나타난 것이다. 이 결과는 새누리당이 수도권에서 정당득표율에 따라 배분되는 의석수보다 17석이나 적게 당선되었기 때문이다.

비록 2016년 말 촛불시위와 박근혜 대통령에 대한 탄핵사태로 지지율이 많이 떨어지기는 했지만, 전국적으로 안정적 정당지지율을 확보하고 있는 자유한국당(새누리당)의 입장에서는 독일식 제도가 절대로 불리한 것이 아니다. 앞의 시뮬레이션 결과에서 본 것처럼 새누리당은 매번 제1당의 지위와 함께 안정된 의석을 확보하는 것이 가능했기 때문이다.

자유한국당이 전격적으로 연동형 비례대표제를 수용할 경우 이러한 이익 이외에도 여러 가지 장점을 누릴 수 있다. 무엇보다 정치개혁에 동참하는 정당임을 보여 줌으로써 합리적 보수나 중도층의 지지율이 상승하게 될 것이다. 또한 군소 정당들로부터도 기득권을 내려놓은 정당이라고 큰 환영을 받게 될 것이다. 실제로

2018년 3월 자유한국당이 개헌논의와 관련하여 연동형 비례대표제 선거제도를 수용할 수도 있다는 입장을 내놓자, 정의당이 이를 긍정적으로 평가하였다. 그 밖에 진보 진영의 분열을 촉진하여 전반적으로 보다 많은 기회를 얻을 수도 있다. 물론 보수 진영의 분열도 가능하다.

이렇게 정당들이 분화하여 다당제가 되는 것은 결코 정치의 후퇴가 아니다. 오히려 바람직한 방향이다. 국민의 정치혐오증을 유발하는 양당제의 폐해에서 벗어나 대화와 타협의 정치가 활성화될 것이기 때문이다. 그렇게 되면 비정규직이나 양극화 문제에 대한 해결책의 모색이 가능해지고, 사회갈등을 해소하는 기반이 마련될 것이다.

• • •

의석수를 늘리는 문제

비록 국회의원들에 대한 실망 때문에 국민의 반대가 거세기는 하지만 학계나 전문가를 중심으로 국회의원 수를 늘려야 한다는 주장이 꾸준히 제기되고 있다. 특히 정의당은 의석수를 360석(지역구 240석 + 비례대표 120석)으로 확대하자는 방안을 내놓았다. 과거 새정치민주연합 혁신위는 369석(지역구 246석 + 비례대표 123석)으로 조정하자는 안을 제시했다. 하지만 의석수를 늘리는 것은 방향은 맞는데, 그 방법에 대해서는 좀 더 고민이 필요하다.

지역구를 줄이는 것이 현실적으로 어렵다는 점을 반영한 것으로 보이는 제안을 이해는 하지만, 그런 방식은 충분한 대안이 되기에는 미흡하다. 예를 들어 기존의 246개 의석을 240개로 6석만 줄이면 될 것 같지만 사실은 그렇지가 않다. 이미 선거구 간 과도한 인구격차로 인하여 헌법재판소의 결정에 따라 어차피 수많은 지역구의 조정이 필요한 상황이기 때문이다.

따라서 인구 25만 명에 1개의 선거구를 만드는 방식으로, 즉 지역구 200석과 비례대표 100석으로 조정하는 것이 올바른 방향이다. 그리고 정치가 나아지고, 또 그러한 모습을 보여 준 후에 기회가 될 때마다 비례의석을 점진적으로 늘려 가는 방식이 국민들로부터도 공감을 받는 방법이 될 것이다.

· · ·

독일식 '비례대표'에 대한 오해

다만 여기서 반드시 유의해야 할 점이 있다. 독일식 선거제도와 관련하여 정치권이나 시민단체를 비롯하여 많은 사람들이 잘못 이해하고 있는 부분이 비례대표에 대한 것이다. 앞에서도 언급한 바 있지만, 한국과 독일의 비례대표는 성격이 전혀 다르다. 한국의 비례대표는 지역구 출마자와는 완전히 별개로 후보로 지명되고 의원으로 선출되지만, 독일에서는 지역구 후보가 그대로 동시에 비례후보가 된다. 한국에서는 비례대표가 특정 이익집단의 대표로 국회에 진출하는 것을 의미하지만, 독일에서는 지역구에서 근소한 차이로 패배한 후보들에게 당선의 기회를 주는 것이다.

여기서 비례대표를 늘려야 한다고 내가 주장하는 바의 정확한 의미는 흔히 알고 있거나 시민사회단체들이 주장하는 것과는 전혀 다른 것이다. 지역구 출마를 하지 않는 이익집단이나 소수자 그룹의 대표자 수를 확대하자는 의미가 아니라, 기존 소선거구 단순다수제에 따라 지역구에서 수많은 사표가 발생하는 승자독식의 문제점을 개선하자는 것이다.

독일식 비례대표에 대한 제대로 된 이해는 비례대표제를 폐지해야 한다고 주장하는 일부 의원들이나 정치전문가들에게 반가운 소식이 될 것이다. 그들은 현행 선거제도하에서는 지역구 의원들이 치열한 경쟁을 통해 선출되는 데 반하여, 비례의원들은 그냥 당선되기 때문에 일부 자질이나 능력 면에서 차이가 있다고 주장해 왔기 때문이다. 우리가 연동형 선거제도와 함께 독일식 비례대표제를 채택한다면 그러한 문제점들이 해소될 수 있다.

독일식 선거제도가 자유한국당에 불리할 것이라는 논의는 이제 그만 중단되어야 한다. 지속적으로 정치혐오를 부추김으로써 유발되고 있는 의원 수를 축소해야 한다는 여론도 이제 불식시켜야 한다. 이러한 여론의 원인은 기존 선거제도의 문제점과 그에 편승한 의원들의 기득권 유지행태가 불러온 것인지도 모른다. 그 기득권을 내려놓게 하는 방안이 선거제도를 바꾸고 의원 수를 대폭 늘리는 것이다.

이를 통해 다양한 계층을 대변하는 정치세력을, 즉 다양한 정당을 의회의 장으로 받아들이고, 대화와 타협을 통해 국민이 원하는 정책을 결정하는 것이 실질적으로 사회통합을 이루는 일이다. 사회의 모든 계층을 대변하겠다는 거대 양당의 독점적 행태에서 벗어나 실질적 다당제가 정착될 수 있어야 한다. 언제부터인가 우리 사회가 정체 또는 퇴행하고 있는 까닭은 바로 양당제 중심의 정치가 역할을 제대로 못하고 있기 때문이다. 현재 자유한국당이 이 문제를 해결할 열쇠를 쥐고 있다고 생각한다.

4

여야 모두 받아들일 수 있는 선거제도

국회의원을 350명으로

. . .

기존 선거제도의 문제점

국민에게는 고통을 분담하자고 호소하면서 국회의원이나 고위 공직자의 급여는 나날이 오르고 있다. 선거 때마다 '특권 내려놓기'가 단골 공약이지만 실천하는 모습을 보기는 힘들다. 우리 국회의원은 독일에 비해 거의 2배 많은 세비를 받고 있다. 그렇다고 제 역할을 잘하는 것도 아니다. 또 사회적 약자나 소수자, 비정규직 등을 대변하려는 녹색당, 노동당과 같은 작은 정당은 국회에 들어갈 수도 없다. 국회의원에 당선되지 못한다는 말이다.

선거제도를 독일식으로 바꾸고, 예산을 동결하고 의원 수를 늘려야 한다는 주장이 정치권과 시민사회 등을 중심으로 많은 호응을 얻고 있다. 유권자 사이에서도 공감대가 점점 더 확산되는 분위기이다. 그러나 현행 소선거구 단순다수제의 수혜자인 정당은 이 제도를 바꾸는 것에 매우 소극적인 모습을 보이고 있다. 실제로 현실정치의 벽은 대단히 높다.

따라서 군소 정당과 거대 양당도 받아들일 만한 선거제도 개선안을 마련하는 것이 중요하다. 그러면 아무리 보수적인 자유한국당이라고 하더라도 합리적인 대안을 계속해서 거부하기는 어려울 것이기 때문이다. 그들도 이미 양당제의 폐해를 잘 알고 있다. 과거 양당체제하에서 세월호, 비정규직, 청년실업, 계속해서 불거져 나오는 갑질 행위 등 우리 사회의 주요 과제들에 대해 제대로 된 해결책을 내놓지 못한 것이 바로 그 증거이다.

. . .

350석으로 늘어나도 새누리당은 거의 과반

여기서는 여야 모두가 동의할 만한 방안을 모색하였다. 현행 국회 의석수(300석)에서 추가로 비례대표만 50석을 늘리고, 연동형 비례대표제를 도입하는 것이다. 이렇게 변경된 제도를 19대 총선 결과에 대입하여 시뮬레이션했더니 앞에 언급했던 여러 가지 문제점을 완화하면서, 동시에 대다수가 수용할 만한 결과를 얻을 수 있었다. 다음 표들은 그 구체적인 결과이다. (보다 이상적인 방법은 지역구 200석, 비례대표 150석으로 가정하는 것이지만, 시뮬레이션을 위해 지역구 246석을 그대로 두었다.)

〈표 5-2〉를 보면 총 의석수가 늘어날수록 각 정당의 의석비율은 자신의 정당득표율에 보다 더 근접함을 알 수 있다. 유권자의 의사와 실제 결과 사이의 괴리가 줄어드는 것으로, 이는 독일식 선거제도의 특징이 드러나기 때문이다.

표 5-2 한국 19대 총선 결과에 350석과 연동형 비례대표제를 적용한 결과

정당	유효 정당득표수				적용 결과				
	득표수[1]	득표율(%)	제수	배정의석	지역[2]	비례	계	의석비율(%)	초과의석
새누리당	9,130,651	46.1		161	127	42	169	46.6	8
민주통합당	7,777,123	39.3		138	106	34	140	38.6	2
통합진보당	2,198,405	11.1	56,563	39	7	32	39	10.7	–
자유선진당	690,754	3.5		12	3	9	12	3.3	–
기타	–	–		–	3	–	3	0.8	3
합계	19,796,933	100		350	246	117	363	100	13

* 중앙선거관리위원회 자료 참조 저자 작성.
[1] 19대 총선의 정당득표수 적용.
[2] 19대 총선의 지역구 당선자 수 적용.

19대 총선에서 새누리당의 정당득표율은 원래 42.8퍼센트이지만, 봉쇄조항에 걸린 정당들의 득표율을 제외할 경우 유효 정당득표율은 46.1퍼센트이다. 연동형 비례대표제를 적용하면 총 의석수가 300석일 경우 새누리당의 의석비율이 47.1퍼센트를 기록했지만(〈표 3-3〉 참조), 총 의석수를 350석으로 늘렸을 때는 46.6퍼센트가 되었다. 독일식을 적용하지 않은 기존 방식에 따른 새누리당의 의석비율은 50.7퍼센트이다.

정당득표율과 의석수 사이의 격차를 살펴보면 기존 선거제도하에서 4.6퍼센트로 가장 크고, 연동형 비례대표제만 도입했을 때는 1.0퍼센트로 줄어들며, 연동형 비례대표제 도입과 의석수를 350석

표 5-3 한국 19대 총선 결과에 350석 적용 시 새누리당의 권역별 의석수

지역	정당득표수	제수 56,712	배정 의석	실제 의석수			초과 의석
				지역구	비례대표	계	
서울	1,940,259	34.21	34	16	18	34	
부산	796,959	14.05	14	16	0	16	2
대구	676,162	11.92	12	12	0	12	
인천	477,505	8.42	8	6	2	8	
광주	31,871	0.56	1	0	1	1	
대전	214,784	3.79	4	3	1	4	
울산	236,155	4.16	4	6	0	6	2
경기	2,023,650	35.68	36	21	15	36	
강원	340,123	6.00	6	9	0	9	3
충북	284,141	5.01	5	5	0	5	
충남	294,351	5.19	5	4	1	5	
전북	73,859	1.30	1	0	1	1	
전남	52,495	0.93	1	0	1	1	
경북	812,727	14.33	14	15	0	15	1
경남	772,543	13.62	14	14	0	14	
제주	90,411	1.59	2	0	2	2	
세종	12,656	0.22	0	-	-	0	
합계	9,130,651	160.98	161	127	42	169	8

* 중앙선거관리위원회 자료 참조 저자 작성.

으로 늘렸을 때는 0.5퍼센트로 가장 작았다.

이는 의석수가 늘어날수록 초과의석이 감소하기 때문이다. 실제로 새누리당의 초과의석수는 300석 당시 18석에서 350석에서

는 8석으로 10석이나 줄어들었다(〈표 3-5〉 참조). 〈표 5-3〉에서 보듯이 대구, 경남, 충북에서는 초과의석이 모두 사라졌고, 부산, 울산, 경북, 강원에서만 1~3석 나타났다. 따라서 초과의석에 의해 정당득표율보다 과대대표되는 문제도 상당 부분 완화되었다.

새누리당은 350석을 가정했을 때에도 자유선진당과 연합할 경우 181석으로 과반에서 단 1석(보다 정확히는 0.5석)만 부족할 뿐이다. 하지만 무소속 3석 가운데 1석만 가져가도(실제에서도 그렇게 됐지만) 과반을 넘게 된다.

지역별로 살펴보면, 특히 서울과 경기에서 각각 18석과 15석의 비례대표 당선자가 추가로 생겨났다. 인천과 제주에서는 각 2석, 대전과 충남, 광주, 전남, 전북에서도 각 1석의 당선자가 나왔다. 새누리당이 의석수 350석과 독일식 선거제도를 수용할 경우, 전체적으로 의석수가 기존(152석)보다 17석이나 늘어나는 이점이 있다. 또한 호남지역을 제외하고는 전 지역에서 2석 이상을 확보하여 명실상부한 전국 정당으로서의 위용을 갖출 수 있게 된다.

$\cdots$

민주통합당과 군소 정당은 미세하게 감소

반면에 민주통합당과 소수 정당들은 정당득표율에 비해 실제 의석의 비율이 미세하게나마 줄어든 것을 알 수 있다. 그것은 새누리당에서 상대적으로 많은 초과의석이 나타났기 때문이다. 그럼에도 불구하고 통합진보당(39석)과 자유선진당(12석)도 기존의 선거제도에 비해 의석수가 비약적으로 늘어나게 된다.

〈표 5-4〉에서 보듯이 민주통합당은 특히 부산과 경남에서 7석

표 5-4 한국 19대 총선 결과에 350석 적용 시 민주통합당의 권역별 의석수

지역	정당 득표수	제수 56,356	배정 의석	실제 의석수			초과 의석
				지역구	비례 대표	계	
서울	1,751,344	31.08	31	30	1	31	
부산	493,683	8.76	9	2	7	9	
대구	166,557	2.96	3	0	3	3	
인천	419,474	7.44	7	6	1	7	
광주	395,915	7.03	7	6	1	7	
대전	210,964	3.74	4	3	1	4	
울산	120,394	2.14	2	0	2	2	
경기	1,803,369	32.00	32	29	3	32	
강원	221,750	3.93	4	0	4	4	
충북	233,615	4.15	4	3	1	4	
충남	244,722	4.34	4	3	1	4	
전북	502,359	8.91	9	9	0	9	
전남	576,500	10.23	10	10	0	10	
경북	158,113	2.81	3	0	3	3	
경남	367,775	6.53	7	1	6	7	
제주	92,951	1.65	2	3	0	3	1
세종	17,638	0.31	0	1	0	1	1
합계	7,777,123	138.01	138	106	34	140	2

* 중앙선거관리위원회 자료 참조 저자 작성.

과 6석의 비례대표 당선자가 나오게 된다. 대구와 경북에서는 각 3석, 울산 2석, 경기 3석, 강원 4석, 그리고 서울, 인천, 광주, 대전, 충북, 충남에서도 각각 1석이 당선된다. 종합적으로 영남 지역에서의 약진과 더불어 거의 전 지역에서 3석 이상을 확보한 전국 정당이 될 수 있다.

또한 민주통합당의 초과의석수는 300석 당시 10석에서 350석에서는 2석으로 줄어든다(〈표 3-6〉 참조). 제주특별자치도와 세종별자치시에서만 각 1석씩 발생할 뿐이다. 비례의석을 불과 50석 늘렸을 뿐인데 민주통합당의 경우 초과의석이 거의 사라졌다.

· · ·

여전히 높은 의원세비

국회예산을 동결하고 의원 수를 늘렸을 때, 의원당 세비는 〈표 5-5〉처럼 줄어들게 될 것이다. 300석에서 350석으로 50석만 늘렸음에도 불구하고 연동형 비례대표제의 속성상 실제로는 63석이 증가하여 총 363석이 된다. 이렇게 되면 의원 1인당 인구수가 독일과 비교했을 때 비슷하게 된다. 또한 OECD 국가들을 대상으로 인구, 국내총생산(GDP), 예산, 공무원 등을 고려하여 산출한 우리나라의 적정 의원 수는 330~360명이라는 발표가 있었던 점을 감안한다면 이는 충분히 수용할 만한 결과이다.

하지만 예산을 동결하고 국회의원 수를 약 20퍼센트 늘리더라도 의원의 월 급여는 300석일 경우에 비해 약 17퍼센트밖에 감소하지 않는 것으로 나타났다. 이는 독일 연방의원 급여의 약 77퍼센트 정도로, 우리의 1인당 GDP가 독일의 65퍼센트에 불과하다는 점

표 5-5 예산동결 후 국회의원 수를 늘렸을 때 세비의 변화

구분	독일	한국	
의원 수	598명	300명	363명[1]
의원 1인당 인구수	13만 5,000명	16만 7,000명	13만 8,000명
월 급여[2]	9,082유로(1,226만 원)	약 1,150만 원	약 950만 원

[1] 원래 300명에서 350명으로 늘렸으나 초과의석의 발생으로 363명이 됨.
[2] 2015년 기준.

을 고려한다면 여전히 높은 것임을 알 수 있다. 따라서 의원 수를 350명으로 늘리더라도 국회예산은 상당 기간 동결되어야 한다.

. . .

양당제와 새로운 '5당 체제'

현행 '소선거구 단순다수제'하에서 거대 양당은 엄청난 혜택을 누려 왔다. 유권자에게 '1번 아니면 2번'이라는 투표지를 강요함으로써 다른 선택의 여지를 아예 박탈해 온 것이다. 설사 그렇더라도 양당이 그동안 정치를 잘해 왔다면 별 문제가 없었을 것이다. 하지만 아쉽게도 그렇지 못했다.

양당제가 한계에 도달한 것이다. 그 이유는 많은 국민들이 기존의 정치에 식상하여 새로운 정치를 열망하고 있기 때문이다. 정치에 대한 무관심은 투표율에서도 그대로 나타나고 있다. 2013년 독일 연방총선의 투표율이 71.5퍼센트, 2017년 76.2퍼센트를 기록한 것에 반해, 우리는 2012년 19대 총선 54.2퍼센트, 2016년 20대 총선 58.0퍼센트로 17~18퍼센트 이상 저조하였다.

그동안 거대 양당은 상대방을 '적 또는 악'으로 규정하고, '전부 아니면 전무(all or nothing)'식의 극단적인 대립 속에서 역설적으로 공생하여 왔다. 이러한 시스템을 바꾸지 않으면, 그 어떤 새로운 인물이 양당에 진입하더라도 진영논리에 묻혀 제대로 된 정치활동을 하기 힘들 것이다.

　다수의 정당이 각자의 정책과 주장을 들고 나와 공개적으로 협상하고 서로 교환할 수 있어야 한다. 거대 정당 내부의 계파 또는 노선 갈등보다 서로 다른 정당 간 경쟁이 훨씬 더 생산적이기 때문이다. 정당 간 경쟁이 생산적인 이유는 밀실에서 은밀하게 이루어졌던 거래를 유권자 앞에 공개적으로 끌어낼 수 있기 때문이다.

　새로 권력에 도전하려는 정치인이나 정치세력은 여야를 막론하고 발상의 전환이 필요하다. 기존의 정치시스템을 그대로 두고 혁신하겠다는 다짐은 이제 더 이상 국민들에게 먹히지 않을 것임을 알아야 한다. 양당제 아래서는 어떠한 협상이나 대안도 불가능하다는 것을 인정하고, 다당제로 변화하는 것을 두려워하지 말아야 한다. 연동형 비례대표제를 도입한다면 우리도 안정적 다당제가 될 수 있다. 게다가 의석수까지 늘린다면 다당제를 더욱 촉진하게 될 것이다.

　2016년 총선을 앞두고 새정치민주연합이 더불어민주당과 국민의당으로 갈라서고, 총선 후 촛불집회와 탄핵국면을 거치면서 새누리당이 자유한국당과 바른정당으로 쪼개졌다. 여기에 정의당이 더해져 다소 불안정한 5당 체제가 출범했다. 이 구도는 2017년 5월에 치러진 19대 대통령 선거에서도 그대로 이어졌다. 대선 후 국민의당이 갈라져 한편은 바른정당과 결합하여 바른미래당이 되었고, 다른 한편은 민주평화당을 만들었다. 이합집산이 있었지만 불안정한 5당 체제는 여전히 지속되고 있다.

하지만 선거제도가 바뀌면 안정적 다당제가 정착하게 될 것이고 우리의 정당과 정치도 한 단계 업그레이드될 것이다. 처음에는 여전히 '지역과 인물'을 중심으로 정당이 만들어지겠지만 그런 상태를 지속하기는 힘들다. 그것만으로는 차별화가 난망한 까닭이다. 점진적으로 '전국 정당화'를 모색하다 보면 결국은 '가치와 정책'을 중심으로 재편될 것이다.

현재 상황에서는 정당을 만드는 것도 어렵게 되어 있지만, 설사 만들더라도 국회에 진입하는 것은 거의 불가능하다. 바로 선거제도 때문이다. 기존 제도는 거대 양당 이외의 정당 출현을 거의 원천적으로 봉쇄하고 있다. 선거제도가 우리 정치의 발목을 잡고 있는 것이다. 따라서 선거제도의 개혁이 개헌보다도 훨씬 더 시급하고 중요한 일이다.

그렇다면 의원 수를 늘리고 선거제도만 바꾸면 우리 정치가 과연 살아날 수 있을까? 그렇게만 되더라도 엄청난 진전임에는 틀림없으나 최상의 모습은 아니다. 결정적인 한 가지가 빠져 있기 때문이다. 바로 각 정당의 공직후보 선출방식이 그것이다. 어쩌면 앞에 이야기한 어떠한 개혁보다도 더 중요한 것일지도 모른다. 지금까지 선거제도를 바꾸고 의원 수를 확대하자는 모든 논의는 반드시 공정한 공직후보 선출을 전제로 한 것이다(여기에 대한 자세한 내용은 제3장 참조).

5

돈 드는 선거 없애려면
승자독식 제도의 폐해

. . .

불법 정치자금 문제

2015년 4월, 소위 '성완종 리스트'에 의해 불거진 불법 정치자금 사건을 두고 여야는 성역 없는 수사를 요구하며 정치혁신을 외쳤다. 하지만 이 사건의 수사를 통해 우리 정치권이 깨끗해지거나 환골탈태할 것이라고 믿은 유권자는 거의 없다. 전문가는 물론 일반 국민조차도 그런 일이 특정 정치인만의 문제가 아니라 한국 정치의 구조적 문제라는 것을 대충 다 알고 있기 때문이다.

우리 사회에서 돈 없는 사람이 정치를 한다는 것은 현실적으로 거의 불가능하다. 따라서 이 문제를 해결하는 방법은 둘 중의 하나이다. 돈이 많이 드는 현실을 인정하고, 미국처럼 합법적으로 보다 많은 정치자금을 모으고 사용할 수 있도록 법을 개정하는 것이다. 반대로 이것이 문제라고 생각된다면 독일처럼 정치를 하는

데 돈이 들지 않도록 정당제도, 선거제도 등을 바꾸는 것이다.

현행 우리 선거제도는 독일식에 비해 돈이 많이 든다. 게다가 승자와 패자의 차이가 극명하게 갈리는 승자독식의 제도이기 때문에 후보자 모두 필사적이다. 또 정당조직이 부실한 상황에서 주로 개인의 역량에 의존하기 때문에 불투명한 구석이 많음은 물론 훨씬 더 많은 비용을 필요로 한다. 반면에 독일에서는 승자독식이 아니고 공직후보가 철저하게 해당 당원들에 의해서 결정되기 때문에 상대적으로 돈이 들지 않고 투명한 편이다.

따라서 돈이 적게 드는 정치를 원한다면 선거제도와 후보선출 방식을 바꾸는 것이 최우선 과제이다. 2014년 10월 헌법재판소의 선거구 조정 결정과 2015년 2월의 중앙선거관리위원회의 선거제도 개정의견에 따라 '국회 정치개혁특별위원회'(이하 '정개특위')를 중심으로 이에 대한 논의를 진행했지만, 끝내 합의를 도출하지 못하다가 결국은 2016년 총선 직전에 최소한의 조정에 그치고 말았다.

. . .

2015년 정개특위 활동의 문제점

2015년 4월, '정치개혁특별위원회'는 첫 번째 공식회의를 열었다. 이 자리에서는 중앙선관위의 개정의견을 다시 보고받고, 그에 대한 질의와 논의가 있었다. 이를 통해 선거제도 및 선거구 획정 관련 여야 정개특위 위원들의 의중이 일정 부분 드러내는 계기가 되었다.

두 번째 회의에서는 '선거구 획정위원회'를 독립기구로 하는 데

합의하였다. 하지만 그 기구를 중앙선관위 산하에 둘지, 국회의장 직속기구 또는 제3의 독립기구로 할지에 대해서는 논란이 일었다. 시간을 끌다가 나중에 중앙선관위에 두기로 합의했다. 또 선거구의 수정권한을 최종적으로 누가 가질지, 획정위원회 구성을 어떻게 할지 등에 대해서는 갈팡질팡했으며, 획정위원회 주요 업무에 대해 합의하지 못함으로써 결국은 위원회 작업을 무산시켰다.

이러한 정개특위의 활동에서 드러난 몇 가지 중대한 문제점을 지적하면 다음과 같다.

첫째, 특위 위원들의 잘못된 인식의 문제이다. 선거제도를 바꾸거나 선거구를 조정하는 일은 기본적으로 중앙선관위의 과제가 아니다. 그런데 대다수 위원들은 중앙선관위 제안에 대한 문제점을 지적하거나 자기 지역의 이해관계를 드러내는 데에는 열을 냈지만, 대안을 제시하는 경우는 찾아보기 힘들었다. 특히 의원정수를 확대하는 문제에는 오히려 중앙선관위에 해결방안을 내놓으라고 요구하기도 하였다. 한마디로 적반하장이다.

둘째, 선거구 획정위원회를 독립기구화하더라도 정개특위는 위원회 활동에 앞서 다음 사항을 결정해야 했는데 그러지 못했다는 점이다. 먼저 선거제도를 어떻게 바꿀지 합의해야 했다. 또 의원정수를 어떻게 할지, 그리고 지역구와 비례대표의 의석수를 어떤 비율로 나눌 것인지도 정해야 했다. 최소한 이 세 가지는 특위가 우선적으로 결정을 하고, 이에 근거하여 획정위원회가 선거구를 조정하도록 요구했어야 한다.

그런데 정개특위는 이런 기본적 사항조차 결정을 유보한 채 획정위원회에 모든 과제를 떠넘겼고, 나중에는 모두 손을 놓아 버렸다. 이는 명백한 직무유기인데, 그 과제들은 근본적으로 획정위원회가 결정할 수 있는 사항이 아니다. 왜냐하면 애당초 어떤 정답이 있는 것이 아니라 서로 합의를 통해 결정돼야 하는 것이고, 바로 국회의원들이 결정해야 할 몫이기 때문이다.

기존의 선거제도를 연동형 비례대표제로 바꾸고, 의원정수는 당분간 현행 수준을 그대로 유지하되, 지역구를 200석, 비례대표를 100석으로 나누는 것이 올바른 방향이라고 본다. 보다 바람직한 방향은 국회 의석수를 360~400석 정도로 확대하는 것이다. 비록 부정적인 국민정서 때문에 쉬운 일은 아니지만 의석수는 늘어나야 하고, 지역구가 아니라 우선적으로 비례대표를 늘려야 한다.

거듭 말하지만 헌법재판소 결정에 따라 선거구를 1 : 2 인구기준에 따라 조정하는 것은 미봉책이며, 인구 25만 명당 1석으로 하는 것이 훨씬 더 합리적이고 타당한 방안이다. 그것은 앞서 살펴본 바와 같이 이미 많은 선거구의 인구수가 이에 근접하고 있기 때문이다.

· · ·

재보선에 정신 팔린 여야

재보궐선거에 돌입하면 거대 양당은 만사를 제치고 이에 올인한다. 특히 양당의 대표는 마치 자신이 후보라도 된 듯이 선거운동에 열심이다. 언론 또한 마찬가지이다. 그런데 이 보궐선거가 정치권이 이처럼 총력을 기울일 만큼 가치 있는 일인지 묻고 싶다. 도대체 재보선 결과가 우리 정치권의, 또 우리 생활의 무엇을 바꿀 수 있단 말인가?

몇 석 안 되는 재보선 결과가 어떻게 나오든지 간에 정치권에 어떤 변화를 가져올 것이라고 기대하는 사람은 많지 않았을 것이다. 결국은 그들만의 잔치로 끝나는 탓이다. 과거 2014년 7·30 재보궐선거의 결과도 새정치민주연합의 대표를 바꾼 것 말고는 변화라고는 거의 없었다. 당시 '안정된 과반의석을 만들어 달라'고 호소하던 새누리당은 목표를 달성했지만 역시 변한 것은 아무것도 없었다.

이와 비슷한 시기에 정개특위에서 선거제도와 선거구를 조정하는 문제에 대한 논의가 시작됐지만, 뒤이어 터져 나온 '성완종 리스트' 논란에 의해 묻히고 말았다. 불법 정치자금을 받은 정치인을 처벌하는 것은 반드시 필요한 일이다. 그러나 정개특위 활동은 이보다 훨씬 더 중요한 일이다. 처벌은 1회성으로 끝나지만 선거제도를 바꾸는 일은 향후 수십 년 또는 그 이상 우리 사회에 영향을 미칠 중차대한 과제이기 때문이다.

선거제도를 개혁하지 않고는 정치권에서 발생하는 부정부패의 청산 자체가 어려울 수도 있다. 특정인의 개인적인 일탈이라기보다는 지난 수십 년간 반복되어 온 정치구조가 잉태한 문제이기 때문이다. 따라서 양당의 대표는 재보궐선거보다 정개특위의 활동에 관심을 보였어야 했다.

. . .

선거구 획정위의 상설화

우리는 필요할 때마다 임시로 '선거구 획정위원회'를 구성했다가 해산하는데, 획정위를 이러한 방식으로 운영하는 것은 문제가 많다. 인구의 변화에 따라 획정위의 활동이 지속적으로 필요하기 때문이다. 독일의 모델을 참조하여 획정위원회를 행정자치부나 기획재정부 산하에 상설화된 독립기구로 두고, 전문성을 확보하기 위해 통계청장과 행정법원 판사, 그리고 약간 명의 전문가로 구성하는 것이 바람직하다.

상설화가 필요한 이유는 선거구 획정은 1회로 끝나는 것이 아니라, 향후에도 조정이 상시적인 과제가 될 것이기 때문이다. 또한 이들의 과제나 역할은 '선거구 조정'에만 한정하는 것이 합리적이다. 선거제도의 개편이나 의원정수를 정하는 문제는 국회의원이 결정하는 것이 타당하다고 보기 때문이다.

. . .

누가 의원정수 확대를 반대하는가

2015년 중앙선거관리위원회가 제안한 '권역별 비례대표제'는 국회의원은 물론 시민단체나 전문가 사이에서 큰 지지를 받았다. 이 제도를 도입할 경우 의원정수는 기존과 같이 특정 숫자로 고정되지 않는다. 초과의석이 발생하기 때문이다. 다만 독일처럼(지역구 299석＋비례대표 299석) 기준이 되는 의석만 결정하면 된다. 독일의 의원 수가 한 번도 기준의석인 598명이 된 적이 없듯이, 우리도 기준의석을 300석으로 하더라도 권역을 어떻게 설정하느냐에 따라 실제 의원정수는 320~340명으로 늘어날 가능성이 크다.

향후 의석수의 결정에서 선거구 간 인구격차를 1:2 이내로 하라는 헌법재판소의 결정을 준수하는 것보다 가능한 한 선거구별 인구수를 일치시키는 것이 바람직한 방향이다. 독일의 한 지역구 인구수가 약 27만 명인 점을 감안하여 우리도 보다 전향적으로 25만 명에 1개의 지역구를 배정하면, 지역구 200석과 비례대표 100석을 기준의석으로 설정할 수 있다. 실제로 많은 지역구가 이에 근접하고 있기 때문이다.

이처럼 합리적인 대안이 있음에도 불구하고 현역의원들의 지역구를 어떻게 그렇게 많이 줄일 수 있겠느냐는 이유로 거부하는 것은 명백한 잘못이다. 반대하는 의원들에게 자신의 것은 절대 포기하지 않으면서 무슨 혁신을 하겠다는 것인지 묻고 싶다.

대다수 국회의원은 국민정서를 이유로 의원 수를 확대하는 문제에 소극적인 모습을 보이고 있다. 하지만 이 또한 잘못이다. 상임위원회당 의원 수를 독일과 비교하거나 부실한 예산심의, 국회의원의 기득권 축소 등을 감안할 때 의원 수를 늘리는 것이 바람직하기 때문이다. 의원 수 확대의 중요한 근거로 흔히 OECD 국가들과 비교하여 의원 수가 부족하다는 점을 꼽고 있다. 하지만 보다 핵심적인 이유는 정치가 제 역할을 못하고 있다는 사실에서 찾아야 한다. 제대로 된 더 많은 국민의 대표가 국회로 들어가서 정치를 정상화하고, 사회적 약자의 이해관계를 대변하는 것이 옳기 때문이다.

* * *

비례대표는 전리품이 아니다

일부 국회의원과 전문가는 경우에 따라 비례대표를 축소하거나 폐지까지도 요구하고 있다. 대체로 비례대표의 후보선출 방식이 불투명하다거나, 비례대표 의원이 지역구 의원보다 낫다는 보장이 없다는 것이 이들의 주장이다. 비례대표는 지역구 의원과 달리 고생 없이 의원이 된다는 불만은 물론 지역구보다 당선이 손쉬운 비례대표를 선호한다는 지적도 있다. 심지어 비례대표를 권력자의 전리품 정도로 인식하기도 한다.

현행 선거제도하의 비례대표는 위와 같은 논란에 휩싸이기 십상인 것도 사실이다. 하지만 연동형 비례대표제에서는 그런 문제가 발생하지 않는다. 독일의 사례에서 보듯이 지역구 후보가 그대로 비례대표 후보로 선출되기 때문이다. 따라서 이 새로운 제도에 대한 이해가 확산된다면 그와 같은 시비는 사라지게 될 것이다.

또한 비례대표를 폐지해야 한다는 주장은 제도운용상의 잘못을 내버려 두고 제도 자체가 잘못됐다고 하는 모양새이다. 마치 정당정치가 제대로 작동하지 않고 있으니 정당 그 자체가 문제라는 인식과 비슷하다. 당연히 당원의 권한인데, 당원 수가 부족하니 당원에게 공직후보 선출권을 줄 수 없다는 우리 정당의 논리도 이와 같은 것이다.

선거과정에서 지역구 후보가 고생하는 이유는 지역의 정당조직이 거의 작동하지 않고, 후보 개인이 모든 것을 알아서 해야 하기 때문이다. 그래서 돈이 많이 드는 것이다. 하지만 그렇게 힘들게 당선된 의원은 문제점을 고치려 하지 않는다. 이제 그런 문제점들이 거꾸로 자신의 기득권이 되고, 지역의 정당활동이 활성화된다면 자신에게 도전하는 경쟁자가 도리어 많아질 것이기 때문이다.

연동형 비례대표제하에서는 후보가 지역구와 비례대표에 동시입후보하는 것이 가능하다. 하지만 현재처럼 후보의 결정을 공천심사위원회를 통해 당대표가 좌지우지하는 상황에서 동시입후보를 허용하는 것은 개선이 아니라 오히려 개악이 될 수 있다. 따라서 당원들이 공천권을 갖는다는 내용이 반드시 입법화되어야 한다. 제도적 장치만으로는 부족하다. 각 정당이 이미 당헌이나 당규에 상향식 공천을 명시해 놓았지만 현실에서는 잘 지켜지지 않기 때문이다. 이를 강제하려면 독일처럼 공직후보의 선출권을 정당의 당원이나 유권자(무소속일 경우)가 행사하도록 공직선거법을 개정해야 한다.

6

한국 정치의 문제점

유승민 사태의 본질

2015년 6월 말, 「헌법」제1조 제1항 "대한민국은 민주공화국이다."라는 가치를 지키고자 했다는 유승민 새누리당 원내대표의 사퇴의 변과 함께 2주 가까이 진행되었던 박근혜 대통령과 유 원내대표 사이의 갈등은 끝이 났다.

이 사건을 둘러싸고 다양한 해석이 난무했고, 수많은 해법이 쏟아졌다. 삼권분립이 훼손됐다는 등의 이유로 한동안 정치권이 시끄러웠지만 제대로 된 대안은 나오지 않았다. 이 소동에서 여야가 보여 주었던 모습에서 드러난 몇 가지 문제점과 원인, 그리고 정치권의 혁신을 위한 보다 근본적인 해결책이 무엇인지 생각해 본다.

정치적 갈등이 지나치게 공개적

첫 번째 문제점은 정치적 갈등이 지나치게 공개적이라는 점이다. 즉, 정치권의 권력투쟁 모습이 마치 중계방송되듯이 진행되었다. 마찬가지로 당대표 선거나 대선후보 선출 등의 모습도 거의 유사하다. 어떻게 보면 본 선거에서의 경쟁보다도 훨씬 더 치열하다. 하지만 독일은 그렇지 않다. 권력투쟁이 커튼 뒤에서 이루어지기 때문이다. 당대표를 뽑는 전당대회를 보면 우리와 같은 치열한 내부갈등을 드러내지 않는다. 마치 "소시지 만드는 것과 정치의 협상과정은 보여 주지 않는 것이 낫다"라는 말에 충실하듯이.

권력투쟁의 민얼굴을 보여 주는 것과 그렇지 않은 것의 차이는 그것이 끝난 후 권력자의 모습에서 달라진다. 상처가 심한 권력은 이미 그 도덕적 정당성 등을 상당 부분 훼손당하게 되며, 실제로 경선의 후유증이 본선에서 영향을 미치기도 한다.

그렇다면 한국과 독일의 권력투쟁에서 왜 이런 차이가 존재하는 것일까? 여러 가지 진단이 가능하겠지만, 한 가지 이유는 정치적 미래를 예측할 수 있느냐, 그렇지 않느냐의 차이 때문이라고 할 수 있다. 2002년 연방총선에서 당시 메르켈 기민당 대표는 총리후보를 소수 자매정당인 기사당 슈토이버(Edmund Stoiber) 대표에게 경선 없이 양보했다. 우리 같으면 도저히 상상하기 어려운 일이었다. 그런데 그런 양보가 가능했던 이유는 다음은 자기 차례라는 확신을 가질 수 있을 정도로 정당 내 조직문화가 안정되어 있기 때문이다.

이는 정치 또는 정당시스템이 우리와 다르기 때문인데, 한마디로 권력이 위에 있는 것이 아니라 아래로부터 오는 것이기 때문이다. 구체적으로 당원들에 의해 공직후보가 선출되고, 따라서 주의원이나 연방의원들이 당대표나 실력자에 줄을 설 필요가 없기 때문이다.

...

국회선진화법의 문제

두 번째는 소위 '국회선진화법(「국회법」)'에 관한 것이다. 이 법은 민주주의 기본원리의 하나인 다수결의 원칙을 부정하는 것이기 때문에 문제점을 안고 있다. 여야가 대립하는 쟁점법안의 본회의 상정을 위해서는 과반수가 아닌 재적의원 5분의 3 이상의 동의를 받도록 한 국회선진화법은 일반적인 다수결의 원칙에 위배되는 것이다. 300명 가운데 180명이 동의하여야 법안의 처리가 가능하다는 말이기 때문이다.

이는 지난 2012년 19대 총선 직전 거대 양당이 서로의 이해관계(서로 과반을 확보하지 못할 것이라는 우려에서)가 맞아 떨어져 잘못 태어난 것이라고 할 수 있다. 다시 말해 여야가 자신들의 이해관계에 따라 급조해 낸 이 법은 과반의 정당성을 스스로 부정하고 있다. 문제의 본질을 외면한 채 외관만 손보았기 때문이다. 근본적인 문제는 과반에 의한 다수결 제도 자체가 잘못된 것이 아니라 다수결에 참여하는 국회의원들, 즉 국회의 구성에 문제가 있기 때문이다.

이처럼 현행 국회의 과반수가 실질적 의미에서 정당성을 갖지 못하는 이유는 그 과반을 이루는 구성원이 거대 양당에 의해 독점되고 있으며, 더욱이 자율적 투표를 하는 것이 아니라 자당의 진영논리에 따라 투표를 하기 때문이다. 따라서 반대 진영은 과반의 다수결을 수용하지 않고 저항을 하게 된다. 그동안 본회의장에서 격렬한 몸싸움을 벌이고 상임위 회의실 문을 해머로 때려 부순다거나 걸핏하면 장외투쟁에 나서는 것 등이 그 증거이다.

이런 문제점을 해결하기 위해서 필요한 것은 국회선진화법이 아니라, 과반을 이루는 국회구성원을 다양화하여 다수결의 정당성을 보장하는 것이다. 즉, 다수 정당들이 공정한 경쟁을 통해 국회에 진입할 수 있도록 하는 것이 중요하다. 그래서 지금과 같이 거대 양당이 국회의석을 독점하는 것을 막고, 과반의 찬성으로 쟁점 법안을 통과시킬 수 있어야 한다.

· · ·

양당제의 문제점

세 번째는 양당제의 문제이다. 국회가 사회적 약자를 대변하는 세력 등 보다 다양한 정당으로 구성되어야 하는데, 2개의 거대 정당이 이를 독점하고 있는 것이 양당제 문제의 본질이다. 이 시스템하에서는 상대방을 거부하고 부정할 때만이 자신의 존재감을 드러낼 수 있기 때문에 근본적으로 협상이나 타협이 곤란하다. 즉, 서로 의견을 조정하는 것이 구조적으로 어렵다는 말이다. 이 점이 바로 양당제의 가장 큰 폐해이다. 매번 총선에서 양당은 새로운 인물을 투입하지만 그렇다고 대립과 갈등이 완화된 적이 있었던가? 오히려 1980년대 후반 3당 합당을 통한 민주자유당의 탄생 직전, 즉 김영삼, 김대중, 김종필 등 소위 3김 시대, 4당 체제에서 중요한 정치적 타협이 많이 이루어졌다는 것이 그 방증이다.

의회중심제 국가인 독일은 의회 내에서 과반 확보를 통해 정권을 잡는다. 그런데 한 정당이 절반을 넘는 경우가 거의 없기 때문에 보통 다른 정당과의 연정을 통해 정부가 구성된다. 정권을 잡은 쪽은 입법을 통해 정책을 시행하고, 차기 선거에서 그에 대해 심판을 받는다.

실제로 집권정당은 압도적으로 입법을 독점한다. 예를 들어 연방하원 17대 회기(2009~2013년) 동안 의결된 법안은 총 553건인데, 연방정부가 제출한 434건(78%)과 연방하원에서 제출된 88건(16%) 등으로 구성되었다. 특히 연방하원의 88건 중 71건(81%)은 집권당인 기민/기사당과 자민당이 제출한 법안이다. 결론적으로 553건 중 505건(434건+71건)이 집권당이 제출한 것으로 그 비중은 90퍼센트를 넘고 있다.

야권은 여당의 정책을 비판하고 대안을 제시하지만, 그렇다고 몸으로 막거나 극한 대립을 보이는 경우는 없다. 이는 유권자의 의사가 제대로 반영된 선거를 통해 5~6개의 정당이 안정적으로 의회에서 경쟁하기 때문이다. 즉, 국민 누구나 선거를 통해 자신의 대표를 국회에 보낼 수 있기 때문에 과반의 결정을 정당하다고 받아들이는 것이다.

・・・

보수 진영의 문제

네 번째는 '보수 진영'의 문제이다. 2015년 7월 당시 새누리당의 김무성 대표는 취임 1년 차 회견에서 오픈프라이머리(국민경선제)

도입, 국회선진화법 폐기, 합의제 민주주의, 보수혁신 등을 주요 어젠다로 제시했다.

오픈프라이머리는 나름대로 상향식 공천을 추진하는 것이지만 어떻게 제도화하느냐에 따라서 성격이 달라진다. 예를 들어 어떤 후보를 대상으로 실시할 것인지에 따라 여전히 당 지도부의 입김이 작용할 수 있기 때문이다. 또한 정치를 인지도 높은 인사의 전유물로 만들 가능성이 크기 때문에 문제가 많다. 그러므로 우리 정치 상황에서는 오픈프라이머리를 도입한다고 할지라도 각각의 의원이 자신의 목소리를 내기는 어려울 것이다. 이런 상황에서 보수의 혁신이 가능하겠는가? 그래서 오픈프라이머리보다는 공천권을 지역의 당원들에게 돌려주는 제도를 도입하는 것이 올바른 방향이다.

그 밖에도 양당제의 문제점을 그대로 둔 상황에서 국회선진화법만 폐기하는 것은 또다시 온몸으로 격투하는 대결의 정치를 재현할 가능성이 크다. 그러므로 합의제 민주주의가 가능해지려면 선거제도의 개혁이 반드시 선행되어 다당제가 이루어져야 한다.

· · ·

진보 진영의 문제

다섯 번째는 소위 '진보 진영'의 문제이다. 2015년 새정치민주연합의 혁신위원회가 제시한 혁신안을 살펴보면, 최고위원회와 사무총장제 폐지, 선출직 공직자 평가위원회 설치, 당원소환제 등을 주요 골자로 하고 있다. 그런데 그렇게 한다고 과연 정당이 환골탈태할 수 있을까? 그럴 가능성이 크지 않다고 보는 이유는 중앙 또는 상부가 여전히 권력을 독점하는 것을 방치하고 있기 때문이다. 권력이 아래로부터 나올 수 있도록 당원들의 책임과 권한을 강화하는 방향으로 혁신안이 나와야 한다. 대표적으로 당원에게 공직후보의 공천권을 주는 것이 그것이다.

이를 반박하는 입장에서는 그렇게 할 당원이 없다고, 또 서류 당원뿐이라고(또는 호남 당원뿐이라고, 열린우리당의 경험에서 이미 실패한 것이라고), 그래서 현실적으로 곤란하다고 주장한다. 일부 맞는 말이지만 자업자득인 측면이 강하다. 그동안 당원에게 아무런 제대로 된 권한을 준 적이 없었는데, 누가 당비를 내며 굳이 당원을 하려고 했겠는가?

'닭이 먼저냐, 달걀이 먼저냐?' 같은 이야기이지만, 당원에게 권한을 준다고 명시하고 제대로 실천하는 것이 중요하다. 그러면 당장은 아니더라도 다음 공천 시기에는 제대로 된 당원의 숫자가 수십 배로 늘어날 것이다. 유연성을 발휘하여 다가오는 총선에서는 당원과 중앙당이 함께 공천을 하겠지만, 앞으로는 반드시 4년간 당비를 낸 당원들이 공천권을 갖는다고 명시하면 될 것이다.

신당을 창당하는 이들은 먼저 지금까지 새로운 사람이나 정책이 없어서 우리 정치가 그동안 표류했던 것인가 따져 보아야 한다. 새로 수혈된 신인들이 재선을 위해 결국 공천권자의 눈치를 보느라고 일을 망친 것이 아니었던가. 그러므로 이들이 국민을 대변하는 당원의 의사를 수렴하고 중시할 수 있도록 정당의 시스템을 만드는 것이 중요하며, 이것이 새로운 시도의 핵심이 되어야 한다. '남이 하면 불륜이고, 내가 하면 로맨스'가 되어서는 곤란하다.

...

정치혁신의 방향

현재 우리의 정치현실에서 단순히 인물이 바뀐다고 정치가 바뀔 것이라고 기대하기는 어렵다. 물론 새 인물의 수혈은 중요하다. 하지만 매 회기마다 50퍼센트에 달하는 새로운 인물들이 국회에 들어갔지만, 다음 공천의 눈치를 보느라 소신 있는 행보를 하는 것은 사실상 불가능했다. 유승민 파동에서 보여 준 새누리당의 행태가 그 좋은 본보기이다. 세월호 사태를 대하는 여야 의원의 모습도 마찬가지이다. 그들이 지역의 당원들에 의해 재신임을 받고 공천을 받는다면, 그런 모습을 보일 수는 없었을 것이기 때문이다.

진정한 정치혁신을 위해서는 우선적으로 다음 두 가지가 바뀌어야 한다. 첫째는 공천권을 당원에게 돌려주어야 한다. 이를 위해 지구당을 부활하고 광역시·도당을 강화하며, 중앙당을 축소해야 한다. 둘째는 기존의 선거제도를 독일식 비례대표제로 바꾸는 것이다. 그래서 소수 정당들이 국회에 들어가 사회적 약자를 포함한 소외되고 있는 국민의 이해관계를 대변할 수 있도록 해야 하고, 그 가운데 대화와 협상을 통해 다수결의 원칙이 지켜지도록 해야 한다.

그런데 성완종 리스트, 메르스 사태, 유승민 파동 등에 묻혀 국회 정개특위 활동은 거의 중단되고 말았다. 사실 여야 지도부가 소맷자락을 걷어붙이고 덤벼들어도 모자랄 일을 방치하고 만 것이다.

자기 당의 총선승리만을 목표로 삼지 말고 좀 더 거시적으로 대한민국의 정치발전을 위해 나서야 한다. 그렇게 할 때에야 비로소 국민의 절반에 달하는 무당파층의 지지를 받아 정권을 잡는 것이 가능해질 것이다. 이제 헌법 제1조 제1항뿐만 아니라, 「헌법」제1조 제2항의 가치도 지킬 때가 되었다고 생각한다. "대한민국의 주권은 국민에게 있고, 모든 권력은 국민으로부터 나온다."

7

로또 같은 선거

20대 총선 분석

2016년 20대 총선을 앞두고 정치권이 요동쳤다. 새누리당에서는 전략공천 여부, 험지 출마 등 공천문제를 둘러싸고 친박과 비박 사이의 갈등이 극에 달했고, 새정치민주연합에서는 혁신경쟁을 내세워 친노와 비노 간에 갈등을 벌이다가 안철수 의원을 중심으로 다수의 호남 의원들이 탈당하여 분당하는 사태가 일어났다. 정의당은 진보통합을 모색했으나 성과를 얻지 못했다. 그런데 정치권 내부의 이런 치열한 열기와는 달리 이를 바라보는 국민의 시선은 차가웠다. 그런 정치권의 이합집산이 유권자의 피부에 와 닿지 않았기 때문이다.

총선결과는 뜻밖이었다. 새누리당이 압승할 것이라는 일반적인 예상을 깨고 야권이 승리했기 때문이다. 먼저 18대부터 20대까지 각 정당의 지지율과 의석수 관계를 중심으로 현행 선거제도의 문제점을 살펴보고, 이 선거결과를 정당별로 따져본다. 그리고 이를 바탕으로 20대 국회에서 우선적으로 다뤄야 할 정치개혁의 과제와 그 대안을 생각해 본다.

* * *

왜곡현상

〈표 5-6〉(312쪽)에서 보듯이 거대 양당인 새누리당과 더불어민주당은 매번 자신의 정당득표율보다 많은 의석을 차지했음을 알 수 있다. 이번에도 새누리당은 36퍼센트의 정당 지지를 받았지만 의석수는 이보다 많은 42퍼센트이고, 더불어민주당도 정당지지율은 27퍼센트에 불과하지만 의석수는 43퍼센트를 차지하였다. 하지만 국민의당은 29퍼센트의 지지율에도 불구하고 의석수는 13퍼센트에 불과했다. 정의당은 8퍼센트 지지를 받았는데 의석수는 2퍼센트에 그쳤다.

더불어민주당과 국민의당의 결과는 지역구는 기호 2번(더불어민주당), 정당투표는 기호 3번(국민의당)을 찍은 유권자들의 교차투표에 따른 예외적 현상이라고 할 수 있다. 어쨌든 유권자의 지지와 의석수가 일치하지 않는 모순된 현상임에는 틀림없다. 그러나 이보다 훨씬 더 큰 괴리현상은 군소 정당에서 나타나고 있다. 특히 진보 진영에 해당하는 민주노동당, 통합진보당, 정의당의 의석수는 그들이 받은 정당지지율에 비해 현저하게 부족함을 확인할 수 있다.

이처럼 정당지지율과 의석수 사이의 왜곡현상은 정치에서의 예측 가능성을 떨어뜨린다. 먼저 선거결과를 예상하기가 쉽지 않고,

개별 후보의 당선 가능성을 '로또' 당선과 같이 운에 맡기게 된다. 또 기존 정책의 지속성 여부에 대한 판단을 어렵게 하여 결과적으로 사회적 비용을 증가시킨다.

더불어 한 가지 더 지적할 문제점은 낮은 투표율이다. 물론 투표율이 조금씩 증가하고 있기는 하지만 주요 선진국에 비해서는 여전히 10~20퍼센트 이상 낮기 때문이다. 현행 소선거구 단순다수제하에서는 낙선자를 선택하는 유권자의 투표는 모두 사표가 된다. 바로 이것이 낮은 투표율의 가장 큰 원인이라고 할 수 있다. 사표심리로 인하여 아예 투표 자체를 포기해 버리기 때문이다.

20대 총선에서 4,210만 명의 유권자 가운데 2,440만 명(전체 유권자의 58%)만이 선거에 참여했는데, 전체 지역구 당선자 253명이 얻은 득표수는 830만 표(전체 투표자의 34%)에 불과하였다. 반면에 이들을 찍지 않은 1,610만 표(전체 투표자의 66%)는 모두 사표가 되었다. 국회가 전체 투표자 가운데 34퍼센트(전체 유권자의 20%)의 지지를 받는 대표자들로 구성되어 있는 것이다. 즉, 전체 투표자의 66퍼센트 지지를 받는 국민의 대표자들은 국회에 들어가지 못하고 있는 것이다. 바로 이 점이 선거제도를 바꿔야 하는 가장 중요한 근거이고 이유이다.

· · ·

새누리당의 패배

박근혜 대통령과 정권에 대한 실망, 야권분열에 대한 기대감에서 비롯된 친박과 비박 간의 과도한 권력투쟁, 그에 따른 어이없는 공천파동 등이 새누리당 패배의 주요 원인이다. 특히 야권이 더불어민주당과 국민의당으로 갈라지면서 수도권에서 유리할 것이라는 기대와 전망은 크게 잘못된 것이었다. 물론 일부 지역구에서 야권표가 분산되면서 새누리당 후보가 어부지리로 당선된 곳이 있다. 하지만 그에 못지않게 여권표가 국민의당 후보를 지지함으로써 새누리당 후보가 떨어진 곳도 많아 보인다. 그 근거에 대해서는 뒤에 국민의당을 다룰 때 다시 살펴본다.

새누리당의 수도권 패배는 현행 선거제도의 문제점에도 원인이 있다. 수도권에서 유권자의 지지에 비해 현저하게 낮은 의석수를 얻고 있기 때문이다. 2012년 19대 총선에서 새누리당은 서울, 인천, 경기에서 정당지지율에 비해 24석이나 부족한 의석수를 얻었다. 이번 20대에서도 물론 전반적으로 지지율이 낮아지기는 했지만, 얻은 의석수는 그런 낮은 지지율에도 미치지 못하는 것이었다. 구체적으로 서울에서 9석, 인천에서 2석, 경기도에서 6석으로 모두 17석이나 모자랐다.

20대 총선에 앞서 각종 세미나, 토론회 등에서 이런 문제점에 대한 논의가 있었으며, 참가자로서 몇 차례 대안을 제시하기도 하였다. 이 문제를 개선하는 방법은 선거제도를 정당득표율에 따라 의석수를 결정하는 연동형으로 바꾸는 것이다. 진보 진영은 이미 이에 동의하고 있으나, 아직 보수 진영의 반대로 실현되지 않고 있다. 이제 보수 진영 내 수도권 정치인들이 보다 적극적으로 나설 때이다.

더불어민주당의 승리

더불어민주당은 20대 총선의 최대 수혜자이다. 새누리당을 심판하려는 유권자들이 정당투표에서는 각자 원하는 정당을 찍었지만, 지역구에서는 당선 가능한 2번을 찍어 주자는 교차투표를 했기 때문이다. 유권자의 그러한 선택은 특히 수도권에서 두드러졌다. 더불어민주당의 정당지지율에 비해 거의 40석이나 많은 의석을 안겨 주었기 때문이다. 하지만 이 결과는 더불어민주당이 잘해서라기보다는 새누리당의 실정이 가져다준 반사이익이라고 보는 것이 타당한 분석일 것이다.

국민의당의 돌풍

국민의당은 돌풍을 일으켰다고 평가되고 있으나 선거결과에서는 아쉬움이 남는다. 정당지지율이 30퍼센트에 이른 것을 감안한다면 최소 90석은 확보했어야 정상적이기 때문이다. 하지만 실제 얻은 의석은 38석뿐이다. 호남을 석권하고, 수도권을 중심으로 전국의 지역구에 출마한 많은 후보가 적게는 10퍼센트 내외, 많게는 20퍼센트 내외에 이르는 높은 득표율을 보인 것에 비해 실제 결과는 너무나 부족한 셈이다.

만약 이런 득표율이 모두 야권 지지층에서만 온 것이라면, 새누리당은 대승을 기록했을 것이다. 그러나 결과는 반대로 나왔다. 이는 의외로 많은 여권성향의 유권자가 국민의당을 찍었기 때문이라고 볼 수 있다. 이러한 분석은 국민의당의 정당득표수를 살펴

표 5-6 한국 18~20대 총선의 각 정당 정당득표율과 의석수 비교

정당	18대 2008년 (46.1%)		19대 2012년 (54.2%)		20대 2016년 (58.0%)	
	정당 득표수	의석수	정당 득표수	의석수	정당 득표수	의석수
18대 한나라당 19대 새누리당 20대 새누리당	6,421,727 (41%)	153 (56%)	9,130,651 (46%)	152 (51%)	7,960,272 (36%)	122 (42%)
18대 친박연대	2,258,750 (14%)	14 (5%)				
18대 자유선진당	1,173,463 (7%)	18 (7%)	690,754 (3%)	5 (2%)		
소계	9,853,940 (62%)	185 (68%)	9,821,405 (50%)	157 (53%)		
18대 창조한국당 20대 국민의당	651,993 (4%)	3 (1%)			6,355,572 (29%)	38 (13%)
18대 통합민주당 19대 민주통합당 20대 더불어민주당	4,313,645 (27%)	81 (30%)	7,777,123 (39%)	127 (43%)	6,069,774 (27%)	123 (43%)
18대 민주노동당 19대 통합진보당 20대 정의당	973,445 (6%)	5 (2%)	2,198,405 (11%)	13 (4%)	1,719,891 (8%)	6 (2%)
유효정당 득표수 합계	15,793,023 (100%)	274 (100%)	19,796,933 (100%)	297 (100%)	22,105,509 (100%)	289 (100%)
무소속		25		3		11

* 중앙선거관리위원회 자료 참조 저자 작성.

보면 보다 명확해진다. 국민의당은 정당투표에서 더불어민주당보다도 30만 표나 더 많은 635만 표를 얻었는데, 이 숫자는 기존의 야권 지지표만으로는 도저히 나올 수 없기 때문이다.

〈표 5-6〉에서 보듯이 새누리당을 중심으로 친박연대, 자유선진당 등 여권성향의 정당득표수는 18대와 19대에서 거의 1,000만 표에 육박했으나, 20대에서는 약 800만 표로 감소하였다. 그렇게 줄어든 200만 표가 국민의당으로 간 것으로 분석된다. 마찬가지로 더불어민주당에서 약 170만 표, 정의당에서는 약 50만 표가 감소했는데, 이러한 야권의 220만 표가 더해졌을 것이다. 나머지 200만 표는 투표율 증가로 유입된 새로운 유권자의 선택이라고 볼 수 있다. 즉, 국민의당 지지층은 여권성향이 3분의 1, 야권성향이 3분의 1, 그 밖에 무당파층이 3분의 1이라고 할 수 있다.

이러한 지지층을 감안할 때, 국민의당의 미래는 거대 양당에 비해 매우 불안정하다고 볼 수 있다. 한편으로 잘한다면 여야 양쪽 방향에서 지지층을 흡수할 수 있는 확장 가능성이 크기도 하지만, 다른 한편으로 그렇지 않다면 양쪽의 지지층이 원래 자리로 되돌아가면서 생존 자체가 문제가 될 수도 있기 때문이다. (실제로 국민의당은 창당한 지 2년 만에 바른미래당과 민주평화당으로 분당되고 말았다.)

또한 이번 총선결과는 국민의당이 잘해서라기보다는 그동안 기존 양당에 대한 국민의 불만이 표출된 것이라고 보는 것이 더 적당할 것이다. 그것은 국민의당이 내놓은 정책 가운데 특별히 기억나는 것이 없을 뿐만 아니라, 비례대표 공천 등 선거과정에서의 모습도 다른 정당과 다른 점이 거의 없었기 때문이다. 그럼에도 이 같은 총선결과는 국민들 속에 제3당에 대한 열망이 상존하는 증거가 되고 있다는 점에서도 양당제를 다당제로 바꾸어야 한다는 당위성을 발견할 수 있다.

- - -

정의당의 피해

정의당을 비롯한 진보성향의 정당은 기존 선거제도의 가장 큰 피해자이다. 매번 총선에서 유권자의 5~10퍼센트에 달하는 지지를 받아 왔음에도 불구하고 전체 의석의 2~4퍼센트만을 얻었기 때문이다. 이는 명백한 민심의 왜곡이다. 한마디로 헌법재판소에 문제를 제기해야 할 사항이다. 이들은 현행 300석 가운데 최소 15~30석의 당선자를 가져야 하고, 당연히 원내교섭단체로서의 지위도 누릴 수 있어야 한다.

- - -

20대 국회의 정치개혁 과제

빈부격차, 소득양극화, 경기침체, 청년실업, 노인빈곤 등 우리 사회의 주요 과제는 모두 복합적 성격을 띠고 있어서 단편적이고 일방적 접근으로 해결될 사항이 아니다. 상대를 부정함으로써 공존하는 양당제로는 이런 복잡한 문제들을 해결하는 데 한계가 있다. 극단적 대립의 상황에서는 합의안을 도출하는 것이 거의 불가능하기 때문이다. 현재의 실질적 양당제를 독일과 같은 안정된 다당제로 바꿀 필요가 있는 이유이다. 즉, 제3, 제4 정당의 국회진입이 가능한 제도적 장치를 만드는 일이 시급하다.

선거 때마다 정당 간 연대논의가 있고, 그때마다 유권자의 뜻을 왜곡시킨다는 비판이 쏟아진다. 이런 문제점을 해소하는 길은 연대하지 않고도 공정한 경쟁이 가능하도록 선거제도를 바꾸는 것이다. 현행 제도는 될 사람을 밀어야 한다는 거대 정당에 대한 쏠림현상 때문에 군소 정당의 후보는 당선되기 매우 어려운 구조이기 때문이다. 그런데 이러한 근본적인 문제는 외면하면서 선거연대만을 무작정 비난하는 것은 말이 안 된다.

또한 총선에서의 낮은 투표율을 끌어올리려면 유권자의 한 표가 의석수에 직접적으로 영향을 미칠 수 있도록 방안을 강구해야 한다. 이와같은 모든 문제를 한꺼번에 해결하는 방법이 있다. 그것은 바로 기존의 선거제도를 정당투표로 의석수를 결정하는 연동형 비례대표제로 바꾸는 것이다. 그럴 경우 지금도 시끄럽지만 공천문제가 더욱더 중요하게 된다. 따라서 공천제도의 입법화가 동시에 이루어져야 한다. 20대 총선의 공천과정을 들여다보면 정의당을 제외한 다른 정당에서는 공천 관련 잡음이 계속해서 끊이지 않았다. 독일처럼 당원의 비밀투표로 후보를 선출하도록 법제화하면, 이 문제를 둘러싼 갈등이 해소될 뿐만 아니라 당내 민주주의 확립에도 크게 도움이 될 것이다.

이처럼 선거법이 개정되고 공직후보 선출에 대한 입법이 이루어진다면, 각 당은 매번 선거를 앞두고 정당 이름이나 점퍼의 색깔을 바꾸지 않아도 될 것이다. 또 비대위 또는 공심위의 구성을 위해 굳이 외부 인사를 데려오지 않아도 된다. 사죄 마케팅이나 삼보일배와 같은 퍼포먼스도 필요하지 않다. 그 밖에도 국민들의 정치 혐오감이 줄어들 것이고, 정당활동이 활성화될 것이다. 따라서 선거제도 변경과 공천제도의 입법이 정치혁신의 시작이 되어야 한다.

8

혁신의 시작

정당제도와 선거제도의 개혁

2000년대 들어 한국 사회의 통합과 발전을 저해하는 가장 큰 문제는 빈부격차나 양극화 같은 '사회경제적 불평등'이라고 할 수 있다. 이는 수많은 크고 작은 다른 문제들의 근본적 원인이 되고 있다. 보다 구체적으로 1990년대 후반 외환위기 이후 늘어나기 시작한 비정규직 문제가 그것이다. 불안정한 일자리의 폭발적 증가와 이로 인한 사회적 갈등은 시간이 갈수록 나아지는 것이 아니라 오히려 점점 더 심해지고 있다. 이런 현상이 구조화되고 고착되면서 우리 사회는 또 다른 계급사회로 변해 가고 있다.

그런데 이를 해결해야 할 정치권은 별다른 대안을 내놓지 못하고 있다. 정치시스템이 제대로 작동하지 않고 있기 때문이다. 그 이유는 무엇보다도 사회적 약자를 대변할 정당이 제도 정치권에 들어가지 못하고 있고, 거대 정당이 정치를 독점하고 있기 때문이다. 사실 양당제 그 자체를 문제라고 하기는 곤란하다. 핵심은 그 양당제가 진영의 논리에 따라 갈등과 대립으로 당면한 과제를 해결할 능력이 없다는 데에 있다. 그래서 다당제로 바꿔야 한다는 것이다. 그럼에도 불구하고 양당제는 여전히 현재 진행형인데, 그 이유는 바로 현행 선거제도 때문이다.

. . .

합의제 민주주의

현재 우리의 정치시스템을 규정하는 '다수제 민주주의'는 소선거구 단순다수제 선거제도, 그에 따른 양당제 정당제도, 단독정부 등의 특성을 보이고 있으며, 이는 '자유시장경제' 체제와 친화성을 가지고 있다. 이 시스템은 그동안 급속한 경제발전을 달성하는 데에는 기여했으나, 이후 사회경제적 분배문제를 다루는 데에는 별다른 역할을 하지 못하고 있다.

특히 이 다수제 민주주의의 근간이 되고 있는 기존 선거제도는 과반 이상의 유권자 투표를 사표로 만들어 평등한 투표권을 심각하게 훼손하고 있다. 이는 저조한 투표율로 이어져 결과적으로 국민의 정치참여를 방해하고 있다(2012년 총선 54.2%, 2016년 58.0%). 또 유권자가 원하는 후보나 정당이 아니라 당선 가능성이 큰 후보에게 투표하도록 유도하여 거대 양당이 의석을 독점하게 하고, 결과적으로 군소 정당의 출현을 막고 있다. 그 밖에도 권력의 승자독식, 지방분권의 약화 등 여러 문제점을 야기하고 있다.

따라서 우리 사회의 불평등 문제를 해결하기 위해 가장 시급하면서도 근본적인 과제는 정치시스템을 기존의 다수제 민주주의에서 '합의제 민주주의'로 바꾸는 것이다. 이 합의제 시스템은 비례대표제 선거제도, 다당제, 연립정부 등의 특성이 있으며, 이는 사회복지나 분배문제에 관심을 갖는 '조정시장경제' 체제와 친화성을 갖는다. 독일을 비롯한 서유럽, 북유럽 국가들이 주로 이를 채택하고 있는데, 노사정 합의를 중시하는 분배친화적 또는 사회통합형 자본주의라고 할 수 있다.

• • •

우리 정치권의 후진적 모습

거대 양당의 계파갈등은 조금씩 다른 형태를 띠고 있지만, 그 근본적 원인은 동일하다. 모두 총선에서의 공천권을 둘러싼 다툼이라는 점에서 그렇다. 이런 모습은 어쩌면 권력투쟁의 성격상 당연한 것인지도 모른다. 따라서 중요한 점은 정치권이 어떤 공천방식을 선택하는 것이 우리의 정치발전에 도움이 될 것인가 하는 점이다. 공천의 형태를 어떻게 바꾸더라도 어차피 후보가 되려는 경쟁은 치열할 것이기 때문이다. 실제로 2016년 여야의 계파 싸움과 분당 및 신당 창당, 그리고 선거구 획정 등을 둘러싼 갈등은 반드시 지켜야 할 법정시한을 넘겨서까지 지속되었다. 이러한 정치권의 후진적 모습은 아래 두 가지 문제에서 기인한 것으로 보이는데, 이를 독일과 비교하여 살펴본다.

• • •

정당운영의 문제

첫째, 정당운영의 문제이다. 독일에서는 지역 당원이나 또는 그들이 선출한 대리인들이 공천권을 가지고 있기 때문에 후보공천을 둘러싼 갈등이 드물고, 정치인이 대표나 특정인에게 줄을 서는 경우가 없으며, 자연히 우리와 같은 계파는 형성되지 않는다. 본래 계파는 이념이나 정책노선의 공유에서 만들어진다.

반면에 우리는 당대표나 일부 정치인이 공천권을 독점하고 있다. 그래서 공천 탈락자가 반발해 탈당을 하거나 심지어는 '공천학살'이라는 말까지 나올 정도로 후유증이 심각하다. 당연하게 공천자나 공천에 영향을 끼친 정치인을 중심으로 계파가 형성된다. 이렇게 공천을 받아 당선된 의원은 자신을 공천한 '수장'의 친위대 역할을 수행하며, 재공천받을 길을 모색한다. 그들에게는 당원이나 유권자의 뜻보다도 공천권자의 의중이 더 중요한 활동기준이 된다.

이 문제를 해결하려면 정당과 당원이 활성화되는 방향으로 정치혁신이 이루어져야 하는데, 정치권은 이에 제대로 부응하지 못하고 있다. 2016년 총선을 앞두고 새누리당은 '오픈프라이머리'에서도 후퇴하여 다시 소수가 공천권을 독점하려는 모습을 보였고, 새정치민주연합도 혁신위에서 내놓은 공천방안에서 보듯이 '국민공천단'을 구성하여 당원을 배제시키려 했다.

정치혁신은 당원의 권한을 지속적으로 강화하는 방향으로 나아가야 한다. 2030세대의 젊은 당원들이 자발적으로 참여하고 활동할 수 있는 여건을 만들어야 한다. 그런데 거대 양당의 입후보자들은 당원이나 정당의 발전에는 별다른 관심이 없는 것 같고, 단지 선거에서 자신이 속한 정당의 이름만을 유리하게 이용하려는 자세를 보이고 있다. 이처럼 정당이 단순히 정치인의 당선 도구가 되는 데에만 이용돼서는 곤란하다.

이와 더불어 여론조사를 통해 공직후보를 선출하려는 방식도 이제 그만 중단해야 한다. 정당의 역할을 더욱 축소시키고, 조작 등을 통해 국민의 의사를 왜곡할 수 있으며, 정치를 희화화하고 있기 때문이다. 후보선출 여론조사의 맹점은 응답자로 하여금 후보자 정책도 모르는 채로 단순히 유명세에 의존해 수동적인 선택을 하게 만든다는 데에 있다. 당내 경선과정에서 후보자와 당원 사이에 교류가 이루어지고, 이를 통해 시너지 효과(국민의견 수렴, 새로운 정책형성 등)를 낼 수 있어야 민심과 괴리되지 않는 정치를 할 수 있다.

한국 정치를 혁신하기 위해서는 대대적인 정당의 재설계가 필요하다. 그럼에도 2016년 총선 또는 2017년 대선 전후 각 당에서 혁신을 주장하던 그 누구도 정당과 당원을 살리기 위해 공천권을 당원에게 돌려주어야 한다고 말하지 않았다. 기껏 나온 이야기가 공천권을 국민에게 돌려준다고 하는 것인데, 그것은 번지수가 틀린 것이다. 국민이 할 일은 선거이지 공천이 아니다. 정치인이 정당을 살리는 일에 무관심한 것은 그들의 관심이 정치의 발전에 있는 것이 아니라 자신의 당선에만 있기 때문이다.

· · ·

선거제도의 문제

둘째, 선거제도의 문제이다. 독일에서는 누구나 쉽게 정당을 만들 수 있고, 지방선거나 총선에서 5퍼센트 이상의 지지를 받으면 전체 의석의 5퍼센트 이상을 확보하여 주의회나 연방하원에 진출할 수 있다. 다양한 계층이나 집단을 대변하는 정치세력의 제도권 진입이 용이하다. 2017년 현재 6~7개 정당이 의회에서 활동하는 안정적인 다당제를 유지하고 있다.

반면 우리는 일차적으로 정당을 만드는 것이 너무 어렵고, 설사 만들었다 하더라도 제도 정치권 진입은 거의 불가능하다. 거대 양당이 대부분의 의석을 독점해 버린 채 제3, 제4의 정당이 출현하는 것을 제도적으로 막고 있기 때문이다. 양당이 정치권을 좌지우지하고 있지만 이들의 정당지지율은 20~30퍼센트 정도에 불과하다. 나머지 절반에 가까운 유권자들은 선호하는 정당이 없는 셈이다. 잘못된 선거제도 때문에 유권자는 투표장에 가면 도리 없이 양당 중에 하나를 찍어야 한다. 그것이 싫어서 불참하는 유권자가 늘고 있고, 동시에 정치혐오와 무관심이 점점 더 확산되고 있다.

이들을 껴안으려면 새로운 정당이 만들어져야 하는데 이것이 정말 쉽지 않다. 양당만을 선택하도록 강요하는 현행 선거제도 때문이다. 더불어민주당, 군소 정당을 비롯한 진보 진영은 물론, 중앙선거관리위원회, 학계 전문가, 심지어 다수 국민들도 선거제도를 독일처럼 '연동형 비례대표제'로 바꿔야 한다고 주장하고 있다. 그런데 기존의 제도가 국민의 정치혐오를 부추기는 요인이 되고 있음에도 불구하고, 보수 진영은 현행 제도가 자신에게 유리하므로 애써 그런 요구를 외면하고 있다. 2015년 4월부터 진행된 국회 정개특위에서부터 이후 국회의장 및 여야 간 논의에서도 새누리당은 끝내 이를 거부하였다. 2017년 하반기 정개특위에서도 새누리당의 후신인 자유한국당은 여전히 소극적인 자세를 고수하였다. 결국 이 같은 태도가 우리 정치발전의 걸림돌이 되고 있는 것이다.

앞으로 우리 정치가 새롭게 거듭나기 위해서는 앞의 두 가지 과제 중에서 우선적으로 선거제도를 바꾸는 것이 중요하다. '소선거구 단순다수제'를 '연동형 비례대표제'로 바꾸면, 거대 양당을 포함한 대다수 정당의 활동이 활성화되면서 자연스럽게 정당의 운영방식도 개선될 것이기 때문이다. 이를 가로막고 있는 자유한국당을 비롯한 보수 진영은 이 문제에 대해 다시 한 번 숙고해야 한다. 연동형으로 바꾸더라도 손해 보지 않을 것이 분명한데, 국민의 반대를 무릅쓰면서 이를 거부하는 것은 어리석기 때문이다.

2018년 지방선거 이후 보수 진영은 연동형 비례대표제 선거제도를 받아들일 준비가 되었다. 이대로 가다간 2020년 총선에서도 정당지지율에 비해 의석수에서 참패할 가능성이 있기 때문이다. 반대로 유리한 입장에 서게 된 더불어민주당이 선거제도 개편에 소극적으로 나설 가능성이 있다. 하지만 결국은 찬성 입장을 보이게 될 것이다. 만일 계속해서 거부한다면 정의당을 비롯한 소수 정당들의 격렬한 반발에 직면할 것이기 때문이다.

에필로그

'노오력'과 정치개혁, 그리고 지방선거

언젠가부터 우리 사회에서 청년들이 살기 힘들다고 아우성이다. 취업할 수 있다면 영혼이라도 팔겠다고 하고, 안정된 일자리를 위해 재수, 삼수는 물론이며, 스펙을 쌓기 위해 돈과 시간의 투자를 아끼지 않고 있다. 반면에 이와 같은 상황을 바라보는 기성세대의 반응은 너무 무책임하다. 자신들의 옛날, 가난과 어려웠던 경험을 토로하면서 좀 더 열심히 '노오력'할 것을 주문한다. 그러나 과거처럼 해서 잘살기에는 시대가 너무나 달라져 버렸다. 이제 열심히 노력하면 잘살 것이라고 생각하는 사람은 많지 않다. 기성세대가 예전에 부를 축적할 수 있었던 것은 급속한 경제성장이 오랫동안 지속되었기 때문이다. 하지만 고도성장이 멈춰 버린 지금 그런 기대는 차라리 환상에 가깝다.

기성세대는 우리 사회의 부와 소득을 선점하거나 독점하는 기득권층이 되었고, 새로이 사회에 진입해야 하는 젊은 세대는 그 기득권에 치여 흔히 'N포 세대'로 불리며 사회적 약자로 전락하고 있다. 보통 비정규직, (무기)계약직, 임시직, 기간제 등으로 불리는 일자리는 아이엠에프(IMF) 사태 이전에는 일반적인 형태가 아니었다. 좀 더 솔직하게 말하면 그러한 불안정한 일자리는 기존 앞선 세대들의 여러 가지 기득권을 유지하기 위한 수단일 뿐이다. 고도성장이나 일자리 창출이 둔화되어 과거와 달리 경제활동에 어려움이 생겼으면, 이에 맞추어 소득과 부의 분배방식을 바꾸는 것이 바람직하다. 그런데 분배방식을 조정하는 대신에 기존 시스템은 그대로 둔 채 신규 진입자에게만 희생을 강요하고 있다. 고소득층은 그대로 둔 채 저소득층에게만 고통분담을 요구하는 꼴이다. 과연 이런 사회가 지속 가능할 수 있겠는가?

청년들에게 단순히 좀 더 '노오력'해야 한다는 말은 하고 싶지 않다. 그것은 현재의 공정하지 못한 사회경제적 질서를 그대로 받아들이고 거기에 순응하라는 말이기 때문이다. 젊은이들이 살맛나는 세상이 되려면 기존의 경제시스템이나 사회시스템을 바꿔야 한다. 시스템을 확 바꾸려면 그것을 설계하는 기존의 정치가 먼저 바뀌어야 한다. 정치가 자신의 역할을 못하고 있기 때문이다. 정치가 변하려면 선거제도 및 권력구조를 바꿔야 한다. 기존의 정치시스템과 그것을 지탱하고 있는 현행 선거제도가 계속해서 존속하는 한, 우리 정치는 변화를 가져오기 어렵기 때문이다.

이 책은 한국 정치의 문제점을 살펴보고 그 대안으로 독일 정치를 소개한 것이다. 딱딱하거나 지루하지 않도록, 또 지나치게 학술적이지 않도록 각주를 생략하고 저자의 유학 경험을 중간중간에 소개하였다. 이 글의 주요 내용이나 통계 수치는 독일 연방하원, 연방선거위원회, 연방통계청에서, 또 독일 정당법과 연방선거법, 각 정당의 홈페이지 등의 자료들을 참조하였다. 그 밖에도 연방정치교육센터에서 발간하는 민주주의, 정치, 선거, 경제, 사회, 교육, 국제관계, 역사 등의 주제에 대한 저서, 논문, 소책자, 팸플릿 등 다양한 형태의 문헌도 큰 도움이 되었다.

연방정치교육센터(Bundeszentrale für politische Bildung, bpb)는 1952년 연방내무부 산하기관으로 설립되었는데, 1963년에 현재의 이름을 갖게 되었다. 독일이 이 센터를 설립한 까닭은 2차대전 후 나치체제에 대한 반성에서 국민에 대한 민주주의 교육의 중요성을 절감했기 때문이다. 연방정치교육센터의 역할은 일반 시민들에게 민주주의에 대한 이해를 제고하고, 정치가 어떻게 작동하는지를 알려 주며, 시사성을 띠는 중요한 주제들을 소개하는 것이다. 또한 모든 독일인에게 각자가 스스로 의견을 가질 수 있도록 지원한다. 이것이 의미하는 바는 이 기관이 모든 정당을 동등하게 취급하고, 특정 정당을 '좋다' 또는 '나쁘다'라고 평가하지 않으며, 그 누구에게도 특정 의견을 강요하지 않는다는 것이다. 실제 남남 갈등이 극심하고 사회경제적 민주주의가 미흡한 한국의 현실을 감안한다면, 위와 같은 기구는 사실 우리에게 꼭 필요한 기관이라고 할 수 있다.

2018년 6월 13일에 실시된 제7회 전국동시 지방선거는 여당인 더불어민주당의 압승으로 끝났다. 더불어민주당은 광역단체장 17곳 중 14곳에서 승리하였고, 광역의회에서도 전체 824석 가운데 652석이 당선되어 79퍼센트를 차지하는 압도적인 우위를 보였다. 특히 수도권에서 지역구 당선자를 살펴보면, 서울시 100명 중

97명, 경기도 129명 중 128명, 인천 33명 가운데 32명이다. 대구, 경북, 경남 등을 제외하면 거의 일당독재의 모습을 보이고 있다. 그 밖에도 기초단체장 226곳 중 151곳에서 승리하였고, 기초의원 의석 2,926석 가운데 1,638석을 차지하였다.

이번 선거에서 더불어민주당이 승리한 데에는 박근혜 정부의 탄핵에 따른 자유한국당의 실패와 촛불시위, 그리고 2018년 4월에 열린 남북정상회담과 선거일 하루 전 싱가포르에서 개최된 북미정상회담이 끼친 한반도 평화와 안정의 국면이 큰 역할을 했을 것이다. 그러나 그보다도 더 중요한 이유는 승자독식의 정치시스템과 선거제도이다. 즉, 소선거구 단순다수제에 따라 1표라도 많은 후보가 모든 것을 독점해 버리는 선출방식이 문제인 것이다. 유권자의 사표심리 때문에 거대 양당을 제외한 다른 정당들은 주요 자리에 거의 당선자를 내지 못했다.

선거결과를 구체적으로 살펴보면 대다수 광역단위에서 더불어민주당의 정당득표율은 약 50~55퍼센트 정도이다. 개별 당선자의 득표율도 대체로 그 정도이다. 하지만 전체 의석수 가운데 더불어민주당의 당선자 비율은 80퍼센트에 이른다. 예를 들어 서울에서 더불어민주당은 102석인 반면, 자유한국당을 포함한 야권 전체는 8석에 불과하다. 경기도에서는 135석 대 7석이다. 이것은 유권자의 표심이 제대로 반영된 것이 아니다.

진보 진영의 입장에서 이번 선거결과를 당연한 것으로 치부하는 것은 조금 문제가 있다. 바람의 방향이 바뀌면 진보 진영도 똑같은 상황에 처하게 될 것이기 때문이다. 거대 양당이 우리 사회의 갈등을 제대로 해결할 수만 있다면, 이들 두 개 진영에서만의 권력변동을 받아들일 수도 있을 것이다. 하지만 현실은 그렇지 못하므로 다양한 이해관계를 대변할 다당제가 필요한 것이다. 그런데 현행 선거제도는 양당제만을 고집하여 현실의 시대상황에 맞지 않는다.

반면에 독일에서는 그러한 문제가 발생하지 않는다. 바로 연동형 비례대표제 선거제도와 의회중심제 정치시스템을 채택하고 있기 때문이다. 중앙뿐만 아니라 지방에서도 마찬가지이다. 우리 사회에서 가장 큰 문제점은 정치, 경제, 교육, 문화 등 대다수 분야가 중앙에 집중되어 있어서 지방이 점점 더 약화되고 있다는 사실이다. 그런데 독일의 지방은 여전히 건재하다. 독일 정치에 이어서 다음번에는 독일 지방자치에 대한 책을 쓰려고 한다. 이 책이 연방 차원(Bundesebene)에서 독일의 중앙정치를 다룬 것이라면, 다음에 나올 책은 광역단위(Landesebene)와 기초단위(Kommunalebene)에서 독일의 지방정치를 살펴보려는 것이다. 우리 지방선거제도와 지방정부의 문제점을 분석하고, 독일 지방자치(연방제)의 모습에서 그 제도적 대안을 찾아보려 한다. 이러한 노력은 우리의 개헌 논의에도 많은 시사점을 줄 것이다.

지은이가 제안하는 보다 구체적인 선거구 조정안은 방송대 출판문화원 홈페이지에서 만나 보실 수 있습니다. (http://press.knou.ac.kr 접속, 도서명으로 검색 후 본 도서 상세 페이지의 '책소개'란에서 다운로드)